Jean-Claude Kaufmann
Was sich liebt, das nervt sich

Jean-Claude Kaufmann

Was sich liebt, das nervt sich

Aus dem Französischen übersetzt
von Anke Beck

UVK Verlagsgesellschaft mbH

Ouvrage publié avec l'aide du Ministère Français chargé de la Culture.
Centre National du Livre.
Veröffentlicht mit Unterstützung des Französischen Ministeriums für Kultur.

Bibliografische Information der Deutschen Nationalbibliothek
Die Deutsche Nationalbibliothek verzeichnet diese Publikation in der
Deutschen Nationalbibliografie; detaillierte bibliografische Daten
sind im Internet über <http://dnb.d-nb.de> abrufbar.

Das Werk einschließlich aller seiner Teile ist urheberrechtlich geschützt.
Jede Verwertung außerhalb der engen Grenzen des Urheberrechtsgesetzes
ist ohne Zustimmung des Verlages unzulässig und strafbar. Das gilt insbesondere für Vervielfältigungen, Übersetzungen, Mikroverfilmungen und die Einspeicherung und Verarbeitung in elektronischen Systemen.

Titel der Originalausgabe: Agacements. Les petites guerres du couple
© Armand Colin, 2007

ISBN 978-3-89669-646-5

© Deutsche Ausgabe: UVK Verlagsgesellschaft mbH, Konstanz 2008
Einband: Susanne Fuellhaas, Konstanz
Einbandfoto: © www.istockphoto.com <http://www.istockphoto.com> ;
© Christine Balderas
Satz und Layout: Dieter Heise, Konstanz
Druck: Ebner & Spiegel, Ulm

UVK Verlagsgesellschaft mbH
Schützenstr. 24 · D-78462 Konstanz
Tel. 07531-9053-0 · Fax 07531-9053-98
www.uvk.de

Inhalt

Einleitung 9

Erster Teil
1 + 1 = 4

1 Das Abenteuer der Beziehung 17
Gefühle bei der Hausarbeit 20
1 + 1 = 1? 23
Erste Krisen 25
Die Bequemlichkeit der Beziehung 33
Die doppelt ärgerlichen Dinge 37
Die Episoden der Geschichte 40

2 Männer und Frauen: Divergenz oder Komplementarität? 49
Der funktionale Unterschied 52
Die Sandkörner 55
Ärgern sich die Männer weniger? 63
Ärger über ein Phantom 69
Millionen von Peter Pans? 72
Sehr hartnäckige Machoreflexe 78

Zweiter Teil
Im Herzen des Sturms

3 Die Ursachen 87
Die Zahnpasta als Symbol 88
Unvermeidliche Nähe 91
Ein Walzer mit zwei Rhythmen 97
Die persönlichen Spuren 102
Der Nerv des Krieges 104
Die geheimen Welten 107
Zu nah 109
Zu weit weg 112

Inhalt

4 Die Mechanismen **117**
Die Liste 117
Die Kristallisation 125
Ärger zum Abreagieren 127
Die Identitätsfacetten 131
Die Liebestöter und der Liebeszauber 134
Die Verwirrung der Gefühle 137
Eine bestimmte Vorstellung von Wahrheit 141
Die Dissonanz 143

5 Wie sich der Ärger ausweitet **147**
Eine Familie im Gepäck 147
»Mamas Liebling« 150
»Die Tussi« 158
Missachtung und Demütigungen 163
Die Unzufriedenheit 172
Der Ekel 174
Krankhafte Reizbarkeit 177
Erschwerende soziale Umstände 179

DRITTER TEIL
KLEINE RACHEAKTE UND LIEBESTAKTIKEN

6 Schwierige Kommunikation **185**
Auge um Auge, Zahn um Zahn 185
Heiß und kalt 188
Die Sprache der Gesten 191
Das Lachen 194
Im Kopf dessen, der den Ärger verursacht 197
Die heimliche Rache 201

7 Heimliche Liebe **209**
Die winzigen Siege 209
Die Kehrtwende 212
Wenn der Ärger sich in Luft auflöst 214
Die Körpertherapie 217
Vom rechten Gebrauch des Schmollens 221
Vernunft annehmen 225
Die Szene aus einem anderen Blickwinkel betrachten ...228
Kleines Kino und Off-Stimme 231
Das Gute auswählen 235

Schluss... **239**

Anhang zur Methode............................... **245**
   Eine neue Befragungstechnik......................245
   Meine direkten E-Mail-Kontakte....................248
   Eine Befragung lässt sich nicht wie ein Beutel leeren.......273
   Meine anderen Informanten 274

Bibliografie **277**

Einleitung

»Das ärgert mich! Das geht mir auf die Nerven! Das bringt mich auf die Palme! Dass jeder seinen Kram irgendwo herumliegen hat, okay, aber jeder sollte ihn in seiner eigenen Ecke herumliegen haben. Sie können meine Nachbarn fragen, wie oft sie mich herumbrüllen hören, weil mein Mann seine Sachen herumliegen lässt. Sie sind daran gewöhnt. Es ist übrigens nicht sehr wirkungsvoll, aber es tut mir gut.« Großzügig gesteht Agnès dem mutmaßlichen Missetäter jedoch mildernde Umstände zu und räumt ein, dass sie in Haushaltsangelegenheiten »eine kleine Marotte« hat: »Das ist nicht mein Lebensideal, der Haushalt. Aber wenn etwas herumliegt, dann geht mir das auf die Nerven!« Und dann – ein weiterer mildernder Umstand – ist da noch die Frage des Bügelns, bei dem die Rollen des den Ärger Verursachenden und des sich Ärgernden vertauscht sind. Denn so schnell sich ihr Körper in Bewegung setzt, um aufzuräumen, so schwerfällig und störrisch wird er, wenn es ums Bügeln geht. Das Gefühl der Mühsal überkommt sie, sobald sie ihren »Foltertisch« aufgestellt hat, und es gelingt ihr nicht, sich zu motivieren. Und dann ist da vor allem der Ärger, der an ihr nagt und sie zum Explodieren bringt, sobald sich ihr Blick an den furchtbaren Wäscheberg heftet, der unweigerlich immer größer und größer wird. Sie hat sich daher einen Trick ausgedacht: »Wenn mein Wäschekorb mir tüchtig auf die Nerven gegangen ist, schaffe ich ihn mir aus dem Blickfeld und verstecke ihn diskret in einer Ecke. Er kann warten, auf einen Tag mehr oder weniger kommt es nicht an.« Wenn sie ihn leider plötzlich wiederentdeckt, packt sie der Ärger noch mehr.

Daraus ist das Problem mit den Hemden entstanden, ein Problem, das jahrelang das Leben des Ehepaars vergiftet hat, obwohl sie sich genauso liebten wie heute. Auch die glücklichen Paare haben eine Geschichte. Man muss nur den Spuren ihres kleinen (oder großen) Ärgers folgen, um sie zu entdecken.

Jean hatte immer ein gebügeltes Hemd, um zur Arbeit zu gehen. Aber wie oft wurde diese Haushaltsheldentat erst in letzter Sekunde vollbracht, nachdem er eine Unmenge wirrer, extremer Empfindungen im Zaum zu halten versucht hatte: Angst, Wut, Hass! Das Schlimmste dabei war sicher, sich Agnès' Lachen anhören zu müssen. Ein freimütiges, schallendes Lachen, das so gar nicht mit dem Drama in seinem Inneren zusammenpassen wollte. Jean beschloss, eine professionelle Maschine zu kaufen, eine Mangel. Ohne richtiges Ergebnis. Das Problem wurde schließlich erst durch die Anstellung einer Haushaltshilfe gelöst, die seitdem zweimal pro Woche zum Bügeln kommt. Nun drohten ihm die Hemden nicht mehr auszugehen, und mit dem bösen Gelächter, das ihm so weh tat, war Schluss. Bis zu dem Tag, an dem der Soziologe sie (nachdem jeder für sich dessen Fragen beantwortet hatte) bat, ihre Ansichten in einem Paargespräch gegenüberzustellen. Die Hemden kamen wieder zur Sprache, Agnès brach wieder in hysterisches, atemloses Gelächter aus, und Jean kostete es viel Mühe, Ruhe zu bewahren. Sie erzählten zwei sowohl inhaltlich als auch in der Tonart völlig unterschiedliche Geschichten.

Agnès: »Ach, das ist etwas, was mich zum Lachen bringt, was mich wirklich zum Lachen bringt!«

Jean: »Ich finde das nicht zum Lachen, das ist etwas sehr Ernstes!«

Die Divergenzen wurden noch deutlicher, als es um die knifflige Frage der Knöpfe ging. »Ich weiß nicht, wie er das fertig bringt, ihm gehen immer die Hemdknöpfe ab. Das ist wirklich eine ständige Quelle von ...! Er regt sich darüber auf, das ist unglaublich! Es stimmt, dass ich beim Bügeln sehe, dass die Knöpfe mehr oder weniger lose sind. Aber gut, ich beachte das nicht weiter. Und wenn er das Hemd dann anzieht, geht ein Knopf ab!« Agnès bricht in ein solches Gelächter aus, dass sie Mühe hat fortzufahren. »Dann explodiert er: ›Du könntest doch wirklich aufpassen, wenn du das Hemd in den Schrank räumst!‹ Ich glaube, das Einzige, worüber wir uns in unserer Beziehung aufregen, sind die Knöpfe.« Erneute Unterbrechung wegen hysterischen Gelächters. Sie schafft es trotzdem, zum Schluss zu kommen: »Ihm muss das sehr auf die Nerven gehen! Gut, aber da muss man doch kein Drama daraus machen.« Gerade das aber tut Jean. Er versteht diese Haltung nicht, die er als Angriff auf seine Persönlichkeit betrachtet, wo er doch schon tausendmal versucht hat, Agnès diplomatisch zu erklären, welche Qualen er durchsteht. Vor allem versteht er dieses unerträgliche Gelächter nicht, das ihm so weh tut. Sie wirft ihm ein »mysteriöses« Verhalten vor und erklärt damit das Abspringen der Knöpfe. »Ich weiß nicht, was er damit anstellt, bei mir halten sie.« Er ist überzeugt davon, dass alles von der allzu oberflächlichen industriellen Fertigung kommt, die mit der Hand nachgenäht werden muss. Da er sich überhaupt nicht an der Arbeit im Haushalt beteiligt, wagt er es nicht, Agnès noch mehr anzuklagen. Jean ist bei seiner Großmutter aufgewachsen, und er erinnert sich sehr gut daran, dass sie nach dem Kauf eines Hemdes als Erstes die Knöpfe neu annähte. Aus diesem Grund beschloss er übrigens auf dem Höhepunkt der Krise (obwohl er verheiratet und Vater von drei Kindern ist), seine Hemden zu seiner Großmutter zu bringen, um sich von ihr die Knöpfe neu annähen zu lassen. Was Agnès noch mehr zum Lachen brachte. Dann (zwischen dem ersten Gespräch und der Gegenüberstellung des Paares) löste die Flick- und Bügelhilfe, die zu ihnen ins Haus kam, das Problem endgültig.

Eine der Forscherinnen, die unter meiner Leitung arbeiten, erhielt eines Tages einen Anruf von Agnès. Dieser war bewusst geworden, dass sie nicht alles gesagt hatte, und sie wollte sich meiner Mitarbeiterin ohne Mikrofon anvertrauen. Hinter ihrem Lachen verbarg sich nämlich ein Leid, das vor langer Zeit entstanden war, und zwar am Tag, als sie Jean begegnete, den sie so sehr liebt. Das Leben ist seltsam, manchmal schwenkt es in eine andere Richtung um, ohne dass man es bemerkt. Sie war so verliebt in ihren gut aussehenden Verführer, dass sie die Wende nicht einmal spürte. Sie hatte ihre beruflichen Pläne aus Liebe aufgegeben, um sich ganz ihrer Familie und dem Haushalt zu widmen. Das andere Leben, das sie hätte haben können, aber nicht hatte, erschien ihr häufig im Traum. Diese Träume waren zunächst angenehm, taten aber schnell weh. Man darf Agnès nicht vorwerfen, absichtlich die Strategie mit den Knöpfen ersonnen zu haben, um ihren Mann in die Falle zu locken; dieser Mechanismus war von selbst entstanden. Aber sehr schnell merkte sie intuitiv, dass sie damit eine heimliche kleine Rache zur Hand hatte, die ihr die Kompensation ihrer verdrängten Unzufriedenheit und die Wiederherstellung ihres seelischen Gleichgewichts ermöglichte. Besonders ihr Gelächter wirkte gegenüber dem Ärger des armen Jean unglaublich befreiend. Sie zahlte es ihm heim, ohne ihn allzu sehr zu verletzen, dachte sie. Derjenige, der den anderen ärgert, kann sich nur selten vorstellen, dass er für diesen manchmal ein wahres Martyrium sein kann.

Die Moral dieser Geschichte, die unter vielen ausgewählt wurde, führt uns mitten ins Thema: Ärger ist niemals bedeutungslos. Unter seiner brodelnden Oberfläche verbergen sich endlose Erklärungswelten. Ärger ist schon ein eigenartiges Gefühl: Er ist unangenehm, sogar sehr unangenehm zu ertragen, spielt jedoch eine wesentliche Rolle in der Strukturierung der Paarbeziehung und hat bisweilen auch positive Wirkungen. Ärger ist also ein notwendiges Übel. Am meisten überrascht zweifellos, dass er nach äußerst präzisen und keineswegs zufälligen Mechanismen abläuft. Seine Untersuchung gibt auf originelle und erhellende Weise Einblick in das Funktionieren von Beziehungen insgesamt. Und sie kann einiges über die Dynamik der Identitätsvielfalt der Individuen offenbaren. Das heißt, dass dieses Buch über den kleinen Ärger wider Erwarten zu einer theoretischen Abhandlung hätte werden können, so ergiebig und tiefsinnig ist das Thema. Ich habe (zunächst) lieber den konkreten Dingen des Lebens den Vorzug gegeben, der unwiderstehlichen Komik und der hochempfindlichen Spannung, die durch die Aussagen hindurchscheinen, und es vermieden, meine Feder zu sehr in die unvermeidlich dickflüssigere konzeptuelle Tinte zu tauchen.

Diese Reise in die Gefilde des Ärgers bei Paaren verspricht also – so hoffe ich zumindest – kurzweilig zu werden. Gleichwohl muss mit ein paar einleitenden Anmerkungen und verschiedenen Definitionen begonnen werden. Es gibt solchen und solchen Ärger. Man muss nur hören, wie die Umgebung darüber in Kenntnis gesetzt wird (vom rein informativen und gleichförmigen »Das ärgert mich« bis zum laut hinausgebrüllten »DAS ÄRGERT MICH!!!!!«), um zu erkennen, wie weit die vom Verstand gefilterte Verärgerung von einem richtigen emotionalen Schock entfernt ist, der einen zu völlig unangemessenen Reaktionen veranlassen kann. Gleichwohl läuft der Ärger beim einen wie beim anderen Extrem nach ein und demselben Mechanismus ab, der immer von ein und derselben Ursache (der Dissonanz) ausgelöst wird. Eine recht seltene Situation im Bereich der immer zersplitterteren Humanwissenschaften, die in der Komplexität und der Vielfältigkeit der Faktoren ertrinken. Es wäre undenkbar gewesen, auf die Kraft und intellektuelle Bequemlichkeit zu verzichten, die uns diese einfache Erklärung bietet. Aber man muss dazu den Ärger strikt eingrenzen, der in Wirklichkeit einem ganzen Schwall von negativen Gefühlen gleichkommt, die zum Teil relativ leicht zu definieren, zum Teil sehr viel diffuser sind und nicht demselben Mechanismus unterliegen. Diese würden daher auch eine präzise Analyse unmöglich machen, indem sie die Grenzen des Ärgers verwischen: Erbitterung, Entrüstung, Groll, Verstimmtheit, Ungeduld, Unwohlsein, Frustriertheit, Abhandenkommen der Liebe, Unzufriedenheit, Enttäuschung, Ekel, Wut usw. Mehrere dieser Empfindungen und Gefühle gehen strukturelle Verbindungen mit dem Ärger ein. Die Wut zum Beispiel ist bisweilen der Ausdruck, in den er mündet. Oder die Unzufriedenheit und der Ekel, die später noch behandelt werden. Es muss auch darauf hingewiesen werden, dass bestimmte biopsychologische Besonderheiten oder ein bestimmtes soziales Umfeld zur Reizbarkeit prädisponieren. Zu diesen chronisch Verärgerten, die gewalttätig werden können, werden auch ein paar Worte gesagt. Das steht aber nicht im Zentrum. Was Konflikte auslöst, unterscheidet sich stark von dem, was zu Gewalt in Beziehungen führt (Brown/Jaspard 2004), genauso kann der Ärger nicht auf Unzufriedenheit, Konflikte und noch weniger auf Gewalt reduziert werden. Das würde dazu führen, dass man ihn nicht versteht. Um seine subtile, aber klare Dynamik zu erfassen, muss man das Augenmerk auf das Alltäglichste des Beziehungsalltags richten, und zwar bei den glücklichsten und harmonischsten Paaren, denjenigen, von denen man zu Unrecht behauptet, sie hätten keine Geschichte.

Erster Teil
1 + 1 = 4

I
Das Abenteuer der Beziehung

Alles beginnt mit dem Individuum. Der Partner ist nicht der Einzige, der für Ärger sorgt. Wir ärgern uns auch ganz allein, wenn wir beispielsweise mit einer tückischen Sache konfrontiert sind, etwa wenn bei einem Kiefernmöbelstück zum Selbstaufbauen die Schraube Nummer sieben sich hartnäckig weigert, der Skizze zu gehorchen, oder wenn der Wäscheberg darauf wartet, gebügelt zu werden, wie in Agnès' Fall. Dieses problematische Mit-den-Dingen-konfrontiert-Sein stellt eine außergewöhnliche Analysesituation dar, die uns erkennen lässt, wie wenig wir sind, was wir zu sein glauben. Die vorherrschende Vorstellung vom Menschen ist die eines rationalen Individuums, das sein Leben allein durch seinen Verstand lenkt. Wir teilen diese Vorstellung umso lieber, als wir gerade von diesem reflexiven Standpunkt aus die Welt und uns selbst beobachten. Darin liegt aber nur ein Teil der Wahrheit, ein ganz kleiner Teil, eine Ebene der Wahrheit. Alte Wissenschaften wie die Biologie verfügen über ausreichend Erfahrung, um auf ihrem Gebiet solche Wahrheitsebenen unterscheiden zu können, die jeweils auf bestimmte Methoden, Kategorien und Konzepte, eine Sichtweise und eine Sprache verweisen, die sich je nachdem, auf welcher Ebene man sich gerade befindet, radikal unterscheiden. Hinter der sichtbaren Erscheinung des Körpers entdecken wir so beispielsweise den Blutkreislauf und das Nervensystem, die ihren eigenen Gesetzen gehorchen, noch tiefer führen uns entsprechende Formeln in die Geheimnisse der Molekulargenetik ein, usw. So könnte

Erster Teil: 1 + 1 = 4

es eines Tages auch in den Humanwissenschaften sein, die die besondere Schwierigkeit zu lösen haben, dass sich hier das Denken selbst erforschen soll, was das Risiko von Ego- und Hirnzentriertheit in sich birgt. Der Ärger bietet uns eine unverhoffte Gelegenheit, uns aus dieser Zentriertheit zu lösen und auf noch nie da gewesene Weise in die kulturellen Tiefen des Menschen einzutauchen.

Unter der Oberfläche des Bewusstseins erweist sich der Mensch als etwas, das in permanenter Bewegung und untrennbar mit den Dingen verbunden ist, mit denen er sich umgibt und vertraut ist. Nehmen wir den Moment des Erwachens: Wir fragen uns weder, wo unsere Tasse steht noch ob wir Kakao, Tee oder Kaffee trinken werden. Die meisten unserer einfachsten Handgriffe werden automatisch ausgelöst. Aber nicht irgendwie. Es gibt keine zwei Menschen, die sich auch nur hinsichtlich des geringsten Alltagsaspekts ganz genau gleichen. Jeder hat in sich einen Vorrat an unzähligen Mikrobezügen, die aus seiner Lebensgeschichte resultieren und ihm im Gegenzug Reflexbewegungen diktieren. Zum Glück. Andernfalls wäre das Leben eine Hölle der mentalen Erschöpfung. Die Kognitionswissenschaften haben inzwischen den Ort des Gedächtnisses unseres Alltagslebens lokalisiert und bestimmt, was manchmal das »Unterbewusste«, das »kognitive Unbewusste« oder das »implizite Gedächtnis« genannt wird (Buser 2005). In einem theoretischeren Buch (Kaufmann 2001) habe ich gezeigt, wie dieses Gedächtnis um zwei komplementäre Modalitäten organisiert ist: auf der einen Seite das von den Kognitionswissenschaften untersuchte unbewusste Gehirn, in dem die Handlungsanleitungen gespeichert sind, die die Reflexbewegungen auslösen. Anleitungen, die viele Spezialisten »Schemata« nennen und deren Verflechtung gewissermaßen einen geheimen Plan des Individuums bildet und dessen alltägliches Leben in Gang setzt. Auf der anderen Seite die vertrauten Dinge, mit denen es sich umgibt und die so zu visuellen und taktilen Orientierungspunkten der Alltagsgesten geworden sind. Ich öffne den Schrank, um meine Tasse herauszunehmen, ohne auch nur darüber nachzudenken, ganz intuitiv und schnell. Eine Überraschung – und ein Nachdenken – gibt es nur dann, wenn die Tasse nicht da steht. Diese leicht unangenehme Situation ist also durch einen Konflikt zwischen den beiden Speichermodalitäten des Gedächtnisses charakterisiert. Die Modalität außerhalb des Individuums (das Ding) stimmt nicht mit dem geheimen Plan überein, der dem Ablauf der Gesten zugrunde liegt. In dem hier vorgestellten Fall ist die Dissonanz nicht allzu brutal, die einzige Konsequenz kann ein Anstoß zum bewussten Nachdenken sein: Wo ist denn bloß meine Tasse? Ärger kommt nur auf, wenn die Tasse unauffindbar bleibt oder wenn sie in böser Absicht von ihrem Platz weggenommen wurde. In vielen spannungsreicheren Kontexten kommt die Dissonanz sofort als Ärger zum Ausdruck. Je plötzlicher und heftiger er ist, desto dringender muss das Individuum die Kohärenz zwischen seinen beiden gegensätzlichen Seiten wiederherstellen. Agnès lässt dazu den furchtbaren Wäschehaufen auf die eine oder andere Weise verschwinden: Indem sie ihn versteckt, wenn er nicht allzu groß ist; indem sie die nötige Energie zum Bügeln aufbringt, wenn er die Grenze des Erträglichen überschritten hat. »Wenn ich meinen Korb zwei oder drei Mal an einen anderen Ort geschoben habe, weiß ich, dass ich nicht mehr lange so weitermachen kann. Ich weiß, dass es nicht mehr lange dauern wird und ich es in Angriff nehmen muss.« Das heißt nicht, dass das Ding immer an »seinen« Platz zurückgestellt werden muss, damit der Ärger beseitigt wird. Auch das unterbewusste Schema kann verändert werden. »Gut, die Hemden, das Problem ist bekannt. Aber die Geschirrtücher, das ist idiotisch. Jean sind die Geschirrtücher völlig egal, mir im Grunde auch. Warum also bügele ich weiterhin die Geschirrtücher, wo ich das Bügeln doch so sehr hasse?« Agnès hätte aufhören können, die Geschirrtücher zu bügeln, indem sie bewusst gegen den Teil von sich (den geheimen Plan) angekämpft hätte, der sie veranlasst, etwas zu tun, was sie im Übrigen für »idiotisch« hält. Sie hat eine noch radikalere Lösung zur Behebung ihres Ärgers gefunden: Sie bügelt überhaupt nicht mehr, sondern vertraut diese Arbeit einer Haushaltshilfe an. Der individuell empfundene Ärger ist entweder ein Zeichen dafür, dass man einen ständig wiederkehrenden Widerspruch zwischen seinen beiden Gedächtnissen noch immer nicht gelöst hat: Seit dreißig Jahren ärgert sich Léon über die Unordnung seiner Kleider auf dem Stuhl neben dem Bett, wenn er sich abends auszieht. Oder der Ärger ist bloß ein Handlungsregulator, wie beim Bügeln, bei dem man, wenn man es nicht regelmäßig an einem bestimmten Tag erledigt, entscheiden muss, wann der richtige Zeitpunkt dafür gekommen ist. Bei dieser Entscheidung aber sind die rationalen Argumente keine große Hilfe: Ein Grund spricht dafür, dass es heute gemacht werden sollte, ein anderer untermauert, dass es bis morgen warten kann. Man benötigt daher Unterstützung durch einen emotionalen Antrieb, um zu einer Entscheidung zu gelangen (Damasio 1995). In der Liebe empfindet man den mitreißenden emotionalen Antrieb als zärtlich und sanft. Die für das Bügeln notwendige Emotion dagegen ist unangenehm. Wenn der Ärger nicht zu sehr nagt und nicht zu schlimm ist, ist er oft ein nützliches oder sogar notwendiges Instrument, das Handlung auslöst und die mentale Erschöpfung verringert.

Gefühle bei der Hausarbeit

Unser Verhältnis zu den Alltagsgegenständen resultiert aus den Besonderheiten unserer Geschichte. Der Haushalt ist von einer Familie zur anderen sehr unterschiedlich. Bei Agnès löst eine kleine Staubflocke die Handgriffe zur Wiederherstellung der Ordnung aus, während ihr Körper ihr beim Bügeln den Gehorsam verweigert. Bei Lola ist genau das Gegenteil der Fall. Das Bügeln ist für sie nicht nur keine Last, sondern ein wahres Vergnügen. Sie hört dabei ihre Lieblingsmusik und schafft es sogar, mit dem Bügeleisen in der Hand zu tanzen – ein bescheidener Ersatz für einen inzwischen unerreichbaren Traum (professionelle Tänzerin zu werden). Mit dem Putzen ist das leider nicht so einfach. Sie ist 22 Jahre alt, und wie bei den meisten ihrer Altersgenossen ist die Sorge um den Haushalt nicht gerade das, was sie am meisten auf der Welt beschäftigt. Das wirkliche Leben findet anderswo statt. Aber sie verbringt viel Zeit zu Hause, und die plastische Wirkung der Unordnung und der deutlich sichtbare Schmutz nisten sich allmählich hässlich in ihren Gedanken ein. Sie tüftelt nach und nach einen anderen Handlungsplan aus, der in die Vision einer »cleaneren« Wohnung mündet. Besonders der Boden ist zu einer richtigen Obsession geworden. Während sie ihn sich in ihrer Vorstellung inzwischen tadellos wünscht, reagiert ihr Körper leider nur nach einem Handlungsmodell, das toleranter gegenüber Staub ist. »Ach, der Boden! Der Boden! Ach, was denke ich daran! Ich denke: Ach Scheiße! Ich muss ihn putzen, ich muss ihn wirklich putzen! Ach, das geht mir ständig im Kopf herum.« Sie weiß nicht mehr genau, worüber sie sich am meisten ärgert: über den Anblick der nicht sehr sauberen Ecken oder darüber, dass ihre Gedanken ständig um ihr neues Haushaltsideal kreisen, das so schwer zu erreichen ist. Das mühsame und stürmische Verhältnis, das Lola zu ihrem Boden hat, veranschaulicht eine Variante des individuellen Ärgers perfekt: Wenn ein Automatismus wie geschmiert abläuft, dann setzt der bloße Anblick von Unordnung den Körper sofort in Gang, indem er Ärger auslöst. »Das ärgert mich, das ärgert mich wirklich, aber auch wenn ich mein Leben auf allen vieren verbringen müsste, um die herumliegenden Kleidungsstücke aufzuheben, würde ich es tun. Ich bin eben so.« (Agnès) Es kann sich jedoch ein Dialog zwischen dem geheimen Plan, der dem Ablauf der Gesten zugrunde liegt, und der bewussteren Ebene der Gedanken entspinnen. Das Individuum kann sich gut zureden oder sich andere Handlungsmodelle ausmalen. Lola gibt sich nicht mehr damit zufrieden, schnell durchzufegen. Daher verschiebt sich der Ärger und nimmt eine andere Form an. Er ist nicht mehr bloß das Ergebnis einer Diskrepanz zwischen dem geheimen Plan und dem Ding, das nicht ist, wo es hingehört; er resultiert mehr aus der Differenz zwischen dem erworbenen Automatismus und dem Ideal eines neuen Handlungsmodells, also zwischen implizitem Gedächtnis und bewusstem Nachdenken. Er nimmt nicht mehr die Form einer bisweilen brutalen, aber kurzen, für das Handeln nötigen Entladung an; im Gegenteil, er macht dieses kompliziert, indem er die Orientierungspunkte verschwimmen lässt, und wird zu etwas Dauerhaftem, indem er wiederholt eine sehr mühsame mentale Last verstärkt. »Das geht mir ständig im Kopf herum«, sagt Lola. Die Dissonanz, die Spaltung in zwei disharmonische Teile hat sich verschoben, und die soziale Funktion des Ärgers hat sich gewandelt. Er ist kein emotionales Instrument mehr, das eine punktuelle Handlung im Rahmen eines bestehenden Automatismus auslöst (den Entschluss zu bügeln, wenn der Wäscheberg zu groß geworden ist), sondern

Erster Teil: 1 + 1 = 4

wird zur Bedingung für eine Verbesserung dieses Automatismus. Natürlich tritt eine solche Verbesserung niemals ein. Daher setzt sich der Ärger dauerhaft, auf unangenehme und unnötige Weise fest. Wetten, dass Léon sich noch lange jeden Abend über die Unordnung auf seinem Stuhl ärgern wird? Er müsste sich doch nur eine neue Ordnung angewöhnen, damit dieses unangenehme Gefühl verschwindet, das ihm seit dreißig Jahren sein Leben vergällt. Aber die alten Routinen sind inzwischen zu sehr gefestigt, an ihre Veränderung ist nicht zu denken. Lola dagegen steht ganz am Anfang ihrer Haushaltsgeschichte. Jeden Tag spielen sich kleine Veränderungen ab. Bald wird der Ärger, den ihr der Boden bereitet, nur noch eine schlechte Erinnerung sein. Denn ihr »cleaneres« Ideal wird schließlich ihr alltägliches Handeln leiten. In den ersten Jahren des Zusammenlebens eines Paares kommt es immer wieder zu Ärger, der die allmähliche Entstehung eines häuslichen Systems bestimmt. Lola steckt mitten in diesem Prozess, sie ist hin und her gerissen zwischen gegensätzlichen Gefühlen. Besonders das Geschirr versetzt sie täglich von einem unerträglichen Ärger in eine höchst freudige Erregtheit. Sie spült jeden Morgen nach dem Frühstück. Nach dem Mittagessen beginnt das sich im Spülbecken türmende schmutzige Geschirr ihre Aufmerksamkeit auf sich zu ziehen, im schlimmsten Fall durch seinen Geruch, und lässt ihre Verärgerung stoßweise ansteigen. Am Abend überkommt sie ein richtiges Unwohlsein, so sehr nagt der Ärger an ihr. Der Morgen ist eine wahre Befreiung, der angestaute Ärger verwandelt sich in Tatkraft. »Ich sage mir: Geschafft! Geschafft! Donnerwetter, ist das sauber!« Dann im Laufe des Morgens blickt sie immer wieder Richtung Spüle, aber diesmal um kleine Glücksbrocken zu erhaschen. »Ich schaue so, die Spüle ist wunderbar, einfach wunderbar!« Dann kommt wieder der Mittag, und alles fängt von vorne an.

Eines Tages wird Lola sicher wie beim Boden ein neues System geschaffen haben. Zum Beispiel regelmäßig nach den Mahlzeiten zu spülen. Dann wird Schluss sein mit dem Ärger, oder fast. Und dann wird natürlich auch Schluss sein mit dem großen Vergnügen, das sie empfindet, wenn der Ärger besiegt ist. Wie geschmiert ablaufende Automatismen bringen die stärksten Gefühle bei der Hausarbeit zum Verschwinden, die schlimmsten ebenso wie die schönsten. Das Abenteuer des eigenen Haushalts drängt unweigerlich in diese Richtung. Denn die erworbenen Automatismen sind auch Zeichen für ein Leben, das leicht zu ertragen ist. Und nichts ist kostbarer in unserer sozialen Welt, die strapaziös und kompliziert geworden ist.

I + I = I?

Aber es gibt im Leben nicht nur den Haushalt. Was soll's, wenn man in diesem Bereich weniger Gefühle hat. Man wird kein Paar, um das Vergnügen zu verspüren, dass man mit dem Abwasch fertig ist. Mit den Anfängen des Lebens zu zweit beginnt ein ganz anderes Kapitel in der Geschichte des Ärgers.

Bis dahin ist das Individuum, ohne es zu wissen, zwei. Denn seine familiäre Umgebung (die einen Teil seines Gedächtnisses trägt) befindet sich ständig in Diskrepanz zu der geheimen Anleitung seiner Automatismen. Eine Spaltung, die regelmäßig kleinen Ärger verursacht, ein Vorspiel zur Aufhebung der Spaltung durch Handeln. Was mag da die Begegnung mit einem anderen bringen? Vor allem die Konfrontation zweier Alltagswelten, die Träger eines Gedächtnisses sind, das den Umgang mit den einfachsten Gegenständen bestimmt. Ich hatte beschlossen, diese Frage in einem besonders aufschlussreichen Kontext zu untersuchen, dem Morgen nach der ersten Liebesnacht, indem ich ganz speziell die, wie ich wusste, fälschlich für unbedeutend gehaltenen Gesten im Badezimmer und beim Frühstück anschaute. Ich machte mich auf problematische Konfrontationen gefasst. Sie stellten sich wohl ein, aber nicht so, wie ich sie mir vorgestellt hatte. Insbesondere Ärger gab es fast nicht. Viele Ängste, Scham und das Gefühl von Unwohlsein. Auch Fluchtgedanken, den Wunsch, die Erfahrung schnellstmöglich hinter sich zu bringen. Aber wenig Ärger.

Das Beispiel Vincents ist frappierend. Sein Morgen ist ein richtiger kleiner Katastrophenfilm, er ist eine Kette von verstörenden oder scheußlichen Enthüllungen über seine Angebetete. Sogar die Milch hat einen komischen Geschmack. Er aber schreitet in seiner Geschichte weiter voran, als glitten alle schlechten Neuigkeiten von ihm ab und träfen ihn nicht. Er

Erster Teil: 1 + 1 = 4

wartet ab, bevor er Bilanz zieht. Er fühlt sich wie in einer Zwischenphase seines Lebens, und er ist wirklich in einer solchen Zwischenphase. Seine gewohnten Handlungs- und Beurteilungskriterien sind immer noch da, in einer Ecke seines Kopfes, aber weit weg, und können eventuell modifiziert werden, wenn das Geschehen ihn dazu veranlasst. Es gibt wenig Ärger, weil das Individuum sich in einer Zwischenphase befindet, in einem Übergang zwischen zwei Welten, von denen die eine vielleicht gerade im Verschwinden begriffen ist und die andere möglicherweise noch entdeckt werden muss. In den Geschichten des Morgens danach, in denen die alte Welt die Oberhand gewinnt, sind die negativen Gefühle stark und zahlreich vorhanden, aber nicht in Form von Ärger. Denn der unglückliche Beziehungskandidat versucht nicht, die Widersprüche aufzulösen, die ihn zum Widersacher des Universums machen, das er gerade entdeckt. Er zieht sich in sich selbst zurück und überlegt, wie er fliehen oder den Eindringling loswerden kann, wenn die gemeinsame Nacht in seiner Wohnung verbracht wurde. Die Dissonanz setzt eine (widersprüchliche) Einheit voraus, die sich bereits gebildet hat oder im Begriff ist, es zu tun. Hier dagegen ist das Ziel die Trennung. Was durch eine erzwungene Integration hätte verärgern können, verschwindet. In den Geschichten, die sich in eine günstigere Richtung entwickeln, gibt es ebenfalls keinen Ärger, denn die alte Welt ist (für den Moment) vergessen. Der Zauber der Liebe lässt einen Dinge, über die man sich sonst wundern würde, ignorieren und in ein schlummerndes Gedächtnis verdrängen, wenn man sie nicht gar rührend findet.»Seine kleinen Marotten fand ich am Anfang bezaubernd« (Gally). Sie können auch als Maßstab benutzt werden, um sich in die Richtung des anderen zu entwickeln. Colombine ist verblüfft, als sie im Badezimmer all die Cremes und Lotionen entdeckt, die Franck verwendet, dieser muskulöse Sportler, den sie sich rau vorstellte. Diese Welt der kleinen Töpfe ist ihr fremd, sie hat sich bis dahin mit einer Seife begnügt. Von Panik erfasst, beschließt Colombine umgehend, ihr Verhältnis zur Körperpflege zu ändern. In solchen Situationen, wenn die Individuen zur Selbstaufgabe bereit sind, oder in höchster Leidenschaft kann die Illusion aufkeimen: Und wenn 1 + 1 nur 1 wäre? Eine Illusion, die im Übrigen ein

Körnchen Wahrheit enthält: 1 + 1 kann am Anfang wirklich 1 sein. In der Folge entdeckt das Paar nicht nur die inneren Spaltungen, sondern auch, dass diese für das Funktionieren der Beziehung nötig sind. Zunächst dadurch, dass das Individuum wieder zum Vorschein kommt, das natürlich von Liebe und einer Beziehung träumt, dabei aber nicht seinen Körper und seine Seele verlieren will. 1 + 1 = 2. Dann durch die Abgrenzung von Momenten der Zweisamkeit und damit kontrastierenden Momenten, die man für sich hat (Singly 2000). 1 + 1 = 3. Schließlich, und das werden wir uns ansehen, indem dem Individuum klar wird, dass die alltäglichen Dissonanzen nur schwächer geworden sind, weil der Alltag im Umbruch begriffen war. Sie kommen nicht nur nach und nach wieder zurück, sondern es wird deutlich, dass der Partner in seinem Gepäck auch noch seine eigenen Dissonanzen mitgebracht hat, die in zahlreichen Punkten dem widersprechen, was uns selbst bewegt. 1 + 1 = 4.

Erste Krisen

Der erste Ärger in der Paarbeziehung ist das Zeichen dafür, dass der Prozess zur Herstellung einer Einheit in Gang gesetzt ist. Die Divergenzen erzeugen Spannungen nur in dem Maße, wie die beiden Partner in der Schaffung einer gemeinsamen Kultur vorankommen. Bisweilen sehr früh in ihrer Geschichte, aber immer in Bezug auf eine im Entstehen begriffene gemeinsame Gewohnheit. Wenn Artemiss von dem kleinen Hund so genervt ist, dann ein bisschen deshalb, weil Hunde nicht ihr »Ding« sind, aber vor allem, weil er die rosa Wolke der Liebe zerstört, auf der sie gern davonschweben möchte. »Hunde sind nicht mein Ding! Ich war bei meinem Freund, wir hatten uns eine Zeit lang nicht gesehen, das heißt, wir haben uns ganz besonders auf den gemeinsamen Abend gefreut ... Problem Nr. 1: Er musste sich an diesem Wochenende um einen entzückenden kleinen Hund kümmern, eine Art Wurst auf Pfoten mit wippenden Dreadlocks. Problem Nr. 2: Dieser Köter hing an meinem Schatz fast genauso sehr wie ich selbst ... Das heißt sehr, sehr! Ich beschreibe es Ihnen: Mein Liebster und ich lagen ruhig in seinem Bett, um so Sachen zu machen, von denen die eine interessanter als die andere ist, da fing das Vieh plötzlich an, an der Tür zu kratzen ... Da mein Schatz ein großes Herz hat, auf das er hört, öffnet er ihm. Allerdings hat er eines nicht vorausgesehen: Der Hund fängt sofort an zu bellen, wenn er ein verdächtiges Geräusch hört, das wie ein Stöhnen klingt ... Kurz, ich musste mich die ganze Nacht zurückhalten. Ja, und wenn wir das Vieh vor die Tür gesetzt hätten, hätte es ganz schön gekläfft. Und das Schlimmste war, dass das Vieh ungebeten zu uns ins Bett kam, als wir gerade eingeschlafen waren ... Wenn Sie ein Tier hüten wollen, stellen Sie sicher, dass es sich um einen Fisch handelt.«

Der Ärger ist keine Eigenheit von Paarbeziehungen. Wir können uns auch über einen Freund, einen Arbeitskollegen, bisweilen sogar über einen Fremden ärgern. Jedes Mal jedoch ist die Ursache in einem Segment der Herstellung von Einheit zu suchen, die von einer Dissonanz gestört wird. Je häufiger, näher, intimer der Umgang miteinander ist, je mehr er ans Verschmelzen grenzt, desto höher ist das Risiko für Ärger. Für den umgekehrten Fall sind Wohngemeinschaften ein ausgezeichnetes Studienobjekt. Da sie oft von ziemlich kurzer Dauer sind und nicht geplant ist, sie formell zu besiegeln, können sie einen großen Teil des Ärgers, der beim Zusammenleben entsteht, umgehen, da in ihnen für gewöhnlich Toleranz propagiert wird und Offenheit gegenüber einer anderen jugendlichen Charaktereigenschaft, die Céline Bouchat »das Lob des Coolen« nennt (2005, S. 26). Sogar die Paare, die Mitglieder einer Wohngemeinschaft sind, benutzen Letztere, um ihre Jugend zu verlängern und den Kräften der häuslichen Strukturierung und einer vorzeitigen Erstarrung der Beziehung entgegenzuwirken. In manchen Räumen und bei manchen Tätigkeiten jedoch kristallisiert sich eine engere und problematischere Annäherung der Intimsphären heraus, was zu Ärger führt, der plötzlich heftig zum Ausdruck kommen kann. Beispielsweise wenn unterschiedliche Arten zu putzen aufeinanderprallen oder besonders wenn im Kühlschrank persönliche Sachen eng zusammengepfercht sind. Thomas explodiert: »Der schmutzige Kühlschrank geht mir auf die Nerven. Wenn du eine völlig verschimmelte Zucchini findest, dann kriegst du einen Hass!« (ebd., S. 72)

Auch Paarbeziehungen beginnen heute mit der Anbetung des »kleinen Gottes Cool« (ebd., S. 27). Aber im Unterschied zu den Mitgliedern einer Wohngemeinschaft machen sich die beiden Protagonisten an die komplexe Arbeit der allmählichen Schaffung einer Einheit stiftenden Sozialisation. Intuitiv wird jeder Bereich getestet, um Unannehmlichkeiten auf beiden Seiten zu vermeiden und kleine gemeinsame Nenner zu finden. Bei Tisch zum Beispiel mündet die Kreuzung der Vorlieben und (vor allem) Abneigungen in die Erfindung einer gemeinsamen Ernährungskultur, die mit einem Teil der Geschichte eines jeden von beiden bricht (Kaufmann 2006). Eline und Jack haben die Baustelle ihrer Vereinigung zugleich in vielerlei Richtungen angelegt. Als junges Paar, das gern diskutiert, ziehen sie regelmäßig die Bilanz ihrer Erfahrungen, während andere sich mit eher intuitiven Anpassungen begnügen. Nehmen wir zum Beispiel das Ausgehen. Sehr schnell stellen sie fest, dass ihr Rhythmus nicht synchron ist. Lassen wir es Eline erklären: »Als wir uns kennen lernten, waren unsere Lebensweisen wirklich gegensätzlich. Wir waren beide Singles und unterschieden uns völlig darin, wie wir unsere Zeit verbrachten und mit unseren sozialen Kontakten umgingen. Mir graute davor, allein zu sein. Ich ging daher immer aus (jeden Abend in der Woche, ich konnte drei Verabredungen am selben Abend haben, und ich hatte oft vier Dinge für das Wochenende geplant). Jack dagegen lebte sehr zurückgezogen, er verabredete sich nie, rief seine Freunde erst in allerletzter Minute an (essen wir in Paris, treffen wir uns dort gleich?), ging in der Woche nur selten aus und vor allem nicht besonders oft am Wochenende. Kurz, zu Beginn unseres Zusammenlebens hat er sich zunächst auf meine Planung verlassen. Was ihn drei Monate lang sehr durcheinandergebracht hat. Er hat um Hilfe gerufen, und wir haben gemäß seiner Logik geplant. Da habe ich nach drei Monaten um Hilfe gerufen. Dann haben wir uns sechs Monate lang abgewechselt, um Stabilität zu finden. Nach und nach kam es zum Kompromiss: Ich gehe viel öfter aus als er (treffe mich mit Freundinnen, unternehme etwas), oft in der Woche, und am Wochenende gehen wir gemeinsam aus, aber ohne vier Sachen hintereinander zu planen ... Es kommt noch vor, dass in bestimmten Phasen die Pferde mit mir durchgehen: Ich neige in manchen Monaten dazu, mich zu häufig zu verabreden, auszugehen usw., worüber sich Jack natürlich ganz schön ärgert. Dann greifen wir zu einer radikalen Methode (wir gehen zwei Wochenenden hintereinander gar nicht aus), um wieder zu einem ›normalen‹ Rhythmus zu finden.« Der Prozess ist derzeit immer noch in Gang, seinen Rhythmus bestimmt mal der Ärger des einen, mal der des anderen, dadurch werden brüske Kehrtwendungen verursacht. In der Lösung, die sich allmählich abzeichnet, taucht eine wichtige Tatsache auf, die wir uns später noch im Einzelnen anschauen werden: Zeiten, die jeder für sich hat (Abende mit Freundinnen), um Beziehungsärger auszugleichen. »Ich gehe häufiger aus als Jack, hauptsächlich in der Woche, um mich mit Kollegen oder Freundinnen zu treffen, manchmal auch am Samstagnachmittag. Aber am Freitagabend, am Samstagabend und am Sonntag gehen wir nur gemeinsam aus (allein oder mit Freunden).«

Der Rhythmus, in dem sich Zuhausebleiben/Ausgehen, allein/zu zweit Ausgehen abwechseln, wird nach und nach abgestimmt und festgelegt. In der Beziehung müssen noch weitere knifflige Fragen geregelt werden. Das Kochen zum Beispiel. »Die tägliche Frage, was wir essen, ist bei uns eine Quelle für Ärger.« Ständig gibt es kleine Unstimmigkeiten darüber, wie gegessen werden soll (schnell einen Happen aus der Hand oder ein liebevoll zubereitetes, leckeres Gericht vom Teller?), was gegessen werden soll, und vor allem, wer was tun soll. »Mir graut es vor dem Kochen«, jammert Eline. »Jack kocht gern, aber nur für Gäste, nicht jeden Tag.« Warum stellt er sich nicht öfter an den Herd, wenn er es doch gern tut? Diese Inkohärenz irritiert am meisten. Der Ärger resultiert immer aus einem Konflikt oder einer Dissonanz zwischen Denk- oder Handlungsmodellen, die sich entweder im Inneren einer Person abspielen oder das Paar in zwei unterschiedliche Lager teilen. Hier resultiert der Ärger zunächst ganz einfach und klassisch aus dem täglichen Kleinkrieg, den Eline und Jack darum führen, wer kocht. Aber heimtückischerweise kommt bei Eline noch der Ärger hinzu, der aus der Inkohärenz resultiert, die sie im gegnerischen Lager wahrnimmt. Da Jack inkohärent ist (er weigert sich, mehr zu tun, obwohl er es doch gern tut), müsste er sich logischerweise als Erster ärgern. Aber, und das ist eine neue Spitzfindigkeit des Ärgers, die Partnerschaft bietet die Möglichkeit (wenn der Akteur geschickt ist), den eigenen Ärger hinterlistig auf den Partner zu abzuschieben.

Aber das Kochen ist nichts im Vergleich zum aufreibenden Problem der häuslichen Unordnung. »Wir haben zwei verschiedene Auffassungen über das Aufräumen, was ein ständiger, bis zum heutigen Tag ungelöster Ärger ist. Ich selbst bin für eine wöchentliche Lösung an einem bestimmten Tag wie zum Beispiel dem Samstagmorgen, dann ist innerhalb von zwei Stunden zusammen alles erledigt, und es ist eine Woche lang Ruhe. Jack ist eher für eine Lösung nach dem Zufallsprinzip: Ich räume allein auf, wenn ich Lust darauf oder Zeit dafür habe (wenn ich zum Beispiel in der Woche einmal früher nach Hause komme). Das Resultat ist: Ich ärgere mich über ihn, weil ich den Eindruck habe, dass er sich nicht einbringen will, er ärgert sich über mich, weil er glaubt, dass ich diesbezüglich die ganze Zeit herumnörgele. Inzwischen wechseln wir ab, mal räumen wir am Wochenende auf (was ihm wie ein Zwang erscheint) und mal nach dem Zufallsprinzip (was mich zur Verzweiflung bringt).« Die von Jack gepriesene Methode nach dem Zufallsprinzip ist im männlichen Lager ziemlich verbreitet. Sie hat im Allgemeinen folgenden Vorzug: Die Bereitschaft und Lust aufzuräumen ist (wie durch Zauberei) auf Seiten der Männer seltener zu finden, die Theorie von der gerechten Aufteilung der Hausarbeit bleibt theoretisch. Da ich lediglich Elines Version protokolliert habe, verfüge ich nicht über genügend Material, um sagen zu können, ob auch Jack solche Ausflüchte gebraucht. Eline ärgert sich aufgrund vielfältiger miteinander vermischter Dissonanzen: beim Anblick der (gegen ihren geheimen Plan verstoßenden) Unordnung, die sie kontinuierlich belastet, bei der verbalen Auseinandersetzung über die beiden Theorien zum Aufräumen, beim konkreteren alltäglichen Kampf darum, wer fegt oder den Müll wegbringt. Und vor allem wegen des schrecklichen Verdachts: Fügt Jack nicht absichtlich eine Portion perfider Unehrlichkeit hinzu?

Sie sind jedoch alle beide imstande, offen zu sagen, worum es geht. Sie diskutieren und verhandeln viel, ständig passen sie sich einander an und ändern sich mithilfe von Ärger und Argumenten. Was ihnen eine ziemlich realistische Sicht darauf ermöglicht, wie sich Kräfteverhältnisse und die Etablierung eines

Erster Teil: 1 + 1 = 4

häuslichen Systems durch den gegenseitigen Ärger vermischen. Ein solcher Paarbildungsprozess ist neu. Er ist in der Gesellschaft in dem Maße aufgekommen, wie die traditionelle Hierarchie verschwand, in der jeder eine ganz bestimmte Rolle übernahm (der Mann über die Autorität verfügte und konkret nur wenig für die Familie und im Haushalt tat). An die Stelle dieser hierarchischen und im Voraus festgelegten Form sind heute, wenigstens theoretisch, zwei gleichberechtigte Individuen getreten, die bei zahlreichen Tätigkeiten sogar austauschbar sind. Daraus ergibt sich notwendigerweise ein langer Regelungsprozess, in dem der Ärger eine wesentliche Rolle spielt. Die Machtpositionen sind jedoch nicht verschwunden. Sie sind bloß viel heimlicher und subtiler geworden. So kommt es nicht selten vor, dass ein geschickter Ehemann übertriebenen Verdruss zur Schau stellt, damit er von seiner Last erlöst wird. Solche hinterhältigen Tricks kommen bei Eline und Jack höchst selten vor. Ich hatte Eline gefragt, ob Jack manchmal nicht ein bisschen davon profitiert. Ihre Antwort lautete folgendermaßen: »Nein, so funktioniert das bei uns beiden nicht, und das ist eine ehrliche Antwort, da wir dies nach Ihren Fragen zusammen diskutiert haben. Ich glaube, dass wir uns in einem Gleichgewicht befinden, das prekär ist, weil es durch den Alltag und die Höhen und Tiefen des Lebens oft infrage gestellt wird. Beispiel: Ich war eine Zeit lang arbeitslos, und da hat sich ein Kräfteverhältnis herausgebildet: bei mir Orientierungslosigkeit, mangelndes Selbstvertrauen und ein Gefühl der Nutzlosigkeit, auch innerhalb der Beziehung. Jack hat sich damals als der Starke in der Beziehung erwiesen: Er stand für Stabilität, Geld, Vertrauen ... Alles befand sich eine Zeit lang im Ungleichgewicht: meine Unabhängigkeit, meine finanzielle Sicherheit, die Hausarbeit, die ich tagsüber allein erledigte ... Nachdem ich wieder Arbeit gefunden hatte, brauchte es einige Zeit und viele Krisen und Diskussionen, um zu einem für beide, vor allem für mich, befriedigenden Gleichgewicht zurückzugelangen. Aber wir gelangen schließlich immer wieder zu einem gewissen Gleichgewicht zurück, nachdem wir darüber diskutiert und es uns klargemacht haben. Das ist im Übrigen ein Grund, warum es weiterhin oft Ärger zwischen uns gibt: Keiner will gegenüber dem anderen nachgeben, aber niemals übertreiben wir dabei.«

Eline und Jack sind in diesem Punkt nicht repräsentativ. Denn bei den meisten Paaren täuschen die Protagonisten ohne zu zögern Ärger vor, den sie sich ausgedacht haben, oder übertreiben ein bisschen, um eine Entscheidung zu ihren Gunsten durchzusetzen. Oft ohne sich dessen auch nur bewusst zu sein. Louis ärgerte sich wirklich sehr über den kleinen Tisch, den Annes Mutter besorgt hatte, um das junge Paar bei der Möblierung seiner Wohnung zu unterstützen. Er sah zu sehr nach »Familie« aus oder nach »wohl situiertem Paar mit schönen Möbeln«, er machte die beiden alt. Anne erinnert sich daran, wie genervt Louis war. »Er schlug mir vor, den Tisch hinauszuwerfen, weil wir nicht gern an einem Tisch essen. Sich zum Abendessen an den Tisch zu setzen …, das sieht ein bisschen blöd aus.« Sie spielt die Szene lachend nach: »Ich esse lieber an niedrigen Tischen, das ist viel bequemer. Neulich bummelten wir durch japanische Läden, wir wollten uns gern einen schnörkellosen großen quadratischen Tisch kaufen.«[1] Wie so oft in der Phase der Schaffung eines gemeinsamen Systems bringt der Ärger (eines der beiden Partner) das Paar zu einer zukunftsweisenden Entscheidung, die Trägerin einer Ethik, von Beschlüssen und Kriterien ist, an denen sich das Handeln orientiert. Hier ist sie ebenfalls Trägerin einer Ästhetik, die plötzlich zum Ausdruck kam und wunderbarerweise beiden gemeinsam war. Wie durch Zauberei wurde ein einheitliches Universum von Werten und Formen sichtbar und brachte Anne und Louis sogar zum Träumen. Das Lob des Schnörkellosen und Niedrigen, schmucklos Exotischen war diskreter Ausdruck einer raffinierten Distinktion. Anne war hingerissen, sie hatte sich Louis' Ärger zu eigen gemacht. Er gab ihr die nötige Kraft, um in den Traum zu entschweben und ihn zu verwirklichen. »Ich war an Weihnachten in dem japanischen Laden und hatte einen schönen quadratischen Tisch aus unbehandeltem Teakholz mit sehr schönen Beinen entdeckt. Er war sehr schön, und ich wartete auf den Winterschlussverkauf im Januar. Ich bin wieder hingegangen, als er heruntergesetzt war, ich musste ihn mit Louis abholen, ich hatte ihn mir sogar telefonisch reservieren

---

1 Von Marie-Pascale Alhinc-Lorenzi (1997, S. 44) aufgezeichnete und zitierte Aussage.

lassen, wir wollten an einem Samstag hingehen ..., ich erinnere mich, ich war superglücklich. Und dann erzählt er mir an diesem Tag vom Tisch seiner Großtante ... Dieser Tisch aus Teakholz kostete doch einiges. An einem Wochenende im Januar sind wir zu seiner Mutter gefahren, die uns mit einem Mahagonitisch überrascht hat. Er ist gut, er ist sehr praktisch ... er lässt sich in der Höhe verstellen und auseinanderklappen ... Wir haben gespart.«[2] Der Traum war aus, die japanische Ästhetik vergessen; Anne war besiegt und akzeptierte ihre Niederlage kampflos. Das finanzielle Argument ist dazwischengekommen. Geschickt herausgepickt, maskierte es, dass das, was den Ärger verursacht hatte (das Besorgen eines Tischs durch die Familie), paradoxerweise in dasselbe Ergebnis gemündet ist: einen anderen Tisch, der ebenfalls von der Familie besorgt worden war. Nur die Familie war eine andere: Nun war es Louis' Familie.

Vergleicht man die Zahl von kleinen Streitereien bei Paaren unterschiedlicher Altersstufen, stellt man fest, dass sie desto häufiger vorkommen, je jünger die Paare sind (Brown/Jaspard 2004). Dann nehmen sie mit den Jahren und der Dauer der Beziehung ab. Diese Feststellung mag überraschen, ist aber vollkommen logisch, denn der Prozess der Anpassung und der Definition einer gemeinsamen Welt ist in der ersten Phase des gemeinsamen Lebens außerordentlich komplex und erfordert merkliche Anpassungen. Wir sehen sie allerdings nicht so deutlich, da die kleinen Streitereien nicht so erbittert und verbissen ausgetragen werden wie später. Sie gehören zum Fortgang des Lebens dazu. Der Ärger ist kaum spürbar, wird leicht verarbeitet und nicht als besonders schlimm erlebt einzig aus dem Grund, weil er nicht umsonst ist: Er ruft Bewegung hervor, führt zur Entdeckung neuer Methoden, zur Organisation eines besseren Systems. »Als wir zusammenzogen, haben Anlaufschwierigkeiten für Ärger gesorgt: Jeder von uns organisierte sein Leben auf seine eigene Weise, hatte seine eigene Ordnung, aber wir haben schnell Kompromisse gefunden. Und mit der Zeit ist es immer besser geworden.« (Eline) Anders als später in der Beziehung bietet jeder Tag Anlass für eine Modifikation in diesem oder jenem Bereich, und die beiden Partner

---

2   Ebd., S. 45.

zeichnen sich durch Offenheit und kulturelle Flexibilität aus. Der Ärger findet kaum Zeit, sich an ein dauerhaft wiederholtes Verhalten zu heften.

DIE BEQUEMLICHKEIT DER BEZIEHUNG

Der Anfang einer Paarbeziehung ist ein Abenteuer. Ein Abenteuer der Gefühle natürlich, das aus dem alten Leben herausreißt. Aber auch ein Abenteuer des Alltags durch die Erfindung einer ganz persönlichen Welt, die die beiden Identitäten von Grund auf neu definiert. Winzige Ereignisse entscheiden über Stile und Verhaltensweisen, die eine lange Zukunft vor sich haben können. Anne und Louis hätten sich in eine sehr markante ästhetische Welt begeben können, wenn sie nicht den alten Tisch bekommen hätten. Alles hat sich jedoch in Luft aufgelöst, die schnörkellose exotische Eleganz ist inzwischen nur noch ein vergessener Traum.

Das Abenteuer des Alltäglichen ist notwendigerweise voller Emotionen, die, ob sie nun angenehm oder mühsam sind, wie eine Antriebsenergie funktionieren. Zwar treten häufig kleine Ärgernisse auf, aber es bleibt kaum Zeit, sich wirklich darüber zu ärgern. Dann bilden sich schließlich stabile Bezugspunkte, und negative Gefühle kommen nur noch bei plötzlich auftretenden oder lang anhaltenden Funktionsstörungen auf. Weil die Beziehung sich langsamer verändert oder die Veränderung geradewegs zum Stillstand gekommen ist, richten sie leider größeren Schaden an und hinterlassen größere Spuren in den Seelen, wenn sie auf den Widerstand der Starrheit stoßen. Agnès hat hart darum gekämpft, dass Jean lernte, seine Kleider aufzuräumen, die er einfach irgendwo in der Wohnung fallen ließ. Manchmal gab es deswegen heftigen Krach, der aber spurlos vorüberging. Denn der Ärger verflog in dem Maße, wie Agnès Fortschritte feststellte: Jean gab sich Mühe und änderte sich. Inzwischen hat er das gesetzte Ideal fast erreicht. Mit Ausnahme einiger, gewiss unbedeutender, aber bleibender Spuren als Zeichen für eine Freiheit, die völlig aufzugeben Jean sich nicht entschließen kann.

Agnès: »Am Anfang ärgerte mich das sehr, aber jetzt liegt weniger herum ...«

Jean: »Jetzt liegt weniger herum, aber es ärgert dich mehr!«

Agnès hat unmerklich gespürt, dass die Situation sich geändert hat. Die ewige Bewegung nimmt eine neue Wendung, und die beiden beginnen ein neues Kapitel ihrer gemeinsamen Geschichte, die nun von der Festigung der alltäglichen Bezugspunkte und dem Streben nach Bequemlichkeit bestimmt ist. Dieses Streben nach einem bequemen Leben zu zweit ist nicht verwerflich; es ist sogar unvermeidlich. Es ist zunächst materiell und physisch, in dem Maße, wie das Zuhause eingerichtet und dekoriert, in ein gemütliches Nest verwandelt wird. Dann ist es aber vor allem auch psychologisch und identitätsstiftend (Kaufmann 2005). Denn in unserer aggressiven und destabilisierenden Gesellschaft fungiert die Paarbeziehung heute immer mehr als Instrument des Trostes und der Selbstvergewisserung. So erzählt man sich beim Abendessen am Tisch oft die kleinen Missgeschicke des Tages und ist sich des mitfühlenden Zuhörens und der therapeutischen Unterstützung des Partners gewiss (Kaufmann 2006). Aber dieses Streben nach Bequemlichkeit ist oft noch fundamentaler, sogar regressiv. Das Haus wird zum Ort, wo man sich, fern des ständigen Konkurrenzkampfes und der bewertenden Blicke der anderen, gehen lassen kann, hemmungslos die einfachsten Freuden genießen, die elementare Ungezwungenheit und das wohlige Gefühl finden kann, das das Sichgehenlassen bereitet. Die erste Stufe der identitären Bequemlichkeit liefern die stabilen Bezugspunkte, die Routinen, die das Leben einfacher machen, hinzu kommen die unergründlichen Wonnen des »natürlichen«, regressiven Benehmens. Der Versuchung des Regressiven unterliegt einer der beiden Partner oft viel stärker als der andere. Je mehr er sich den kleinen Freuden der häuslichen Entspannung hingibt, desto mehr erscheint er dem anderen in einem Licht, das dieser sich bis dahin kaum vorstellen konnte, so überrascht ist er von der Gegensätzlichkeit der Lebensweisen und der Träume, die die beiden von da an trennen. »Ich gehe furchtbar gern aus, shoppe gern, treffe mich gern mit Freunden. Während er ein ziemlicher Stubenhocker ist. Er ist gern zu Hause, wo ihm niemand auf die Nerven geht, und hat gern viel Zeit für sich. Mich dagegen stresst es, die ganze Zeit zu Hause zu bleiben und niemand anderen zu sehen.« (Eliza)

Die übertriebene Instrumentalisierung der Paarbeziehung zu egoistischen therapeutischen Zwecken führt zu einer tief greifenden Veränderung des Bildes, das der Partner sich macht. Wenn sich das gemeinsame Leben nicht mehr weiterentwickelt, dann macht sich der Ärger nicht nur an Themen fest, über die man sich umso mehr ärgert, als sie fortbestehen und ständig wieder aufkommen, sondern vielmehr scheint auch derjenige oder diejenige, der oder die sich früher solche Mühe gab, den anderen zu verführen, sich nun darum kaum mehr zu kümmern. Er (oder sie) achtet mehr auf seine (ihre) äußere Erscheinung, wenn er (oder sie) ausgeht, und sei es nur zum Bäcker, als wenn er (oder sie) allein mit dem Partner ist. Sollte der Partner seltsamerweise der Letzte geworden sein, der einer Verführung für würdig befunden wird? Da fragt man sich dann: Muss die Paarbeziehung wirklich dahin führen? Wenn der Ärger immer größer wird, bedeutet dies, dass man diese Frage verneint. Nein, das geht entschieden zu weit, die rote Linie ist überschritten. »Als wir uns vor zehn Jahren kennen lernten, gab es gewisse Schamgrenzen zwischen uns beiden, und keiner von uns beiden ließ sich in Gegenwart des anderen gehen. Ich habe darüber nachgedacht, und ich glaube, dass es ungefähr fünf Jahre dauerte, bis diese Gewohnheiten aufkamen, zur selben Zeit wie die Routine! Ja, ich glaube, dass die Routine daran Schuld ist, wir schenken einander weniger Aufmerksamkeit, wir kennen uns gut, warum sollte einem also etwas peinlich sein?« Aphrodite ist überrascht und enttäuscht, vor allem aber packt sie der Ärger, wenn ihr Mann sich so weit gehen lässt, dass »er in der Nase bohrt und seine Nägel oder Fußnägel abreißt! Und das ist ihm nicht einmal peinlich, während ich mich beim Fernsehen an ihn schmiege«. Sie macht ihrem Ärger sogleich Luft und schnauzt ihn an: »Das reicht! Willst du meine Nägel auch noch haben?« Francis entschuldigt sich (zum tausendsten Mal), aber in ihrem Ärger lamentiert Aphrodite beharrlich weiter: »Seine kleinen Marotten ärgern mich ganz ungemein, und ich kann mich nicht zurückhalten, ich muss es ihm sagen.« Dann wiederum regt sich ihr Mann über ihr Gekeife auf. »Das ist vielleicht das, worüber er sich bei mir am meisten aufregt!« Ist der Ton wieder ruhiger worden, verteidigt er die Theorie der Freiheit und des Wohlbehagens: Warum sollten sich Ehepartner voreinander verstecken? Wozu ist eine Paarbeziehung gut, wenn jeder sich ständig verstellen und kontrollieren soll? Die Taktiken zur Bekämpfung des Ärgers sind also eine heikle Angelegenheit. Indem Aphrodite, die bis dahin die dominierende Stellung innehatte und ihr Verhaltensmodell (im Sinne einer Reduktion der Dissonanz dadurch, dass sie ihren schuldigen Ehemann zur Ordnung rief) durchsetzte, ihre Offensive zu weit trieb, verursachte sie wiederum Ärger auf der Gegenseite. Es gibt nun nicht mehr einen Herrschenden und einen Beherrschten, sondern einen Konflikt zwischen zwei konkurrierenden Theorien. Die Dissonanz, die zwischen einem theoretischen Modell und seiner praktischen Anwendung bestand, trennt nun die beiden Lager: gute Manieren gegen Natürlichkeit und Freiheit. Das gleiche gegenseitige Unverständnis bei Zoé: »Entschuldigen Sie bitte die Details, aber wenn er sich räuspert, bevor er ins Waschbecken spuckt ... Während für ihn diese Art von besonderer Intimität nichts Anstößiges hat.«

Noch ein stigmatisierter Ehemann. »ER«, wie Melody ihn nennt, der ebenfalls wegen Verstoßes gegen die Pflicht, verführerisch zu wirken, an den Pranger gestellt wird, denkt sicher das Gleiche. Hier spielt sich das kleine Alltagsdrama nicht auf dem Sofa vor dem Fernseher oder am Waschbecken ab, sondern bezüglich der Tischmanieren, die, das werden wir noch sehen, oft als Ursache für Ärger genannt werden. »Bei Tisch wischt ER, wenn ER fertig gegessen hat, seinen Teller systematisch aus, tunkt sein Brot in die Soße, wischt methodisch jedes Eckchen aus und säubert sorgfältigst jede kleinste Soßenspur. Dann verschlingt ER gierig das mit Soße getränkte Stück Brot. Es kommt mir vor, als würde ER mit einem Scheuerlappen über den Teller gehen! Dann empfinde ich Abscheu, und vor allem kommt mir dann meine bürgerliche Erziehung wieder in den Sinn, die einem beibringt, dass man so nicht essen darf (man darf gerade einmal ein kleines Stück Brot auf die Gabel aufspießen). Ich liebe Anmut und Eleganz. Mein Mann sieht gut aus, er kann gewandt auftreten, macht sich aber selbst darüber lustig. Mit dieser einfachen Geste wird ER mir innerhalb von 30 Sekunden zum Proleten, der sein Äußeres vernachlässigt (in der Art: Bier,

Wurst, Wampe und ein Rülpser nach dem Bier). Verführungsreiz −40!« Melody hat sich lange Zeit mit diskreten spitzen Bemerkungen begnügt. Nun hat sie »in den höchsten Gang geschaltet« und schreit »lautstark, wenn er mit seinem Theater beginnt«, allerdings nicht ohne Bedenken über die Heftigkeit ihrer Reaktion. »In diesen Momenten komme ich mir wie eine steife, zänkische Person, wie ein autoritärer Hausdrachen vor, aber ich weiß, dass es um unsere Beziehung geht, um den Teil Anziehung/Bewunderung, den der andere wecken kann und muss, um die ›Flamme‹ der Sexualität am Leben zu erhalten. Schade, wenn es nicht spontan geht.«

DIE DOPPELT ÄRGERLICHEN DINGE

Der Ärger kreist oft um die kleinen Dinge, die uns umgeben. Eben weil sie sich nicht damit begnügen, uns zu umgeben. Die vertrauten Dinge sind nicht einfach nur Staffage. Sie tragen und strukturieren die Person in ihrem tiefsten Inneren durch ihre alltäglichen Gesten hindurch. Ich habe es bereits erwähnt: Der Ärger kommt oft von einer Dissonanz, die man zwischen den unterbewussten Schemata, die die alltäglichen Routinen organisieren, und dem »unnormalen« Platz feststellt, den die Substanzen und Dinge einnehmen. Mary Douglas (1985) erklärt, dass Schmutz nicht objektiv definiert werden kann: Er ist eine soziale Konvention, die aus einem langen Konstruktionsprozess resultiert. Der Schmutz ergibt sich schlicht aus der Tatsache, dass eine bestimmte Materie als fehl am Platz empfunden wird. Erde an sich ist nicht schmutzig; sie wird es, wenn sie im Haus auf dem Fußboden liegt oder an unseren Schuhen hängt. Das ganze Problem liegt in der Definition dieses richtigen Platzes, der für jeden ein anderer ist, Paare eingeschlossen. Je mehr Erfahrungen man miteinander gemacht hat, desto mehr merkt jeder der beiden Partner, dass das, was ihn selbst ärgert, den anderen nicht ärgert und umgekehrt. Anlässlich von winzigen Kleinigkeiten (die Art, wie man fegt, wie man Dinge stapelt, wie man etwas dekoriert) prallen plötzlich auf subtile und diffuse Weise unterschiedliche Kulturen aufeinander. Der Ausgangspunkt ist eine Sache, über die sich einer der beiden

Partner ärgert. Von dort aus können sich die darauffolgenden Ereignisse jedoch in sehr unterschiedliche Richtungen entwickeln. Nachdem sich Louis über den Tisch seiner Schwiegermutter geärgert hatte, hätte das Paar sich in eine neue und bestärkte gemeinsame Welt (die japanische Ästhetik) begeben können. Ein Ärger kann eine Reaktion auslösen und die Einheit intensivieren. Umgekehrt kann die Sache, über die man sich ärgert, nicht nur auf ewig da bleiben, sondern sie kann auch sehr unangenehme Botschaften aussenden, die einem sagen, wie sehr der Partner, den man so nahe glaubte, zum Teil in einer anderen, eigenen (ästhetischen oder emotionalen) Welt lebt. Man ärgert sich dann doppelt über die Sache. Weil man sich daran stört, wie an Schmutz oder Unordnung, aber auch, weil sie jedes Mal, wenn der Blick an ihr hängen bleibt, eine Geschichte erzählt, die man eigentlich gar nicht hören möchte. Eine solche ist zum Beispiel die traurige Geschichte des ausgestopften Hechtkopfes.

Die Befragung führte Sofian Beldjerd durch,[3] er interviewte Marie-Anne lange. Das Gespräch ist so anschaulich, dass ich beschlossen habe, ausführlich daraus zu zitieren. Alles beginnt mit einem unerwarteten Ereignis, das den folgenden Problemen zugrunde liegt. »Wir wollten gerade in die Ferien fahren und an ... am Vortag sagt er zu mir: ›Hör mal, ich gehe angeln.‹ Also ist er angeln gegangen, und er ist zurückgekommen, und er sagt mir ganz aufgeregt, ganz glücklich und ganz ... wie ein kleiner Junge, dem man ... was weiß ich ... die ganze Welt ... geschenkt hätte: ›Schau nur, schau nur, schau nur, ich habe einen Hecht gefangen!‹

›Gut, ja. Gut, äh, ja, das ist schön ...‹

›Stell dir vor, das ist mein erster Hecht ...‹«

Der Ehemann will den Kopf abschneiden und ihn zu einem Tierpräparator bringen. Marie-Anne kann es nicht glauben. Sie entdeckt, dass ihren Mann eine seltsame, nicht nachvollziehbare Leidenschaft gepackt hat, die sie selbst kalt lässt. Sie geht sofort in die Defensive, weiß aber nicht, wie sie sich widersetzen

---

3   Noch nicht veröffentlichte Befragung, die im Rahmen einer noch nicht abgeschlossenen Dissertation in Soziologie an der Université Paris 5 durchgeführt wurde.

soll, zumal der Aufbruch in die Ferien das Problem kleiner erscheinen lässt. »Ich sah keinen Nutzen darin. Wirklich, für mich, gut, ist das ein Fisch, umso besser ... Aber einen Kopf wie diesen zu haben ... Schon wenn ich Wildschweinköpfe sehe, dann finde ich das nicht sehr glücklich ... Also das, das ... wirklich ... Das war mir ein kleines bisschen peinlich. Er sagt zu mir: ›Ach nein, äh, ich ...‹« Dann gibt sie nach, innerlich davon überzeugt, dass es schließlich allein seine Angelegenheit ist und nicht die von ihnen beiden. »Bring ihn nur hin, es ist dein Hecht ...« Aber die Geschichte war damit noch nicht zu Ende. »Dann sind wir also in die Ferien gefahren. Wir sind zurückgekommen, er hat seinen famosen Kopf abgeholt, der auf einem hübschen Holzbrett angebracht worden war! ›Wo hängen wir ihn hin?‹

›Ach ...!!‹«

Marie-Anne akzeptiert den Plural (»wir« und nicht »ich«), der sie in diese unangenehme Situation mit ihrem Mann bringt, als sie diplomatisch, aber hartnäckig Widerstand zu leisten versucht.

»›Also, wo hängen wir ihn hin?‹

›Ich weiß nicht. Ich habe aber keine Lust, ihn mir oft anzuschauen ... Das Ding gefällt mir nicht. Sieh zu, in welche Ecke du ihn hängst.‹ Also musste er eine Zeit lang in seiner Hobbywerkstatt bleiben ..., und dann, nach einiger Zeit, hat er zu mir gesagt: ›Ach, weißt du, ich werde ihn dort [ins Wohnzimmer] hinhängen.‹ Er hat mir meine Begeisterung angesehen! Und dann ...« Und dann beginnt die unendliche Geschichte der Wanderung des Hechtkopfes von einem Zimmer ins andere, das Hin und Her zwischen den Wünschen des einen und denen des anderen, im Namen einer angeblichen gemeinsamen Ästhetik, die jedoch ziemlich unwahrscheinlich ist. »Er sagt zu mir: ›Oh, ich würde ihn gern dort hinhängen.‹ ... Er hat, glaube ich, versucht, ihn ein bisschen an alle Wände im Haus zu hängen ..., wenigstens im Wohnzimmer und im Esszimmer. Und dann habe ich zu ihm gesagt: ›Ach, gut, nein, das will ich nicht! ... Warte, dort, das gefällt mir nicht ...‹« Aber ihr Ehemann gab sich nicht geschlagen.

»›Marie-Anne, komm und schau dir das an!‹

›Ach! Ach nein, das ist nicht schön ...‹ Also hängte er seinen

Hecht wieder ab und das Bild wieder auf!« Bis zu dem Tag, an dem ihn die Lust zu sehr packte, er die Verhandlungen mit seiner Frau ignorierte und durchsetzte, dass der Hecht im Wohnzimmer aufgehängt wurde. Marie-Anne muss sich dazu entschließen, sich im Stillen zu ärgern, nur unterbrochen von ein paar missmutigen Äußerungen. »Ich habe zu ihm gesagt: ›Oh, ist das hässlich, dieses Ding!‹ Oft sagte ich zu ihm: ›Oje, wie geht er ..., wie wenig gefällt er mir, dein ... dein Kopf ...‹ Er wusste es, und manchmal sagte er zu mir: ›Ich weiß, mein Kopf gefällt dir nicht!‹ Aber gut, wir haben uns deshalb nicht gestritten. Aber er hat gespürt, dass mir das nicht gefiel. Ihm gefiel es, daher waren wir ..., wir haben nicht darüber diskutiert.« Glücklicherweise fand die traurige Geschichte des Hechts nach jahrelangen leisen häuslichen Kämpfen ein eher gutes Ende, zunächst durch eine Kompromisslösung, die für beide Seiten annehmbar war. »Eines schönen Tages hat er ihn abgehängt und sagt dann zu mir: ›Wo soll ich ihn hintun?‹ Ich sage zu ihm: ›Ist mir egal, Hauptsache, ich muss ihn nicht ansehen.‹ Er sagt zu mir: ›Gut, dann werde ich ihn in die Küche hängen.‹ Ich habe zu ihm gesagt: ›Gut, das wäre schon am logischsten, denn es ist ja eher Nahrung als ...!‹ Also in der Küche, das geht zur Not. ›Aber du hängst ihn da auf, wo ich ihn nicht ansehen muss.‹« Der Ehemann hängt ihn also so auf, dass er ihm gegenübersitzt. Jahrelang isst Marie-Anne mit dem Rücken zum Hecht und vermeidet es, die scheußliche Trophäe anzusehen. Bis zum richtigen Happy End, einem Wunder, von dem sie nicht einmal mehr zu träumen wagte. »Ich denke, dass er genug davon bekommen hatte, weil er die ganze Zeit vor diesem Kopf essen musste! Denn eines Tages fing er an: ›Ich werde meinen Hecht mit in die Werkstatt nehmen.‹ Und ich, was denken Sie: ›Natürlich, natürlich ..., das ist doch einmal eine gute Idee!‹ Und hopp in seine Werkstatt! ... Eines schönen Tages hat er ihn mir abgehängt.«

Die Episoden der Geschichte

Die mehr oder weniger leisen Streitereien über die Dinge sind oft Zeichen dafür, dass das Individuelle und das Partnerschaftliche miteinander rivalisieren. Denn jeder der beiden Partner behält Identifikationsbereiche, die ihn, wenigstens in Gedanken, außerhalb der Paarbeziehung transportieren. Diese spaltende Tendenz ist noch spezieller in der Materialität bestimmter Räume enthalten. Dann stellt der Partner fest, dass ganze Mikroterritorien gegen die Vergemeinschaftung des Lebens rebellieren. Claudie spürte deutlich, dass Pierre mit seinen Gedanken anderswo war, bei der Politik.[4] Zahlreiche, überall verstreute Bücher und andere politische Schriften legten Tag für Tag Zeugnis davon ab. »Ich habe immer das Gefühl, dass Pierre all dies mehr bedeuten könnte als sein Familienleben und seine Ehe, und es stört mich irgendwie wirklich gewaltig.« Claudie versuchte einfach, die Auswüchse zu begrenzen. Aber wenn es ums Schlafzimmer ging, zögerte sie nicht, zum offenen Kampf überzugehen. An diesem hochsymbolischen Ort der ehelichen Zweisamkeit empfand sie die Bücherstapel und vor allem die Plakate an den Wänden wie eine Kriegserklärung an ihre Ehe und sogar an die Familie. »Ich bin mehr im Alltäglichen verhaftet, ich habe Fotos der Kinder aufgehängt […]. Mir wäre lieber, wenn er das Schlafzimmer als einen Ort für uns betrachtete.«

Durch das Hin- und Herschwanken zwischen dem Partnerschaftlichen, der Individualität des einen und der Individualität des anderen hindurch läuft der Krieg der Dinge auf lange Sicht jedoch ziemlich linear ab. Denn gemäß ihrer Logik sammeln sich die Dinge immer weiter an, in aufeinander folgenden Schichten, die kaum die vorangegangenen auslöschen, sie nisten sich ein, indem sie dauerhaft Bezugspunkte festlegen. Aus diesem Grund ist zum Beispiel ein Umzug eine mental so erschöpfende Prüfung (Desjeux/Monjaret/Taponier 1998): Die Auswahl und die Neueinrichtung stellen über den technischen Aspekt des Umzugs hinaus eine richtige Neuorganisation der Identität dar. Andere, noch wichtigere biografische Ereignisse und Brüche zerstören die Linearität. Manche sind dramatisch und kommen überraschend (Scheidung, Unfall, Verlust des Arbeitsplatzes), manche sind angenehm, manche sind eher voraussehbar und markieren den Rhythmus des Lebens: die Geburt eines Kindes, sein Auszug von zu Hause, der Ruhestand.

---

4 Von Karim Gacem (1996, S. 125) aufgezeichnete und zitierte Aussage.

Erster Teil: 1 + 1 = 4

Die Geburt eines Kindes krempelt das Leben viel mehr um, als man vorher denkt. Tausend Dinge müssen schnellstens erledigt werden. Die jungen Eltern halten angesichts des drohenden Chaos im Haushalt fest zusammen; das Paar scheint einander näher als je zuvor. Wenn jedoch das Schlimmste erst einmal überstanden ist, können der Preis für diese Anstrengungen, die zunächst den Verlust des alten, leichteren Lebens verschleierten, Krisen sein, die durch die Erschöpfung verschlimmert werden und bisweilen zur Trennung führen (Geberowicz/Barroux 2005). Auch wenn es nicht dazu kommt, führt das Größerwerden der Familie allgemein zu einer paradoxen Veränderung. Die Anwesenheit von Kindern und die neue erzieherische Notwendigkeit erfordern eine noch sehr viel stärkere Einigkeit der häuslichen Gruppe, die Eltern müssen ein Ideal vorgeben und Vorbildfunktion übernehmen. Aber (wir kennen nun langsam dieses Gesetz der Gegensätzlichkeit) je größere Einigkeit gefordert ist, desto heftigerer Ärger kommt auf. Zoés Erziehung hat ihr einen »kleinen Zensor« hinterlassen, der sich in einer Ecke ihrer Gedanken versteckt. Zu Beginn ihrer Geschichte mit Charles-Henri schien der kleine Zensor eingeschlafen zu sein. Gewiss hatte ihr Lebensgefährte seltsame Angewohnheiten, über die sie sich insgeheim wunderte: Er spuckte ins Waschbecken, leckte sein Messer ab, ließ seine Kleider herumliegen. Als diese Eigenheiten sich dauerhaft einnisteten, erwachte der »kleine Zensor«. Aber so richtig griff dieser erst unter den Blicken Dritter an, sobald sich Charles-Henris Manieren als inakzeptabel erwiesen. Vor allem unter den Blicken der Kinder. »Wenn jemand bei uns ist, wenn er sein Messer ableckt, sterbe ich vor Scham, und im äußersten Fall werde ich aggressiv. Es wäre mir unerträglich, wenn meine Kinder sich so benähmen. Im Übrigen kommen unsere Spannungen hauptsächlich daher, dass sein Benehmen dem widerspricht, was ich meinen Kindern einschärfe (gute Tischmanieren, Aufräumen, Wortwahl …).« Und wenn er ins Waschbecken spuckt, »schüttelt mich der kleine Zensor, und ich will nicht, dass meine Kinder ein solches Betragen für normal halten. Also reagiere ich darauf und erkläre es meinem Lebensgefährten, den dann meine Worte verletzen. Aber ein paar Tage später macht er es wieder. Und die Anspannung wächst! Doch zu den Socken mitten im

Wohnzimmer: Ich bin empört bei dem Gedanken, dass man mit den Kindern schimpft, damit sie ihre Straßen- oder Hausschuhe aufräumen, während er seine Socken systematisch herumliegen lässt. Also habe ich ihm freundlich gesagt, dass er, wenn er von den Kindern etwas verlangt, selbst mit gutem Beispiel vorangehen muss. Ich bin imstande, ihm die Socken in die Kaffeetasse zu stecken, wenn ich sie morgens finde.« Im Namen der Familie und der Kinder wurde der Beziehungskrieg erklärt. Der bis zu dem Gewaltakt der Socken in der Kaffeetasse geht.

Die Ankunft der Kinder erhöht den Druck, die Rhythmen werden dichter, und zugleich ist auch noch mehr Einigkeit gefordert. Die Diskussionen über die Kinder sind übrigens eine der häufigsten Ursachen für Streit (Brown/Jaspard 2004). Leider bringt ihr Auszug von Zuhause die Dinge nicht immer in Ordnung. Denn an die Stelle eines Problems (die von den familiären Verpflichtungen und den Erziehungskonflikten verursachte Erschöpfung) tritt plötzlich ein anderes, genauso heikles: das ungewohnte häufige Alleinsein mit dem Partner. Während der Austausch gleichwohl an Intensität verliert (die kleine Tischgesellschaft ist beim Essen sogar von Schweigen bedroht), verursacht das beschwerliche Zusammensein, ohne oder fast ohne Fluchtmöglichkeit, Streit. Eine Situation, die sich noch verschlimmert, wenn man in den Ruhestand geht. Der andere erscheint, noch mehr als früher, unerträglich anders. »Das Leben ist kein Leben mehr, wenn die Geschmäcker so vollkommen gegensätzlich sind«, stellt Herr Berg enttäuscht fest.[5] Und dieser andere begnügt sich nicht damit, anders zu sein. Durch seinen Argwohn oder sein ständiges Aufpassen wird er zudem auch noch so omnipräsent, dass er erdrückend wirkt. »Er sagt zu mir: ›Wo gehst du hin? Wie lange bleibst du weg?‹ Also über diese Art von ... ärgere ich mich ein bisschen«, beschwert sich Frau Louis, die früher gern durch die Läden bummelte, ohne darüber Rechenschaft ablegen zu müssen. Frau Vannier scheint ihr wie ein Echo zu antworten: »Ich kann mit niemandem mehr sprechen, ich kann nicht mehr telefonieren, ich kann nichts mehr machen ... Früher, ja, da konnte ich im Garten arbeiten, in meiner Gartenecke machen, was ich wollte ...,

---

5 Von Vincent Caradec (1996, S. 93) aufgezeichnete und zitierte Aussage.

aber jetzt: ›Was machst du?‹, ›Wo bist du?‹, ›Wo warst du?‹, das ist ...« Und Frau Blanc schließt: »Das ist das, was ich am Ruhestand schrecklich finde.«[6] Das Gesetz der Gegensätzlichkeit (die Einigkeit verursacht Ärger) bestätigt sich auch hier, nicht mehr wegen des Wunsches nach moralischer Harmonisierung wie im Fall der Erziehung der Kinder, sondern allein aufgrund der Tatsache, dass die gemeinsamen Aktivitäten und Räume in materieller und physischer Hinsicht noch stärker miteinander geteilt werden. Und sich Momente der Autonomie für sich zu reservieren löst das Problem nicht immer. Francky zum Beispiel ist kein klassischer Rentner. Nachdem er geschäftlich erfolgreich war, beschloss er mit vierzig Jahren, sich aus dem Berufsleben zurückzuziehen, um seine Freizeit und das Familienleben zu genießen. Diese Glücksverheißung hat jedoch nur zu noch erstaunlicherem, unerquicklicherem Ärger in der Ehe geführt. »Ach, endlich Zeit für mich! Allen sportlichen Aktivitäten und Freizeitvergnügungen nachgehen zu können, von denen ich schon immer geträumt hatte! Die erste Zeit war paradiesisch. Wir haben uns sogar den Zweitwohnsitz unserer Träume im Süden gekauft! Was für eine Veränderung für mich! Morgens nicht mehr aufstehen müssen, kein Stress mehr, immer Urlaub, immer freie Zeit für ganz verschiedene Aktivitäten: Heimwerken, Gartenarbeit, Mountainbiking, Motocross, Sportschießen, Muskeltraining usw. Das große Problem dieser Geschichte kam daher, dass ich viel mehr zu Hause war [...]. Ach, ich höre Sie schon sagen: ›Noch so ein Macho.‹ Nein, eben nicht, sondern einer, der versucht, das tägliche Leben der Familie bestmöglich zu organisieren. Aber nichts zu machen! Nahezu systematischer Protest, sogar Rebellion [...]. Das Leben zu zweit ist nicht einfach! Und es ist bescheuert, wie man sich mit zunehmendem Alter immer mehr über Belanglosigkeiten ärgert!«

Die Art und Weise, wie ich die Entwicklung von Beziehungen bis jetzt geschildert habe, ist ein bisschen entmutigend: Nach dem Abenteuer der gegenseitigen Entdeckung soll das Einrichten von Routinen Ärger machen, oder biografische Brüche, die

---

6   Von Vincent Caradec (1996, S. 82 f.) aufgezeichnete und zitierte Aussagen.

nur die Wahl zwischen Pest und Cholera lassen, sollen entweder ein Zuviel an ermüdenden Diskussionen über die Kinder oder eine zu große Leere der unvermeidlichen Zweisamkeit nach sich ziehen. Glücklicherweise ist dies nur die eine Version der Geschichte, und auch eine ganz andere ist möglich. Francesco Alberoni (1983) trifft meiner Ansicht nach in seiner ansonsten sehr guten Analyse die Realität ziemlich schlecht, wenn er betont, dass die Institutionalisierung der Paarbeziehung einem Verlust an Leidenschaft gleichkommt. Denn neue affektive Modalitäten treten an die Stelle der alten; die Liebe ist eine lebendige Beziehung, die sich Tag für Tag verändert, und dies nicht notwendigerweise in Richtung des Niedergangs. Es gibt nichts, worum die zärtliche Großzügigkeit des Alters das Herzklopfen der Jugend beneiden müsste. Die Liebe ist auch eine konkrete Beziehung, die in den Gesten, Gedanken und winzigen Bemerkungen des täglichen Lebens verwurzelt ist; sie ist nicht auf spezielle Momente, die vom Alltag getrennt sind, beschränkt. Im Gegenteil, häufig hat gerade die Fähigkeit der beiden Partner, diesen zu sublimieren oder wenigstens seine Unebenheiten zu glätten, eine rosarote Version der Geschichte zur Folge. Die Routinen, das habe ich bereits gesagt, sind unvermeidlich. Sie reagieren auf ein soziales Erfordernis, das in unserer auf das Individuum ausgerichteten Moderne immer dringlicher ist. Sie dürfen jedoch nicht zu sehr um sich greifen, sondern müssen Raum lassen für die Aufmerksamkeit dem anderen gegenüber, die Überraschung und die Erfindungskraft (Brenot 2001), sonst bereiten sie den Weg dafür, dass der Ärger, der der Unzufriedenheit Nahrung gibt, Oberhand gewinnt. Was den Ärger anbelangt, werden wir im dritten Teil des Buches noch genauer sehen, wie manche Taktiken, die darauf abzielen, ihn zu mildern, als Methoden zur Herstellung von Liebe im Alltag betrachtet werden können. Der Ärger ist ein für das Funktionieren der Paarbeziehung unvermeidliches Instrument. Die Kunst, mit ihm umzugehen, macht die Partner zu verliebten Komplizen. Und jede bestandene Probe schweißt die kleine Gruppe noch mehr zusammen, statt sie zu trennen.

Auf diesem Weg zum alltäglichen Glück gibt es jedoch zahlreiche Hindernisse. Da ist zum einen eine sich heimlich einschleichende Routine, die mehr erfasst, als man ertragen kann.

Zum anderen ist da auch das Gegenteil: die abrupte Veränderung des Partners, der zum Beispiel plötzlich für sich ein neues Hobby entdeckt. Eine lächerliche Kleinigkeit genügt bisweilen, um für ziemliche Unruhe zu sorgen. Erinnern wir uns nur an den Hechtkopf. Und es gibt auch Hobbys, die überhandnehmen (Bromberger 1998; Le Bart 2000). Cindy hat mir ihren Bericht auf dem Postweg zukommen lassen. Ihr Brief beginnt folgendermaßen: »Ich hätte niemals geglaubt, dass ein Motorrad so viel Unheil anrichten kann.« Sie spricht nicht von einem Verkehrsunfall, sondern von der Zerstörung ihrer Beziehung. Fred träumte von einem Motorrad, das wusste sie. In seiner Jugend wollte er den Führerschein machen. Aber er hatte die Gelegenheit verpasst, und sie glaubte seitdem, dass dies nur noch ein Traum war, den er vergessen hatte. Dieser Traum schlummerte jedoch nur. Die Leidenschaft brach wieder hervor, als ihr Nachbar sich ein Motorrad kaufte und Fred unter Druck setzte: »Man muss sich auch mal einen Spaß gönnen, wozu arbeitest du denn sonst?« Ein tieferer Grund ist jedoch in der Paarbeziehung zu suchen: Denn Fred, der Cindy gegenüber so apathisch ist (er sagt, er sei müde von der Arbeit), sprüht vor Begeisterung, wenn er von seiner Maschine spricht, und suchte nach einem Vorwand, um das Alleinsein mit ihr zu vermeiden. »Seit er sein sündhaft teures, dickes Motorrad gekauft hat, kennt er nichts anderes mehr.« Cindy hat den Eindruck, dass sie gar nicht mehr existiert. Ihrem Ärger kann sie nicht in Wutausbrüchen Luft machen, denn diese treiben ihren Motorradfahrer nur noch schneller zur Flucht. Also rächt sie sich durch Essen; sie hat 21 Kilo zugenommen.

Die Veränderung des Partners kann auch allmählicher vonstatten gehen. Yannis hat nach und nach ein Umweltbewusstsein entwickelt. Aber diese langsame Entwicklung ist inzwischen in eine umfassende Vision gemündet. »Das hat zur Folge, dass mein Verhalten in mancher Hinsicht radikaler wird.« Auch im privaten Bereich: Er kämpft nun gegen seine Frau an, damit sie nicht das Auto nimmt, wenn sie kleine Einkäufe erledigen muss, oder kontrolliert ihr Verhalten im Haus. »Momentan, seit zwei, drei Jahren, achte ich ziemlich aufs Energiesparen, und worüber ich mich bei meiner Frau am meisten ärgere, ist, dass sie ›vergisst‹, das Licht – oder die Heizung – auszumachen, wenn sie einen Raum verlässt. Und dann lasse ich ihr ein ›He, wir sind hier nicht in Versailles!‹ zuteil werden.« Wenn er sie ertappt, überkommt sie bisweilen ein heftiger Ärger. »Entweder lässt sie mich freundlich abblitzen, oder sie wird wütend, und ich sehe ihren Augen an, dass man keinen Streit mit ihr anfangen sollte ...« Die subtile Architektur des Austauschs in der Beziehung kann durch die spontane Veränderung eines der beiden Partner in hohem Maße destabilisiert werden; ein wenig so, als wäre es zu einem Vertragsbruch gekommen. Manche Veränderungen können sich gewiss auch als angenehm erweisen. Andere aber als sehr viel weniger angenehm, und diese sind umso schwerer zu akzeptieren, als einem die alte Identität des Lebensgefährten im Gedächtnis bleibt und diese ihre Spuren in den früher zusammen eingeführten Automatismen hinterlassen hat. Eine weitere Dissonanz (zwischen dem alten und dem neuen Bild des Partners), die den Ärger noch verschlimmert.

2
Männer und Frauen: Divergenz oder Komplementarität?

Der Beginn einer Paarbeziehung ist heutzutage wie ein weißes Blatt: Scheinbar alles ist möglich. Die ersten Handgriffe im Haushalt nehmen sogar die Form eines Spiels mit dem altmodischen Charme kleiner häuslicher Szenen an, von denen man sich nur schwer vorstellen kann, dass sie künftig einmal zu einer Last werden könnten. Die Mahlzeiten sind kleine Festessen, beim Fegen werden Scherze gemacht und Freudenschreie ausgestoßen. Gleichwohl genügen ein paar Tage, um sich darüber bewusst zu werden, dass ein Minimum an gemeinsamer Organisation nötig ist. Wie macht man das? Es gibt keine traditionell festgelegten Rollen und keine verbindliche Methode mehr. Das einzige allgemein, aber vage Anerkannte, woran man sich halten kann, ist die Aufgabenteilung zwischen Mann und Frau. Wie in vielen anderen Bereichen (Dubet 1994) ist eine Lösung nun also nur noch durch Ausprobieren möglich, durch beiderseitiges Herantasten. Obwohl jeder es versucht, stellt sich sehr schnell heraus, dass die Alltagskultur in beiden Lagern nicht dieselbe ist. Der Dreck und das Durcheinander, die den einen »stören«, stören den anderen nicht. Manche tun sogar so, als »störe« sie nur sehr wenig, wenigstens so lange nicht, wie die Wohnung nicht wie eine richtige Rumpelkammer aussieht. Was »stört« und strukturell Ärger erzeugt, ist uns bekannt: wenn die Dinge nicht mit dem geheimen Plan übereinstimmen, der die Automatismen aus dem Unterbewusstsein heraus steuert. Durch die Unterschiede im Ärger über das, was als störend oder nicht störend empfunden wird, hindurch entdecken die beiden Protagonisten also in Wirklichkeit den Abgrund, der zwischen den beiden von ihnen inkorporierten Kulturen klafft: Eliza »sieht« Dinge (die sie zum Handeln veranlassen), die ihr Freund nicht sieht. »Was mich am meisten ärgert, ist die Hausarbeit. Unsere Ansichten darüber sind wirklich unterschiedlich. Ich bin manchmal zu faul zum Putzen, aber ich denke daran, wie befriedigt ich sein werde, wenn es erledigt ist, und dann fasse ich mir ein Herz. Meinem Freund dagegen ist es egal, ob die Wohnung ordentlich und sauber ist. Er kann gut mit einem Berg schmutzigen Geschirrs leben. Das ist nicht schlimm, er spült, wenn er Lust hat. Es fällt noch mehr auf, wenn man es selbst nicht machen kann (ich habe Erfahrung darin, ich wurde zweimal am Bein operiert und hatte einen Gips). Ich sehe Dinge (dass der Mülleimer ausgeleert, gefegt, ein Kleidungsstück, das herumliegt, in den Schrank geräumt werden muss …), die er nicht sieht. ›Das stört mich nicht‹, sagt er meistens.« Es kann natürlich gut sein (das müsste einmal genauer untersucht werden), dass er absichtlich ein wenig zu sehr betont, dass er nichts sieht und es ihn nicht stört. Manche Männer entwickeln intuitiv diese geschickte Taktik und veranlassen so ihre Frau, die Dinge in die Hand zu nehmen. Denn unweigerlich wird sich derjenige von beiden, der sich am meisten ärgert, an die Arbeit machen, um die Übereinstimmung zwischen den in Unordnung gebrachten Dingen, die ihn stören, und ihrem geheimen Plan wiederherzustellen. Aber wenn er dies ein, zwei, drei Mal getan hat, beginnen sich allmählich zwei komplementäre Rollen abzuzeichnen. Derjenige, der sich am meisten über etwas ärgert, wird zum ausführenden Spezialisten für die Aufgabe und gleichzeitig zum verantwortlichen Leiter. Derjenige, der sich am wenigsten ärgert, wird zum bloßen Zuschauer.

Der geheime Plan enthält Segmente, von denen manche von einer Generation auf die nächste übertragen wurden, also eine lange Geschichte haben; eine Geschichte, von der derjenige, der sie in sich trägt, nichts weiß. Inaktive Schemata werden durch den neuen Kontext der Paarbeziehung reaktiviert. Dann »entdeckt« sich jeder selbst (und gleichzeitig die Verschiedenheit, sogar Fremdheit des anderen). Nach zwei Wochen des Zusammenlebens ist Géraldine, die bis dahin noch niemals etwas gebügelt hat, verblüfft über Bernards pedantische Perfektion bei allem, was die Wäsche anbelangt. Erleichtert stellt sie fest, dass sie dies auf einem anderen Gebiet wieder wettmachen kann. »Ich entdecke, dass ich in puncto Kochen einen kleinen Tick habe.« Jeder entdeckt unbekannte Seiten an sich selbst und merkt, dass er diese oder jene Ansprüche an das Putzen (ebenso wie die entsprechenden damit verbundenen Neigungen und Fähigkeiten) oder an das Kochen oder bloß an das Grillen hat. Denn nach und nach zeichnet sich im gemeinsamen Haushalt ein komplexes Geflecht von Spezialgebieten ab. Die weibliche Dominanz in weiten Bereichen, die durch ein viel schwereres historisches Gedächtnis bedingt ist, verhindert nicht, dass sich kleine männliche Spezialitäten herausbilden. So stellt sich die Frage, ob Jack nicht bald die Regie über das Aufräumen der Papiere übernehmen wird. Wir haben gesehen, dass er hinsichtlich der allgemeineren häuslichen Ordnung den sehr klassischen männlichen Weg eingeschlagen hat, sich als Anhänger der Zufallsmethode von der Hausarbeit fernzuhalten. Aber speziell was das Aufräumen der Papiere anbelangt, ist das Schema auf den ersten Blick umgekehrt. »Wir beide haben unterschiedliche Methoden aufzuräumen: Ich sammle, bis es mir auf die Nerven geht (zwei, drei Wochen lang), und dann sortiere ich und räume auf, während Jack sofort sortiert« (Eline). Die vergleichende Analyse der beiden Techniken zeigt jedoch, dass es überhaupt nicht sicher ist, dass die Waage sich schließlich in Richtung Jack neigen wird. Denn er verspürt nur einen leichten Ärger, der ihn in Wirklichkeit nur zu einem Vorsortieren veranlasst. »Er räumt die Papiere in eine Kiste, um sie später endgültig in geeigneten Archivkästen abzulegen. Was mich ärgert, weil ich den Eindruck habe, dass nichts jemals aufgeräumt wird (was falsch ist) und ewig herumliegt (was nicht ganz richtig ist). Tatsächlich haben wir immer noch keine wirksame Methode gefunden, um unsere gemeinsamen Papiere aufzuräumen.« Es bleibt also offen, wie das Spiel ausgehen wird. Und wetten, dass derjenige von beiden, der sich am meisten ärgert, am Ende die Papiere aufräumen darf.

Erster Teil: 1 + 1 = 4

Der funktionale Unterschied

Der Ärger entsteht nicht mit der Paarbeziehung; auch das einzelne Individuum wird von Irritationen erfasst, die aus inneren Dissonanzen entstehen. Die Anfänge des Zusammenlebens vervielfachen Letztere gleichwohl. 1 + 1 = 4. Eline und Jack ärgern sich beide über die Unordnung der Papiere, aber jeder auf seine eigene Art und Weise, und diese stimmen nicht überein. Das Anwachsen des Ärgers leistet dann der Reaktion Vorschub; die beiden Partner streben nach neuer Harmonie, was sie veranlasst, bestimmte Aufgaben zu übernehmen. Diese Spezialisierung wird vom Ärger verursacht und ist zugleich eine Art, ihn zu beheben. Derjenige von beiden, der sich am meisten ärgert, übernimmt diese oder jene Tätigkeit mit dem Ziel, die Dissonanz zu beseitigen und wieder mit sich selbst eins zu sein. Dafür ist es natürlich notwendig, dass er akzeptiert, was für ihn eine Mehrarbeit darstellt. Aber der Anreiz dafür ist stark, denn wenn er es nicht tut, riskiert er zweifachen Ärger: darüber, dass das, was der Partner tut, nicht mit seinen eigenen Vorstellungen übereinstimmt, und darüber, dass er selbst eine Rolle zu übernehmen gezwungen ist, die er ablehnt.

Das Paradoxe daran ist Folgendes: Derjenige (oder diejenige), der (die) eine Tätigkeit übernimmt, wird durch diese Spezialisierung immer mehr in die partnerschaftliche Gemeinschaft eingebunden, und zugleich tritt seine (ihre) Individualität hervor, da jeder Besonderheiten zum Ausdruck bringt, die seine persönliche Einheit konstituieren, dies aber als Bestandteil eines übergeordneten Ganzen, in das er nun integriert ist. Hieran lässt sich ablesen, wie erstaunlich komplex die Herstellung einer Gemeinschaft ist. Denn zur Arbeit an der Einheit der Gruppe, an der Herstellung einer gemeinsamen Kultur, vor allem durch das Gespräch (Berger/Kellner 1965), kommt das genaue Gegenteil hinzu: die Schaffung innerer Gegensätze, die gewiss funktional und strukturell geregelt sind, aber in Wirklichkeit durch die Betonung der Unterschiede hervorgebracht werden. »Je mehr er zum Faultier wird, desto mehr werde ich zur fleißigen Biene«, stellt Marie-Lyse fest.[1]

---

1   Von Pascal Duret (2007) aufgezeichnete und zitierte Aussage.

Die neuen Partner lassen dies mit sich geschehen, und zwar aus einem einfachen Grund: Die Komplementarität ist psychologisch bequem, da sie die persönlichen Dissonanzen reduziert. Wenn man sich bewusst wird, dass diese psychologische Bequemlichkeit der Paarbeziehung keineswegs abträglich ist, sondern sie ganz im Gegenteil stärkt, fegt dies auch noch die letzten Widerstände hinweg. Auf diese Weise verwandelt sich das Leben zu zweit sehr oft in eine richtige Maschinerie zur Herstellung von gegensätzlichen Identitäten. Während die propagierte allgemeine Ethik eher die Thesen der Gleichheit und der Austauschbarkeit der Rollen beschwört, lehrt einen die Erfahrung, dass das Gegenteil der Fall ist. So stellte Carla, die sich sehr über die unerträglichen Unterschiede zwischen sich und »J.-P.« (die wir uns später noch ansehen werden) ärgerte, überrascht fest, dass sich andere Unterschiede, die sich von denen, die sie unerträglich findet, nicht allzu sehr unterscheiden, auch positiv gestalten und auf angenehme und effiziente Weise ergänzen können. »Es gibt Momente, in denen sich unsere Unterschiede aufs Beste ›verstehen‹ und wir uns aufs Harmonischste ergänzen. Wir haben zum Beispiel vor kurzem eine Wohnung gekauft, in die wir viel Arbeit stecken mussten. Das Tapezieren haben wir in Teamarbeit erledigt. J.-P.s Organisation (du misst aus und schneidest die Bahnen ab, ich kleistere sie ein, du bringst sie mir, ich klebe sie an die Wand, du wischst den Kleister ab usw.) hat sich ausgezahlt und war mir überhaupt nicht lästig. Es war für mich wie ein Spiel, ich habe seine Anweisungen befolgt, war sein kleiner Lehrling! Wenn ich das allein hätte organisieren müssen, dann wäre es eine Katastrophe geworden! Wir hätten eine Menge Tapeten verschwendet, wahnsinnig viel Zeit verloren …, J.-P. dagegen war für diese Aufgabe perfekt! Mein Beitrag war, für einen Hauch von Unbekümmertheit zu sorgen, was willkommen war, da J.-P. sich leicht aufregt, wenn etwas nicht so läuft, wie er will, und Tapeten sind manchmal störrisch und lassen sich nicht so anbringen, wie man gern möchte. Dann habe ich ihn aufgemuntert und zu ihm gesagt: ›Das wird schon gehen, du wirst es sehen, beim Trocknen wird es sich glätten‹, und um ihn aufzuheitern, habe ich herumgeblödelt, über unsere Missgeschicke gelacht und ihn mit Küssen und Zärtlichkeiten bedacht, damit er sich entspannte. Die

Kombination unserer Verhaltensweisen machte die Arbeit entspannt und effizient. Ich habe mich nicht im Geringsten über seinen Drang zur Perfektion und bestmöglichen Organisation geärgert, im Gegenteil, es hat sich ausgezahlt, und ich sehe ein, dass es notwendig war.«

Neben der technischen Ergänzung bei bestimmten punktuellen Arbeiten setzt die entstehende Rollenverteilung in sehr viel weiterem Sinne zwei gegensätzliche (ethische, kulturelle, psychologische) Welten miteinander in Beziehung. Demjenigen gegenüber, der organisiert, pünktlich oder besorgt und im Allgemeinen verantwortlich ist für Aufgaben, von denen geglaubt wird, dass sie solche Charaktereigenschaften erfordern, kann der andere entweder auf eine sehr ärgerliche Art teilnahmslos erscheinen oder als notwendiger Verfechter der Unbekümmertheit auftreten (den Carla sanftmütig zu spielen versteht, um J.-P.s Exzesse im Zaum zu halten). Anders als in der Beziehung von Carla und J.-P. der Fall, sind sehr häufig die Männer auf diese Position spezialisiert, die zu übernehmen ganz angenehm ist. Alice bringt schön zum Ausdruck, was Komplementarität bedeutet: »Seine Unbekümmertheit hat manchmal gute Seiten, insofern er es schafft, bestimmte Situationen zu entdramatisieren, die gute Seite daran zu entdecken. Dann hilft er mir, mich zu entspannen, nicht unnötig in Panik zu geraten, und es ist sehr angenehm, einen völlig lockeren Menschen an seiner Seite zu haben, wenn man in Stress kommt, dann beruhigt er mich, und in diesen Momenten liebe und schätze ich seine Fähigkeit, entspannt zu bleiben.« Ein allein lebender Mensch muss sich ständig zwischen den beiden gegensätzlichen Rollen entscheiden. Die Paarbeziehung bietet die Möglichkeit, dieses Hin und Her zwischen zwei Rollen zu überwinden und die Dissonanz, die daraus resultiert, zu mildern. Dies ist jedoch nur durch einen tief gehenden Identitätswandel möglich. Bisweilen muss man zu einer starken Veränderung seiner Persönlichkeit imstande sein, um die Rolle spielen zu können, die von einem erwartet wird. Als junges Mädchen litt Dorothée an unerklärlichen Ängsten. Ihre mit Alpträumen (von Angriffen und Unfällen) erfüllten Nächte ließen sie morgens keuchend aufwachen und verschlimmerten ihren Mangel an Selbstvertrauen. Dann verliebte sie sich wahnsinnig in Roberto.

Sein blendend gutes Aussehen konnte nur schlecht verbergen, was sie bald darauf entdecken sollte: eine krankhafte Labilität, eine nervöse Unruhe, die manchmal außer Kontrolle geriet und ihn unfähig machte, einfache Alltagssituationen zu meistern. Da holte Dorothée aus sich selbst Ressourcen heraus, von denen sie bis dahin nichts gewusst hatte, und veränderte sich so sehr, dass sie zum Ruhepol in der Paarbeziehung wurde. Diese beruhigende Funktion betraf zunächst Kleinigkeiten des häuslichen Lebens, weitete sich nach und nach aber zu einer systematischeren moralischen Positionierung aus und strahlte schließlich so sehr auf ihre inneren Ängste ab, dass diese verschwanden. Heute hat sie vor fast nichts mehr Angst und schließt nicht einmal mehr ihre Tür ab. Ganz stolz erzählt sie, dass sie kürzlich nachts allein durch New York gebummelt ist. Ihr Schlaf ist von neuen Träumen bevölkert. Sie verkörpert darin sehr muskulöse, wagemutige Helden, die die Mächte des Bösen immer besiegen. Wenn sie aufwacht, fühlt sie sich energiegeladen.

DIE SANDKÖRNER

Auf dem Papier scheint die Methode der komplementären Rollen also perfekt. In Wirklichkeit erweisen sich die Regelungen als äußerst heikel, und das kleinste Sandkorn kann die schöne Mechanik hemmen. Wir haben gesehen, wie sehr Alice manchmal die beruhigende Anwesenheit von Aziz an ihrer Seite schätzt. »Dann hilft er mir, mich zu entspannen, nicht unnötig in Panik zu geraten.« Aber diese funktionale Komplementarität ist leider ziemlich selten. Meistens wütet ein Kleinkrieg zwischen dem Lager der Disziplin und jenem der Unbekümmertheit, und jeder versucht, dem gemeinsamen Leben den Stempel seiner Moral aufzudrücken. Aziz beschränkt sich nicht auf das, was (nach dem Standpunkt von Alice) seine Rolle sein sollte. Indem er versucht, seine Sichtweise zum alleinigen Maßstab für beide Partner zu erheben, verstärkt er die Dissonanzen dort, wo sie sich gegenseitig aufheben könnten. Erschwerend kommt noch hinzu, dass er es sich nicht verkneift, sich ab und an der Rachemöglichkeiten zu bedienen, die ihm seine Position als Verfechter der Unbekümmertheit bietet, indem er sich (auf nette Art) über Alice lustig macht, die sich als Gefangene ihrer Rolle dann noch mehr ärgert.»Fest steht, dass Aziz manche Situationen benutzt, von denen er weiß, dass sie mich stressen, um noch eins obendrauf zu setzen, und dass es ihm riesigen Spaß macht, mich so zum Narren zu halten.« Zweifacher, sogar dreifacher Ärger für Alice: Aziz, der sich schon ihrem, vor allem was den Umgang mit Zeit betrifft, streng disziplinierten geheimen Plan widersetzt (er ist immer zu spät), erlaubt sich auch noch, absichtlich »eins obendrauf zu setzen«, bloß um seinen Spaß zu haben oder – heimtückischer – sich zu rächen. Am schlimmsten aber ist sicher die innere Dissonanz, die dadurch verursacht wird: Es gelingt ihr nicht, die Haltung zu bewahren, die ihrem Ideal entspricht.»Es ist ganz klar, dass ich wütend auf mich selbst bin, weil ich ihm auf den Leim gegangen bin, weil ich nicht entspannt und ruhig geblieben bin bei dem, was geschehen ist. Das ist natürlich das, was mich am meisten an der Geschichte ärgert.« Die Ereignisse folgen so schnell aufeinander, dass es ihr nicht gelingt, das Durcheinander an konfusen Dissonanzen zu entwirren. Die mangelnde Klarheit über die Ursachen lässt den Ärger noch stärker ansteigen und verhindert eine rationale Selbstkontrolle. Ein winziges Ereignis, das ursprünglich vielleicht nur ein Scherz von Aziz war, ist zu einem Konflikt ausgeartet.

Wir haben bereits gesehen, inwiefern der Ärger von der Austauschbarkeit der Rollen verursacht werden kann, die zu Beginn einer Paarbeziehung häufig besteht. Eine Situation, die zur Verhärtung und Institutionalisierung der komplementären und in das System des Austauschs integrierten Differenzen verleitet. Nun entdecken wir, dass das Nichtrespektieren dieses Funktionsmodells eine weitere Quelle für Ärger bildet. Denn im Idealmodell müsste sich der Nebendarsteller völlig aufgeben können, keine eigene Meinung haben, sich unsichtbar machen und sich nur zu Wort melden, um den für die Tätigkeit oder Lebensdisziplin Verantwortlichen bedingungslos zu unterstützen. Eine solche soziale Unsichtbarkeit des Nebendarstellers kam in der traditionellen Gesellschaft und bis in die 1950er-Jahre, die das Ende der ersten Moderne markieren, häufig vor (Beck/Beck-Gernsheim 1995; Dubet 2002; Singly

2005). Sie ist heutzutage, wo jeder mit allen Mitteln nach Selbstbestätigung und Selbstverwirklichung strebt, problematisch und sehr relativ. Der Nebendarsteller muss sich selbst erfolgreich daran hindern zu denken und zu sagen, was er denkt, damit die Komplementarität keine Spannungen erzeugt. In der Zeit, als Agnès noch bügelte, war Jean ständig auf der Hut und beherrschte sich, um nicht auszudrücken, was er empfand (ausgenommen den morgendlichen Krach speziell wegen der Hemden). »Bei einem 1,50 Meter hohen Wäschestapel mache ich natürlich eine spitze Bemerkung, aber ironisch, und das führt nicht weit. Ich rege mich nicht auf, denn das fällt nicht in meine Kompetenz.« Wie hart ist es jedoch, nichts zu sagen, wenn man sich einiges denkt! Seit er in Rente ist, kommt Madeleines Mann ständig in die Küche, um in die Töpfe zu gucken. Obwohl er nie etwas macht, hat er ganz feste Vorstellungen, vor allem über das Braten. Das tötet Madeleine den letzten Nerv. »Ach, ich mag es überhaupt nicht, wenn er seine Nase hineinsteckt. Fragen in der Art: Oh, das ist aber zu stark angebraten.« Der lästige Eindringling wird hinauskomplimentiert und gebeten zu warten, bis ihm das Essen serviert wird, er streckt derweil bequem seine Füße unter den Tisch, wie in den alten Ehemodellen.

Der Partner, der seine Ansichten kundtut, müsste selbst in die Praxis umsetzen, was er lautstark predigt, damit der Verantwortliche sich nicht ärgern würde (außer natürlich, wenn es sich um Lob handelt). Aber dies ist nur in dem Maße möglich, wie es dem Nebendarsteller gelingt, seine alte Identität wenn nicht völlig zu vergessen, so doch sie erfolgreich zu verdrängen. Anaïs und Pat helfen uns, dies ex negativo zu verstehen, indem sie ein exakt gegenteiliges Beispiel liefern. Ihre Divergenzen betreffen die Temperatur beim Wäschewaschen. »Die Streitereien über die Temperatur gibt es bei uns, seit wir zusammen sind, seit neun Jahren fechten wir das aus. Unser Leben wird wirklich von diesen Streitereien über die Temperatur bestimmt.« (Anaïs) Anaïs wäscht alles bei 30 Grad; Pat ist der Ansicht, dass für saubere Wäsche höhere Temperaturen nötig sind, mindestens 60 Grad. Der Krieg 30 gegen 60 dauert seit neun Jahren an, denn es ist den beiden nicht gelungen, sich über ein gemeinsames Organisationssystem zu einigen. Es wäre zwar technisch schwierig, aber sie könnten bestimmte Wäschestücke auswählen und separat waschen. Eine andere, unter dem Aspekt der Gleichheit von Mann und Frau zwar nicht korrekte, aber funktionalere Möglichkeit: Da Anaïs auf diesem Gebiet eine größere Verpflichtung zu handeln spürt, könnte Pat gezwungenermaßen akzeptieren, dass es so gemacht wird, wie sie es für richtig hält. Seit neun Jahren kann er sich nicht dazu durchringen. Er sammelt daher zunächst seine Wäsche in der Absicht, sie später vielleicht selbst zu waschen, oder – wahrscheinlicher – in der Hoffnung, dass Anaïs zwei separate Waschgänge machen wird. Sobald sie kommt, packt sie leider gereizt das separate Häuflein, mischt es mit einer befreienden Wut unter das ihre und steckt alles bei 30 Grad in die Maschine. Wenn Pat das (winzige, aber sich unerträglich wiederholende) Drama konstatiert, gibt er sich nicht geschlagen, sondern reagiert mit einer noch aggressiveren Taktik, um seinen Ärger loszuwerden: Wenn die Hosen gewaschen, getrocknet und gebügelt sind, holt er sie aus dem Schrank und steckt sie erneut in die Maschine. Während des letzten Gesprächs, das als Gegenüberstellung der beiden Partner organisiert war, kam es zu einem heftigen Eklat. Auf den Vorwurf, er sei hinterlistig und besessen, erwiderte Pat, dass sein Verhalten eine pädagogische Maßnahme im Namen der Paarbeziehung sei. Denn er verdächtigt Anaïs tatsächlich, dass sie aus Sparsamkeit so handelt, während er Knauserigkeit für einen Mangel an Savoir-vivre, für ein übles Laster hält. Zutiefst getroffen geht Anaïs zum Gegenangriff über, indem sie eher technische Betrachtungen anstellt.»Oh, er, er wäscht die Wäsche viel zu heiß, dabei zerknittert sie und läuft ein. Er kocht sie, das macht mich ganz krank! Wie viel Sachen hat er mir nicht schon ruiniert! Er glaubt, dass die Wäsche sauberer wird, das ist vollkommen idiotisch. Ich stecke alles zusammen bei 30 Grad in die Maschine, das war's! Das ist eine gute Methode!« Mehr als durch den technischen Konflikt zwischen 30 und 60 Grad ist die Heftigkeit des Ärgers durch die Unentschiedenheit zwischen den beiden Organisationsmethoden bedingt. Da Pat sich weder richtig an der Arbeit beteiligt noch ganz außen vor ist, gibt es ein Wirrwarr. Anaïs glaubt, dass die Entwicklung dazu führen wird, dass sie vermehrt das Waschen übernimmt. Daher versucht sie, ihn beiseitezudrängen, und setzt ihre Vorgehensweisen und Prinzipien, die sich als nicht verhandelbar erweisen, mit Gewalt durch: »Das ist eine gute Methode!« Sie braucht diesen offensiven Autismus, um ihre inneren Dissonanzen zu überwinden und in ihrem Tun wieder mit sich selbst eins zu werden. Indem Pat aber (durch das Verkünden seiner abweichenden Ansichten, aber auch durch sein praktisches Eingreifen) sehr präsent bleibt, hat sich eine Dissonanz eingeschlichen, die sich nun dauerhaft in Gestalt einer systematischen Feindseligkeit zwischen zwei Lagern etabliert hat: Pat gegen Anaïs. Keiner kann gewinnen.

Der Nebendarsteller muss die dominierende Methode akzeptieren und sich verkneifen, seine Meinung zu sagen, wenn er nicht eine Lawine von Ärger lostreten will. Er hat jedoch das Bedürfnis nach individueller Selbstbestätigung, und außerdem wird sein Rückzug erschwert durch häufige punktuelle Umkehrungen. Jack hat es nie eilig mit dem Aufräumen, außer bei den Papieren. Auf diesem speziellen Gebiet ist er der Schnellere und zwingt Eline sein System auf. Je nachdem, ob es sich um Papiere oder andere Dinge handelt, die weggeräumt werden müssen, vertauschen sie ihre Positionen. Der gleiche sporadische Umschwung bei Aziz. Der Anhänger des »Coolen« ist nämlich nicht immer bei allem cool. Im Gegenteil, plötzlich bringen ihn, wie Alice glaubt, Belanglosigkeiten auf die Palme, und Alice fühlt sich vorübergehend in eine Verfechterin der Unbekümmertheit verwandelt. »Wir sind bei unterschiedlichen Dingen cool. Wir haben völlig unterschiedliche Vorstellungen davon, was schlimm ist oder nicht, wichtig oder nicht.« Für den Nebendarsteller ist es schwierig, sich nach solchen Umschwüngen, die ihn eine Zeit lang in die dominierende Position bringen, völlig zurückzuziehen, nichts mehr zu sagen, nachdem er zuvor seinen Standpunkt durchgesetzt hat. Jede Unbestimmtheit, jede Umkehrung der Regeln sind potenzielle Verursacher von Ärger.

Wir werden später noch sehen, dass der Nebendarsteller sich im Allgemeinen sehr viel weniger ärgert als der verantwortliche Leiter. Im Übrigen war es sehr oft gerade das unterschiedliche Maß an Ärger, das ihn zu Beginn der Schaffung des häuslichen Systems zum Rückzug veranlasst hatte. Diese Differenz verstärkt sich jedoch im Folgenden weiter, denn der Verantwortliche vereinigt alle aus verschiedenen Quellen stammenden Ärgerrisiken auf sich. Zunächst steht er an vorderster Linie der Handlungsfront: Seine Dissonanzen sind täglich am Werk, um gemäß seinem geheimen Plan die Ordnung wiederherzustellen. Dann muss der geheime Plan der ganzen Familie verabreicht werden, deren einzelne Mitglieder oft ihre eigene, abweichende Meinung haben. Bei den Kindern mag es noch angehen: Es handelt sich darum, ein Erziehungsideal durchzusetzen, und das ist nicht immer leicht. Aber wenn es der Nebendarsteller wagt, heimlich Widerstand zu leisten oder sich sogar offen aufzulehnen, fällt der ganze zusätzliche Ärger, der aus den dadurch vervielfachten Dissonanzen resultiert, auf den verantwortlichen Leiter zurück. Luc, ein typischer Nebendarsteller, ist in seiner Seele ein Bewahrer, der sich nicht entschließen kann, sich von den ihn umgebenden Dingen zu trennen, nicht einmal, wenn sie, wie seine Kleider, wirklich hinüber sind.[2] Anita kümmert sich energisch für zwei darum, sie treibt Luc an, damit sie sich nicht noch mehr ärgert. »Hach, das …, das nervt mich. Weil er: ›Nein, sie brauchen noch nicht weggeworfen zu werden, ich kann sie noch anziehen, wenn ich in den Garten gehe!‹« Um das Problem zu lösen, wirft Anita vieles heimlich weg. »Aber dann sage ich nichts.« Sie kann den eingeschlagenen Weg weitergehen, denn sie hat gemerkt, dass der Widerstand hinter den offiziellen Ankündigungen nur schwach ausgeprägt war. »Ich weiß nicht einmal, ob er es gesehen hat.« Luc versucht, ein Auge zuzudrücken, und lässt sie in der Tat machen. Er nimmt vage wahr, dass er allein ziemliche Mühe hätte, mit den überzähligen Dingen fertig zu werden. Anita erspart ihm diese Prüfung, auch wenn er ihre Schroffheit ihm gegenüber inakzeptabel findet. »Ich möchte gern, dass sie mich fragt, wenn sie Sachen von mir nimmt.« Er ist hin und her gerissen. Diese innere Spaltung könnte Ärger erzeugen. Das ist nicht der Fall, weil er ihn an Anita weitergibt, die entscheiden muss, ob sie etwas wegwirft oder nicht, und zudem noch, ob sie etwas sagt oder nicht. Der verantwortliche Leiter begnügt sich nicht damit, eine individuelle Beziehung mit dem zu unterhalten, was ihn umgibt. Er

---

2 Von Françoise Bartiaux (2002, S. 145 f.) aufgezeichnete und zitierte Aussage.

ist auch verantwortlich für ein kollektives Modell, das Individuen, die in mancher Hinsicht uneins sind, einbindet. Und er erbt oft ihre Dissonanzen zu den seinen dazu.

Abgesehen davon muss er außerdem noch völlig einverstanden sein mit der schwierigen Rolle, die er übernimmt. Das geringste Zögern ist eine neue Quelle für innere Dissonanzen. Im Namen der Emanzipation der Frau ist Sabine gegen die Entfremdung durch Hausarbeit. Sie hat aber gleichwohl eine komplexe familiäre Vergangenheit geerbt. Ihre Mutter war »die Letzte, die den Staub sah«, und diese Verhaltensweise verursachte heftige Konflikte zwischen ihren Eltern. Unter den bewundernden Blicken ihres Vaters hatte Sabine es sich angewöhnt, teilweise an die Stelle der säumigen Hausfrau zu treten, und dadurch eine gewisse Anzahl von Automatismen erworben. Als sie Romain kennen lernte, sagte sie sich, dass ihre Liebesgeschichte sie aus dieser Falle befreien würde. Romain seinerseits hatte immer in einem sehr ordentlichen Zuhause gelebt, verfügte aber weder über das nötige Know-how, noch hatte er besonders Lust auf Hausarbeit. Was passierte also? Auf beiden Seiten gab es eine innere Spaltung. Als sie in ihre erste gemeinsame Wohnung zogen, konnte Sabine nicht anders, als zur Tat zu schreiten, um ihr kleines Liebesnest einzurichten. Romain ließ die Rollenverteilung zu, die es ihm erlaubte, sich ohne großen Aufwand zurückzuziehen und seine innere Dissonanz zu beseitigen. Nach einem Monat begann Sabine jedoch, sich selbst mit kritischen Augen zu sehen: Dieses Leben »entsprach [ihren] Vorstellungen nicht besonders«. Immer eindringlicher rief »eine leise Stimme« von Zeit zu Zeit: »Ich werde ja ein richtiges Hausmütterchen!« Bald lag Spannung in der Luft. Auch Maya will kein Hausmütterchen werden. Sie hat nach und nach das Aufräumen übernommen. Igor hat sich glücklich dieser angenehmen Entwicklung hingegeben: Ein Nebendarsteller zu sein ist psychologisch sehr bequem. Er hat es mit der Bequemlichkeit jedoch ein bisschen weit getrieben, und Maya ärgert sich nun darüber und zieht eine Grenze für ihr Engagement im Haushalt. »Ein Punkt, den ich mir im Zusammenhang mit Igor besonders merke, ist, dass er nie weiß, wo etwas ist. Egal ob es um Papiere, Kleidungsstücke, Nahrungsmittel, Schallplatten, die Schlüssel usw. geht, ich höre ewig den Satz: ›Du weißt nicht zufällig, wo dies oder jenes ist?‹ Am Anfang schenkte ich dem keine besondere Aufmerksamkeit, und als wir noch nicht zusammenlebten, sondern nur zusammenwohnten, sagte ich mir, dass er sich vielleicht nicht traut, in den Schränken herumzukramen, und dass er sich noch nicht richtig zurechtfindet. Aber nach und nach ärgerte mich diese Gewohnheit immer mehr, so sehr, dass ich ihm jetzt keine Antwort mehr gebe. Nach einigem Nachdenken bin ich darauf gekommen, was diesen Ärger verschlimmert hat: Er stellt diese Frage, noch bevor er mit dem Suchen angefangen hat. Egal in welcher Situation (ob er schon vorher gesucht hat oder nicht), bei der kleinsten Frage dieser Art gerate ich nun außer mir.«

Frauen finden sich oft in einer Falle wieder. Verärgert über das Verhalten der Männer, übernehmen sie lieber selbst die Arbeit und stellen dann fest, dass ihr Partner es sich unter dem Deckmantel der Inkompetenz bequem gemacht hat und es sich gut gehen lässt, während sie sich abrackern: eine neue Quelle des Ärgers. Akira ist (willentlich oder unwillentlich?) so »wenig tauglich für den Alltag« (Gally), dass seine Unfähigkeit schon legendär geworden ist und die Familie und den Freundeskreis sehr zum Lachen bringt. Gally lacht nicht mehr.»Neulich ist die Waschmaschine übergelaufen, und er hat weder etwas von dem Geräusch des laufenden Wassers noch etwa von dem Wasser, das sich über den Boden auszubreiten begann, mitbekommen. Erst als das Wasser an der Decke heruntergetropft ist, habe ich (leider zu spät) den Schaden entdeckt. Ich war außer mir: Wie kann man fast mit den Füßen im Wasser stehen, ohne es zu bemerken. Eine solche Geistesabwesenheit ist doch beinahe krankhaft! So stellt man sich den idealen Ehemann nun wirklich nicht vor!« Speziell in Bezug auf die Hausarbeit (oder allgemeiner den Platz der Dinge) ist die Kluft, die den verantwortlichen Leiter vom Nebendarsteller trennt, eine Kluft zwischen den Geschlechtern; die Frauen befinden sich oft in dem einen Lager, dem der Verantwortlichkeit (und des damit verbundenen Ärgers), und die Männer im anderen, das offensichtlich bequemer ist. Dieser Aspekt muss näher betrachtet werden.

Männer und Frauen: Divergenz oder Komplementarität?

ÄRGERN SICH DIE MÄNNER WENIGER?

Tausend kleine Ärgernisse geben dem Leben Würze, Ärgernisse jeder Art, aus den unterschiedlichsten, bisweilen lächerlichen oder nichtigen Gründen. Über sie geraten Individuen in Streit, die durch ihren Lebensweg und winzig kleine kulturelle Besonderheiten geprägt oder in weiterem Sinne Träger von moralischen Regeln sind. Bei einem Großteil dieser Besonderheiten oder Regeln, die Ärger hervorbringen können, spielt es a priori keine Rolle, ob es sich bei diesen Individuen um Männer oder Frauen handelt. Wir werden später zum Beispiel noch sehen, dass die Divergenzen im Umgang mit der Zeit eine Hauptursache für Ärger darstellen: pünktliche, gut organisierte Menschen gegen die unverbesserlichen Meister der Coolness, die immer zu spät kommen. Und es scheint nicht so, dass Männer und Frauen in dem einen oder anderen Lager besonders überwiegen. Schränkte man die Untersuchung des Ärgers einzig auf die Mann-Frau-Problematik ein, würde man das Interessanteste ausklammern, was sie über das Funktionieren einer Paarbeziehung und sogar über das Individuum aussagt. Man sollte sich im Übrigen vor voreiligen Verallgemeinerungen und Vereinfachungen hüten, die heutzutage sehr in Mode sind. Die Vorstellung, dass Männer und Frauen so hoffnungslos verschieden sind, dass sie von zwei verschiedenen Planeten (sagen wir Mars und Venus) stammen müssen, wirkt sehr beruhigend angesichts der komplexen Divergenzen innerhalb der Paarbeziehung. Auf diese Weise wird alles auf eine so schicksalhafte Ursache zurückgeführt, dass sich die Hoffnung auf künftige Veränderungen von selbst verbietet. Hören Sie, was mir Alphonsine in einem poetisch-pamphletistischen Brief geschrieben hat, der ein schönes Beispiel für einen solchen Irrglauben ist: »Wenn ich eines Tages wieder auf die Welt käme, würde ich kein Mann sein wollen. Ich ärgere mich immer mehr über die Männer. Ich glaube, wir sind einfach nicht dazu geschaffen, zusammenzuleben. Warum lassen die Männer beim Urinieren die Toilettentür offen stehen? Die langen Schluchzer des Urinschwalls klingen nicht gerade wie die Geigen des Herbstes. Die Frauen lassen die Tür niemals offen stehen.« Es tut mir leid, Alphonsine, aber es gibt auch Frauen, die die Tür offen lassen

(Kaufmann 2004). Die Welt ist (zum Glück!) nicht so radikal gespalten, vor allem nicht in Bezug auf den Ärger. Ein Großteil dessen, worüber wir uns erregen, ist nicht durch das Geschlecht determiniert. Ein Kern ist aber sehr wohl unter dem Aspekt des Geschlechts strukturiert. Was alles in allem logisch ist, wenn man bedenkt, dass die häusliche Rollenverteilung ein wichtiger Faktor ist, wie wir gerade gesehen haben. Denn diese ist Erbe einer Geschichte, die Männer und Frauen getrennt hat, und sie ist durch diese immer noch tief geprägt. Wie viele Frauen erkennen sich wohl im Ärger wieder, den Maya empfindet, wenn Igor sie fragt: »Du weiß nicht zufällig, wo …?« Zwar darf man die Untersuchung des Ärgers nicht auf das Verhältnis zwischen Männern und Frauen reduzieren, dennoch ist es angebracht, ein paar Worte über den spezifisch und strukturell weiblichen Ärger zu verlieren.

Eine Frage stellt sich zuvor jedoch: Bedeutet dieser spezifisch weibliche Ärger, dass die Männer sich im Allgemeinen weniger ärgern? Eine gute Frage, die jedoch schwierig zu beantworten ist. Dazu bedürfte es einer statistischen Überprüfung, die auf diesem Gebiet der oft kaum merklichen und nicht leicht zu artikulierenden Gefühlsäußerungen, bei denen die Worte stark durch Kategorien der Repräsentation geprägt sind, nicht leicht durchzuführen ist. Die Art und Weise, wie meine Befragung verlaufen ist, gibt trotz allem Anlass zu der Vermutung, dass die Männer möglicherweise weniger anfällig für Ärger sind. Oder zumindest, dass sie ihn anders empfinden und artikulieren. Auf meine ersten Aufrufe mit der Bitte um Erfahrungsberichte hin erhielt ich eine Menge Beschwerden von Frauen, die manchmal heftig, häufig detailliert waren. Von Männern kam nichts. Es stimmt, dass mehrere dieser Aufrufe in Frauenzeitschriften erschienen waren, was natürlich die Waage aus dem Gleichgewicht brachte. Ich verfasste daher neue, speziell an Männer gerichtete Aufrufe. Die Ausbeute war mager, und die Erfahrungsberichte waren kurz, technisch, fast emotionslos. François Flahault hatte bei seiner Arbeit über die Szenen im Haushalt schon dasselbe festgestellt: »Bei den Männern dagegen war es schwer, Freiwillige zu finden. Und alle, die sich bereitfanden, vermieden es, ›ich‹ zu sagen und etwas zu erzählen« (1987, S. 84).

Zur Erklärung dieser schwachen Resonanz lassen sich vielerlei Gründe anführen. Traditionell (auch hierbei handelt es sich um ein Erbe der Geschichte) sprechen Männer nicht so gern wie Frauen über Vertrauliches; sie sagen weniger gern etwas in der Öffentlichkeit, ebenso wie sie innerhalb der Paarbeziehung weniger von sich preisgeben. Danilo Martuccelli (2006, S. 188) bestätigt dies anhand einer kürzlich durchgeführten Befragung und betont die »mangelnde Symmetrie der Erwartungen« an die Beziehung zwischen Männern und Frauen: Sexualität gegen Kommunikation. Die klassische Rollenverteilung, die heute immer noch weit verbreitet ist, verstärkt diesen historischen Unterschied. Die Frauen standen für gewöhnlich an vorderster Front in der Welt der Familie, sie engagieren sich mehr, suchen nach Lösungen, bringen die Probleme aufs Tapet. Die männlichen Nebendarsteller neigen eher dazu zu warten, bis der Sturm vorüber ist. Sie sind kaum daran interessiert, solche Fragen offen auszusprechen, meistens versuchen sie, sie abzublocken und sie zu umgehen. »Ach, ich bin müde, lass mich in Ruhe, lass das doch sein, was brauchst du dich darum zu kümmern ...«, ärgert sich Eves Lebensgefährte, wenn sie ihn zum Reden zu bringen versucht.[3] Isabelle hat es richtig verstanden: »Wir Frauen haben einiges zu sagen. Ich glaube, auch die Männer, aber im Allgemeinen antworten sie mit: hm! boch! weiß nicht! äh ...« Jack ist in der Partnerschaft sehr viel engagierter und gesprächiger. Dennoch äußerte dieser weit über dem männlichen Durchschnitt liegende Mann Vorbehalte, als Eline ihn bat, mit ihr zusammen von ihren Erfahrungen zu berichten. »Er fühlt sich nicht bereit, darauf zu antworten. Er ist jemand, der ohnehin wenig von sich preisgibt und einem Fremden noch viel weniger, das überfordert ihn (er versteht nichts von soziologischen Befragungen, das müssen Sie ihm verzeihen, er ist Ingenieur). Da wir jedoch alles miteinander besprechen (wir versuchen es!), kann ich Ihnen vielleicht manchmal seinen Standpunkt mitteilen. Im Übrigen weiß ich schon jetzt, was ihn an mir zutiefst ärgert.« In der Folge ärgerte er sich bald ein bisschen über die (seiner Ansicht nach nicht immer exakte)

---

3   Von Danilo Martuccelli (2006, S. 187) aufgezeichnete und zitierte Aussage.

Erster Teil: I + I = 4

Interpretation seiner Meinung durch Eline und versuchte eine Erwiderung, gab dann aber wieder auf, zögerte, verhedderte sich in den Diskussionen, aber ging nicht so weit, selbst von seinen Erfahrungen zu berichten. Nach Wochen des Schweigens schickte mir Eline eine Nachricht, die folgendermaßen begann: »Hier nun endlich meine Antwort auf Ihre Fragen. Es hat ein bisschen gedauert, weil wir uns die Zeit genommen haben, sie miteinander zu diskutieren. Wie ich Ihnen schon sagte, sind Ihre Fragen scharfsinnig, und manche davon verdienten, dass man sich länger mit ihnen beschäftigte. Besonders die Frage nach der Macht in einer Paarbeziehung. Dennoch werden Sie nur meine Antworten auf Ihre Fragen bekommen. So froh Jack auch war, auf diesen ersten Teil der Befragung zu antworten, so wenig traut er dem, was noch kommt. Er ist froh über die Diskussion, die dies mit sich bringt, wird sich aber nicht die Mühe machen, sich weiter einzubringen. Tut mir leid. Das gehört zu seinem Charme ...« Kasiu hatte mir eine lange Liste mit Beschwerden geschickt, Quellen für schlimmen Ärger. Sie schloss folgendermaßen: »Uff!!!! Abgesehen davon ist alles in Ordnung, er hat viele gute Seiten, und ich liebe ihn. Wir sind uns mit 19 Jahren begegnet, mittlerweile sind wir 33. Ich habe auch meine Fehler, und man muss beim Aufbau einer Beziehung auch mal zurückstecken. Ich schicke ihm die Mail in Kopie mit der Hoffnung, dass er Ihnen schreiben wird, worüber er sich in unserer Beziehung ärgert.« Ich habe nie etwas erhalten. Ich habe auch nie wieder etwas von Eleonore erhalten nach ihrer ersten, unter Kontrolle geschriebenen Nachricht: »Nach Absprache mit meinem Mann und mit seinem Einverständnis stehe ich in den Startlöchern, um mich in dieses neue Abenteuer zu begeben. Ich bin dabei zur völligen Transparenz verpflichtet. Mein Mann möchte unsere gesamte Korrespondenz lesen.« Die Zensur des Gatten hat anscheinend voll durchgeschlagen.

Die Zurückhaltung in der Artikulation ist kein absoluter Beweis dafür, dass die Männer sich weniger ärgern. Sie können es heimlich tun und keine Lust haben, darüber zu sprechen. Das ist im Übrigen ihr bevorzugter Umgang mit den kleinen Krisen und den üblichen Reibereien in der Beziehung, der – ganz typisch für den Nebendarsteller – auf der Kunst des Ausweichens beruht. Dieses taktische Element kann mit sehr viel mehr Gewissheit bestätigt werden: Männer neigen zu einem spezifischen, weniger demonstrativen Umgang mit Ärger und empfinden ihn auf ganz eigene Art, die sich von der der Frauen unterscheidet. Wir haben gehört, dass Melody sagt, sie äußere sich »lautstark«, wenn sie sich darüber ärgere, dass »ER« seine Suppe hinunterschlinge. »Meistens tut er so, als hätte er meine spitze Bemerkung nicht gehört, läuft vor der Frage davon, geht in ein anderes Zimmer oder wechselt das Thema, wartet, bis es vorüber ist.« Das reicht nicht aus, damit Melody die Waffen streckt. »Wenn ich in Form bin, gebe ich nicht so schnell klein bei, ich wiederhole meine Bemerkungen. Wenn er sich weiter hinter einer Mauer des Schweigens verschanzt, trete ich in den kalten Krieg ein.« In die Enge getrieben, ist »ER« dann gezwungen, sich deutlicher auszudrücken. Im Allgemeinen tut er dies in einem Stil, der dem des von Isabelle genannten »hm! boch! weiß nicht! äh! äh!« nahekommt. Dann argumentiert er ganz unaufrichtig: »Verzeih, ich habe es vergessen! Ach ja, findest du? Wie ist das nur möglich? Ja, ich habe es gemacht, nein, ich habe es nicht gemacht, ich werde es machen usw.« Oder aber, wenn er sich in Form fühlt, versucht »ER«, Melody mit einer geschickten Ablenkung zu entwaffnen: »Meistens versucht er, mich abzulenken (mit einem Kompliment, einem Scherz), was meinen Ärger entschärft, natürlich ohne ihn zu lösen, aber es gelingt ihm, ein Gegengewicht zu seinen negativen Auswirkungen zu schaffen.« Manchmal aber, welche Überraschung, »geht ER zum Gegenangriff über: ›Und du?‹« Bevor sie schnell einen Rückzieher macht, gibt Melody ihm zu verstehen, dass die Beibehaltung eines solchen Verhaltens »auf eigene Gefahr ist, denn der offene Konflikt kann schärfer werden«. Dieser kurze Moment der Revolte zeigt jedoch, dass es auch in den Männern brodelt. Der Ärger, den sie sicher für gewöhnlich mehr kontrollieren, kann ausbrechen, und dies sogar ziemlich brutal, wenn er zu lange unterdrückt wurde. So versteht Jade nicht, warum ihr Freund, der auf ihre Kritik kaum reagiert und sich so wenig am Gespräch beteiligt, dass sie den Eindruck hat, allein zu leben, plötzlich explodieren kann. »Er ist phlegmatisch, langsam, um nicht zu sagen träge, und gleichzeitig und seltsamerweise ist er sehr nervös und cholerisch.«

Erster Teil: 1 + 1 = 4

Die Männer sind zurückhaltender in der Artikulation, neigen mehr zur Verdrängung und zur Ablenkung, aber ärgern sie sich im Grunde auch weniger als die Frauen? Zwar erlaubt mir die Befragung nicht, dies definitiv zu entscheiden, aber ich schließe diesen Punkt mit einem Zitat von Markus ab, das eine sicher ziemlich weit verbreitete männliche Position veranschaulicht (ein bisschen übertrieben, aber das ermöglicht ein besseres Verständnis). Denn es ist in der Tat sehr gut möglich, dass die Männer sich weniger aufregen oder auf eine weniger deutliche Weise als Frauen, da die Position des Nebendarstellers den Ärger in eine Reihe mit vielen anderen negativen Empfindungen stellt (um die es in diesem Buch nicht gehen soll), die den Ärger im strengen Sinne umgeben und verwässern, ohne ihn jedoch zu vertreiben. Man spürt in dem, was Markus schreibt, im Übrigen eine große unterdrückte Wut: »Sie ärgert mich nicht, sie bringt mich um, sie bringt mich wirklich um! Sie ist ein ständiger Wirbelsturm. Ein sehr, sehr verärgerter Wirbelsturm im Übrigen, immer auf hundertachtzig, ein richtiges Nervenbündel. Immer heißt es: ›Beweg dich doch! Sag deine Meinung! Überrasch mich!‹ Den Kindern stoßen immer alle Unglücke der Welt zu, wenn ich nicht Himmel und Hölle in Bewegung setze. Ich bin erschöpft, wirklich erschöpft, sehr erschöpft! Ich habe die Schnauze voll! Selbstverständlich ärgere ich mich über diesen Wirbel, ich ärgere mich von morgens bis abends, aber noch größer als mein Ärger ist meine Erschöpfung. Verflixt und zugenäht, man lebt schließlich nur einmal! Das sollte man genießen und glücklich sein. Cool, cool, meine Süße! Was bringt es schon, sich so einen Kopf zu machen, oft wegen irgendeinem Quatsch. Ich versuche zu tun, was ich kann, um den Schaden wiedergutzumachen, um gut Wetter zu machen und lieb zu sein. Und wenn ich mich ärgere (das kommt bei mir trotzdem häufig vor), dann grübele ich still vor mich hin und halte den Ball flach oder gehe eine Runde joggen, um meine Sorgen loszuwerden und das Klima nicht noch zu verschlechtern. Das ist nun mal so, ich mag lieber schönes Wetter als Gewitterstürme. Bei ihr könnte man sagen, dass sie sich gern ärgert, das gibt ihr Energie, und sie ist in der Lage, Berge zu versetzen, das stimmt. Das ist wie eine Droge, sie ist süchtig nach Ärger. Auch wenn ich gar nichts Schlimmes mache, bin ich trotzdem sicher, dass sie aus irgendeinem Grund hochgeht.«

ÄRGER ÜBER EIN PHANTOM

Frauen können sich gerade über diese Taktik des Flüchtens und Ausweichens ärgern. Ruhe und Frieden in der Beziehung sind für sie keine Argumente; sie wollen vor allem Austausch und Nähe. Der Mann aber macht sich bei jeder kleinsten Schwierigkeit aus dem Staub, körperlich oder heimlich in Gedanken. Caroline beruhigt sich, indem sie sich sagt, dass das keine Besonderheit von Marc, sondern allgemein bei den Männern so ist, obgleich ihr die Gründe für dieses männliche Verhalten unverständlich sind. »Was mich auch ärgert, ist diese autistische Seite, der Moment, in dem der Mann sich in seiner Höhle verkriecht, um allein zu sein, auch wenn er körperlich anwesend ist. Das ärgert mich in der Tat bei einem von vier Malen, sonst verstehe ich es. Und was mich ärgert, ist, dass ich die Musik kenne, aber die Partitur nicht lesen kann, weil das Buch geschlossen ist. So liegt denn die Ursache meines Ärgers weder in ihm noch in mir, sondern in einer typisch männlichen Verfasstheit, die sich mir entzieht. Dann lasse ich ihn in Ruhe und tue so, als wäre er nicht da.«

Die Taktik hat jedoch ihre Grenzen und funktioniert nur vorübergehend. Zum Leidwesen Clémentines ist Félix' phantomhafte Anwesenheit wirklich chronisch, vor allem was das Hören anbelangt; sie hat einen Mann ohne Ohren. »Mein Mann ist lieb, charmant ... Er hat einen Fehler: Er hört nie auf das, was man ihm sagt!! Dabei ist er nicht taub, sein Gehör funktioniert ausgezeichnet, er hört, was man ihm sagt, aber er nimmt es nicht wahr!! Das ist ärgerlich!!!« Mit einem Phantom zu leben ist schon nicht besonders angenehm, aber wenn dieses sich auch noch erlaubt, plötzlich aus seinem Versteck hervorzukommen, um einem Vorwürfe zu machen, dann schlägt der lange verdrängte Ärger in Wut um. Das Schema bezüglich der Vorbereitung der Mahlzeiten ist klassisch, in zahlreichen Haushalten spielt sich jeden Tag die immer gleiche Szene ab (Kaufmann 2006). »Ich ärgere mich auch über Félix, weil er niemals etwas weiß!! Ich spreche dabei nicht von Allgemeinbildung ... Ich gehe einkaufen und frage ihn, was er zu Abend essen möchte. Antwort: ›Ich weiß nicht ...‹ Und wenn ich dann zurückkomme, kriege ich zu hören: ›Du hättest Muscheln nehmen sollen oder Taboulé!!‹ Und das ärgert mich, das ärgert mich ebenso wie die Tatsache, dass er nicht zuhört!!« Aber bei Clémentine und Félix erfolgt die unerträgliche Wiederauferstehung des Phantoms (eines Phantoms, das ein Nörgler ohnegleichen ist) systematisch, auch jenseits der einfachen Frage der Mahlzeiten. »Er hört nie zu: ›Félix, du musst den Buchhalter wegen verschiedener kleiner Dinge anrufen.‹ Ich sage es ihm drei oder vier Mal, er hört nicht drauf, und dann ruft der Buchhalter ihn an!! Resultat: ›Clémentine, du hättest mir sagen können, dass ich den Buchhalter anrufen soll!!‹ Dann sage ich mir, dass ich zwei Kinder zu Hause habe, eines von zwei Jahren und ein anderes, mit dem ich verheiratet bin!! Ich habe das satt, es kommt mir wirklich vor, als wäre ich seine Mutter!! Ich würde ihm die Dinge gern ein Mal sagen und sicher sein können, dass er alles gehört hat. Das Gefühl, dass einem Gehör geschenkt wird, das muss wunderbar sein!! Am letzten Samstag sind wir zu Freunden gefahren, die gerade 80 Kilometer weit weggezogen sind. Ich habe ihm gesagt, dass er sich die Fahrtroute anschauen soll, ich musste die Sachen für das Baby vorbereiten. Er wusste ganz genau, dass er sich um die Fahrtroute kümmern und den Straßenatlas mitnehmen sollte, ich hatte es ihm am Abend zuvor zwei Mal gesagt. Und? Kein Atlas!! ›Clémentine, du hättest mir sagen können, dass ich den Atlas ins Auto legen soll!!‹ Ich hätte ihn am liebsten ›verdroschen‹!!!«

Den Frauen bedeuten die Paarbeziehung und die Familie in der Regel in zweifacher Hinsicht mehr. Sie erwarten für sich persönlich mehr von der Beziehung, und sie sind diejenigen, die sich an vorderster Front um die konkrete Organisation kümmern und die mentale Belastung auf sich nehmen, die daraus resultiert. Durch ihre Abwesenheit ärgern die Männer sie also doppelt. Logischerweise kommen so viele verschiedene Gefühle zusammen und vermischen sich. Und nun müssen auf diesem speziellen Gebiet des Ärgers sehr präzise Regelungen getroffen werden, sonst wird eine Reihe weiterer Irritationen ausgelöst. Lorenzo (der darin Markus ähnelt) stellt sich als erschöpften Mann dar, der den Angriffen einer »besessenen Hausfrau« ausgesetzt ist. Er fühlt sich nicht imstande, ihre überzogenen Erwartungen zu erfüllen, und macht es sich bewusst in der Rolle des extrem unbeteiligten Nebendarstellers bequem, der nie weiß, wo die Sachen sind. Er ärgert also seine Frau und ist sich dessen voll und ganz bewusst. »Dass ich ewig ›Hilfe brauche‹, geht ihr auch auf die Nerven. Beispiel: ›Wo ist dies oder jenes?‹ ›Da, wo du es hingelegt hast. Ich habe nichts angerührt.‹ (Ich habe ihr nicht unterstellt, dass sie es angerührt hat, ich habe einfach so gefragt.)« Er könnte sich natürlich mehr Mühe geben, aber das ist nicht immer so einfach, wie man glaubt. Denn, das haben wir schon gesehen, der Nebendarsteller muss auch an seinem Platz bleiben und sich zu viel Einsatz versagen können, damit er die Dissonanzen in der Beziehung nicht verstärkt. Für Lorenzo, der sichtbar Verfechter eines ganz anderen Ordnungssystems ist, ist sein Rückzug also auch eine Möglichkeit, seine Vorstellungen, die die Unstimmigkeiten verschlimmern könnten, nicht verteidigen zu müssen. Leider verstärkt die »besessene Hausfrau«, die sich darüber ärgert, dass er »Hilfe braucht«, mit ihrem Verhalten das, was sie beide trennt. Vielleicht weil sie bei der Hausarbeit in der Hitze des Gefechts die Existenz des Phantoms vergisst, vielleicht ändert sie unbewusst, um sich ein bisschen zu rächen, das Ordnungssystem, ohne ihm etwas zu sagen. Lorenzo, der gewöhnlich sowieso schon überfordert ist, fühlt sich noch verlorener und wie ein kleines Kind. »Sie hat eine Angewohnheit, über die ich mich wirklich ärgere: Irgendwann packt es sie, ich weiß nicht wie oft, und dann räumt sie etwas woanders hin. Es nervt mich, danach zu suchen. Für sie versteht sich die neue Ordnung von selbst, und sie beschwert sich, dass ich ungeduldig bin und nicht lange genug suche und mir nicht genug Mühe gebe, um diese Sache zu finden.« Manchmal müssen sich Kleinigkeiten immer wieder und auf ärgerliche Weise in den Vordergrund unseres Lebens schieben. Sie machen immer deutlich, worum es in der Beziehung geht. In ihrem kleinen Krieg um den richtigen Platz der Dinge versuchen Lorenzo und seine Frau in Wirklichkeit, ihren eigenen Platz in der Beziehung zu definieren.

Erster Teil: 1 + 1 = 4

Millionen von Peter Pans?

Clémentine »hat es satt«, sie hat es satt, sich wie die Mutter ihres Mannes vorzukommen, sich um ihn genauso wie um das Baby kümmern zu müssen. Der Mann kann nicht nur so unsichtbar wie ein Phantom sein, er kann sogar zur Last werden. Gally hat große Angst, ein Kind zu bekommen, sie verschiebt den Zeitpunkt des Kinderkriegens ständig. »Ich befürchte, dass ich mehr oder weniger allein die Verantwortung für dieses Kind übernehmen müsste. Nicht weil Akira unsere Beziehung dann beenden würde, vielmehr fürchte ich, dass er sich weiter so benehmen würde wie jetzt. Ich male mir das Schlimmste aus! Und auf einmal bin ich weniger versucht, noch für ein weiteres Kind als das, mit dem ich mein Leben schon jetzt teile, die Verantwortung zu übernehmen.« Diese Gleichsetzung des Ehemannes mit einem Kind war der Gegenstand zahlreicher Beschwerden in den Berichten, die ich von Frauen bekommen habe. Viràg ist repräsentativ für diese Klagen. »Wir haben zusammen drei Kinder, und ich habe wirklich den Eindruck, dass ich zusätzlich noch ein viertes für mich ganz allein habe.« Wie viele meiner Informanten hat sie zunächst aufgelistet, was sie hauptsächlich ärgert. Am Anfang der Liste steht ganz klassisch die unzureichende Anwesenheit des Ehemann-Phantoms, die sie »Unreife« nennt. »Am meisten ärgert mich an ihm seine Unreife, ich glaube, dass das wirklich die Ursache des Problems ist. Einige ungeordnete Beispiele:

- seine ständige Unaufmerksamkeit: Ich spreche mit ihm, er hört nicht zu oder antwortet zwei Minuten später mit einem ›Hm?‹;
- die berühmt-berüchtigten schmutzigen Socken überall im Haus.
- Wenn ich ihn bitte, einkaufen zu gehen (das tut er, und das ist schon gut), schreibe ich ihm eine ausführliche Liste (mit dem Regal und der Marke, um das Schlimmste zu verhüten): Durchschnittlich ein Viertel der Einkäufe muss jedes Mal zurückgebracht oder umgetauscht werden.
- Wenn ich ihm Vorwürfe mache, verteidigt er sich nicht, sondern sagt wörtlich zu mir: ›Es stimmt, du hast Recht.‹

GGGRRRR! Ich kann diesen Satz nicht mehr hören! Ich würde manchmal gern nicht Recht haben.
- Er weiß nie, was er mir schenken soll. Da er mir nicht zuhört, weiß er nicht, was ich gebrauchen kann oder gern hätte.«

Die Beispiele sind wirklich etwas »ungeordnet«. Alles vermischt sich: die Unaufmerksamkeit der Partnerin gegenüber, das fehlende Engagement, die Weigerung, sich auseinanderzusetzen, die mangelnde Kompetenz. Was Viràg jedoch am meisten ärgert, ist das, was sie »Unreife« nennt, der Eindruck, dass sie es mit einem Kind zu tun hat. Die Art und Weise, wie sie von der Einkaufsliste spricht, ist bezeichnend: Man könnte meinen, sie wendete sich an ein Kind. Im Folgenden wird sie deutlicher, vor allem in dieser Anekdote, in der sich unter den Augen der Lehrerin der Ärger in Scham verwandelte. »Wir wurden von der Lehrerin unseres ältesten Sohnes einbestellt, weil sie ihn zu zerstreut und verträumt, unkonzentriert usw. fand (fällt Ihnen was auf?). Mein Mann setzt während des ganzen Gesprächs ein einfältiges Lächeln auf. Die Lehrerin bemerkt es und sagt: ›Der Apfel fällt nicht weit vom Stamm‹, und das bringt ihn noch mehr zum Lachen! Danke, so wirken wir überzeugend auf unseren Sohn.« Die Verwirrung der Rollen ist das, was sie am meisten aufbringt, das schlechte erzieherische Beispiel, das dieser Kind-Vater abgibt.

Wie Viràg ärgert sich auch Zoé über die herumliegenden Socken. Wenn sie ihr so richtig auf die Nerven gehen, kommt es vor, dass sie sie zur Strafe in die Frühstückstasse des Missetäters steckt. Sie ist sich der Brutalität dieser Geste bewusst und geht manchmal diplomatischer vor, indem sie es ihm pädagogisch erklärt, damit er sich bessert. »Ich weigere mich, sie selbst in den Wäschekorb zu legen. Ich bin nicht seine Mutter! Seine Reaktion? Er verwandelt sich in einen kleinen Jungen, der ertappt wurde, entschuldigt sich und macht sich kleinlaut auf den Weg ins Bad. Was mich genauso nervt, wie wenn ich seine Socken finde, weil er sich in der Rolle vergreift. Ich wollte nie ein drittes Kind.« Werden die Männer durch das Zusammenleben mit Frauen vielleicht zu Kindern? Man sollte sich zwar vor falschen Schlussfolgerungen hüten, aber die Frage sollte zumindest gestellt werden, möglicherweise bringt ihre Beantwortung einige Überraschungen ans Licht. In einem meiner früheren Bücher, *Schmutzige Wäsche,* habe ich aufgezeigt, inwiefern die derzeitige häusliche Rollenverteilung eine typische männliche Figur erzeugt: die des »schuldbewussten Schülers«. In der traditionellen Gesellschaft hatte der Mann eine Machtposition inne, ohne etwas im Haushalt zu tun. Heute tut er kaum mehr (es gibt Fortschritte, aber nur langsam), zum Teil aus mangelndem Willen, zum Teil, weil es für ihn tatsächlich technisch schwierig ist, aus der Position des Nebendarstellers herauszukommen (das haben wir gesehen), und weil ein nach dem Geschlecht differenziertes historisches Gedächtnis dieser Schwierigkeit Nahrung gibt. In ihrer großen Mehrheit von der Notwendigkeit überzeugt, zur Gleichberechtigung zu gelangen, stecken die Männer in einem Widerspruch fest: (mehr oder weniger ehrlich) zu versuchen, mehr zu tun, und gleichzeitig das verkündete Programm nicht wirklich in die Praxis umsetzen zu können (oder zu wollen). Dies macht ihnen latente Schuldgefühle und veranlasst sie, stückweise und immer unvollkommen und der operativ Verantwortlichen untergeordnet etwas zu lernen. Wie schuldbewusste Schüler. So sagt Suzette über ihren Mann, der versucht, sich mit der Kochkunst vertraut zu machen: »Er hilft mir manchmal. Dann macht er zum Beispiel einen Nachtisch oder eine Kleinigkeit, nichts Kompliziertes.« Sie lässt ihn sich mit dem Teig amüsieren, wie sie es bei einem Kind täte.

Aber da ist noch mehr, man muss den Mut haben, noch weiter zu gehen. Jenseits des harten Kerns der Fragen des Haushalts, der strukturell dazu tendiert, den Männern eine untergeordnete und infantilisierende Stellung zuzuweisen (und den Frauen eine Arbeitsbelastung, die sie ermüdet und verärgert), ist es zweifellos das auf der Erzeugung von gegensätzlichen Komplementaritäten gegründete Funktionieren der Beziehung selbst, das der Neigung des Mannes Nahrung gibt, Verhaltensweisen anzunehmen, die man für kindisch halten könnte. Kindsein zeichnet sich durch Unreife aus, aber auch durch die positiven Eigenheiten, die mit dieser Lebensphase assoziiert werden: Sorglosigkeit, Freude, Spiel. Die Befragung zeigt, dass hinsichtlich des Ärgers und der Dynamik der komplementären Rollen in der Beziehung die Gegensätze Verantwortung–Unbekümmertheit, Ernsthaftigkeit–Spaß usw. allgegenwärtig und zentral sind. Einem Pol A, der den geregelten Ablauf der häuslichen Angelegenheiten und Wachsamkeit allen Risiken gegenüber garantiert, steht ein Pol B der Sorglosigkeit und der Freude am Leben im Hier und Jetzt gegenüber. Ein notwendiger funktionaler Gegensatz, der jedoch die negative Begleiterscheinung hat, dass er die Persönlichkeitszüge verstärkt und die Kluft vertieft. Die Frauen finden sich massiv auf der einen und die Männer auf der anderen Seite wieder. Keineswegs – dies noch einmal –, weil sie von zwei verschiedenen Planeten kommen. Sondern aufgrund des fortbestehenden Gewichts des historischen Gedächtnisses, das sich je nach Geschlecht unterscheidet, ebenso wie aufgrund der Gegensätze produzierenden Maschinerie innerhalb der Paarbeziehung. Diese komplementären Unterschiede entstehen nicht willkürlich. Jeder der beiden Partner versucht, seine eigenen inneren Dissonanzen zu reduzieren, mit sich selbst eins zu werden. In Situationen der verschiedensten Art ist er daher geneigt, eine Position zu beziehen, die mit seinen gewohnten kulturellen Eigenheiten übereinstimmt. Wie wir gesehen haben, gelingt ihm dies niemals völlig: Es gibt zahlreiche punktuelle Umkehrungen, sogar innerhalb eines so präzisen Gebietes wie dem des Aufräumens. Die Gesamttendenz liegt gleichwohl auf der Hand, und die Suche nach der persönlichen Kohärenz erzeugt einen globalen Gegensatz zwischen zwei kulturell deutlich voneinander unterschiedenen Welten. Man kann also zu der Ansicht kommen, dass der harte Kern der Rollenverteilung eine Neigung zu harmonischem Betragen verbreitet und den Hang der Männer verstärkt, Verhaltensweisen anzunehmen, die Kindheit und Jugend eigen sind.

Zahlreiche in der Befragung gesammelte Elemente scheinen in diese Richtung zu gehen. Zwar sind sie scheinbar disparat und oft zufällig, zusammen genommen aber bestätigen sie die Hypothese eher. Der Hang der Männer zum Beispiel, sehr viel mehr als Frauen zu spielen, mit Bällen, am Bildschirm, wie Kinder und Jugendliche. Sicher zeigen statistische Untersuchungen, dass sie mehr persönliche Freizeit haben, die ihnen dies erlaubt. Aber bei gleich viel Zeit spielen sie trotzdem mehr. »Mein Freund spielt wahnsinnig viel (Rollenspiele im Internet,

Kriegsspiele ...), er braucht das für seine Ausgeglichenheit (er war Einzelkind, braucht seine Freiheit, Zeit für sich allein ...). Ich kann ihm nicht im Namen unserer Beziehung verbieten zu spielen, damit wir ›zusammen‹ sind. Mein Freunde/-innen finden es unglaublich, dass er stundenlang spielen kann, dass er zwei oder drei Stunden später als ich schlafen geht.« Seit zehn Jahren leben sie zusammen, trotz allem versucht Eliza, auf diesen Mann einzugehen, für den seine Spielzeuge wichtiger sind als sie. Noch bezeichnender: die Verwendung von Scherzen und Ironie (dabei handelt es sich übrigens um bevorzugte Taktiken der Männer, um den verärgerten Gegner zu entwaffnen). Nehmen wir die familiären Diskussionen bei Tisch: Verschiedene Themen werden auf unterschiedliche Arten angesprochen, jeder versucht sich gegen die anderen durchzusetzen (Kaufmann 2006). Oft wollen die Eltern ernsthaft über ein (vor allem schulisches) Problem verhandeln; die Kinder versuchen, auf lustige Art davon abzulenken. Das Verhältnis zwischen Mann und Frau ist ähnlich. Es kommt sogar vor, dass die Mutter allein im Lager der Ernsthaftigkeit und der Verantwortung steht und sich einem Bündnis aus zu Scherzen aufgelegten Kindern und Vater gegenübersieht. Schließlich die letzte, zweifellos wichtigste Veranschaulichung: Die Männer spielen massiv die Rolle des Verfechters der Unbekümmertheit, indem sie Coolness gegenüber Ängsten und übermäßiger Disziplin propagieren. Der »kleine Gott Cool« aber ist eine charakteristische Ikone von Heranwachsenden und Jugendlichen (Bouchat 2005, S. 27). Dass das jugendliche Lob des Coolen auf Männer so anziehend wirkt, ist übrigens keineswegs erstaunlich und erklärt sich durch ein anderes strukturelles Element: nicht das Rollensystem, sondern der Modus des Eintritts in das Erwachsenenleben. Während die jungen Männer die familiäre Bindung immer weiter aufschieben, um die besondere Zeit der Jugend maximal auszuleben, werden die Frauen, die zunächst dasselbe Verhalten an den Tag legen, darin eingeschränkt, weil sie bedenken müssen, dass sie nur bis zu einem bestimmten Alter ein Kind bekommen können (Kaufmann 2002). Sie sind um einiges früher gezwungen, die Welt der Jugend zu verlassen, um eine Bindung einzugehen. Während die Männer nicht der biologischen Uhr unterworfen sind und länger unbesorgt leben können. Wie Caroline sagt, die jedoch ein bisschen zu sehr verallgemeinert: »Ein Mann ist sogar mit 36 noch ein Jugendlicher.«

Das große Echo auf Dan Kileys Buch *Das Peter-Pan-Syndrom* ist ein weiteres Anzeichen dafür, dass sich gegenwärtig etwas in dieser Richtung in den Tiefen des Sozialen zusammenbraut. Das Werk hat jedoch seine Grenzen. Es konzentriert sich auf ein psychopathologisches Profil, in dem Angst, Realitätsverweigerung und das Problem, soziale Beziehungen einzugehen, dominieren. Dieser Persönlichkeitstyp existiert zweifellos, aber das männliche Verhalten, um das es hier geht, ist keineswegs pathologisch und unendlich viel weiter gefasst. Die Kind-Männer haben im Übrigen oft überhaupt kein Problem, Beziehungen einzugehen, im Gegenteil, vor allem nicht bei Sport und Spiel. Sie haben auch kein Problem, Beziehungen zu ihren Kindern aufzubauen. Sie sind sogar imstande, erstaunliche emotionale und spielerische Vertrautheit herzustellen. Zu Recht wurde schon viel von den neuen Vätern gesprochen. Der Umschwung ist tatsächlich beträchtlich, in einem Zeitraum von ein paar Jahrzehnten hat eine tief greifende Veränderung des Männlichen stattgefunden (Welzer-Lang 2004; Castelain-Meunier 2005). Eine Veränderung, die umso frappierender ist, als die Entwicklung bezüglich des materiellen Aspekts der häuslichen Pflichten nicht genauso verlief. Die Männer, die im Haushalt noch fast genauso wie früher Nebendarsteller sind, stehen inzwischen ihren Kindern sehr nahe, sind eng mit ihnen vertraut. Daher kommt im Übrigen auch ihre Bestürzung und ihr Unverständnis, wenn sie vom Scheidungsrichter von ihnen getrennt werden.

Im Hinblick auf die Geschichte ist diese scheinbar tief greifende Veränderung in Form eines Bündniswechsels zumindest erstaunlich. Angesichts der dominierenden Männerwelt wurden die Frauen nämlich immer der Seite der Kinder zugeordnet. Wegen ihrer körperlichen Nähe, einer Folge einer auf die Mutter zentrierten Erziehungsfunktion (Knibiehler/Fouquet 1982). Und weil sie lange Zeit von den Männern, die Macht innehatten, als unmündig betrachtet und den Kindern gleichgesetzt wurden. Sollten wir also gegenwärtig Zeugen einer wahren historischen Wende sein? Nein. Trotz der erreichten Fortschritte besetzen die Männer immer noch die Führungspositionen in vielen (ökonomischen und politischen) Schlüsselbereichen der Gesellschaft. Sie haben ebenfalls einen Teil ihrer alten Macht innerhalb der Familie bewahrt (Glaude/Singly 1986), indem sie Einfluss auf die wichtigen Entscheidungen nehmen oder für sich einen bequemeren Status reklamieren. Die Frauen ihrerseits bauen weiterhin bevorzugte Bindungen zu den Kindern auf. Ihr Engagement an vorderster Front aller Fragen, die die Familie betreffen, macht sie zu strukturierenden Dreh- und Angelpunkten, besonders wenn die Paarbeziehung brüchig wird. Angesichts des immer häufigeren Zerbrechens von Ehen verstärkt sich diese Funktion gegenwärtig wahrscheinlich sogar noch (Kaufmann 2002). Das Aufkommen kindlicher männlicher Verhaltensweisen in der Familie ist also als ein wichtiges (und überraschendes), aber fest umrissenes Phänomen anzusehen. Die Männer werden nur in speziellen Kontexten und zu bestimmten Zeiten wieder zu Kindern, sie gleiten eine Zeit lang in dieses regressive Sichgehenlassen ab, das sie häufig als Kompensation für die erdrückende berufliche Belastung erleben. Den Frauen geht es auf die Nerven, wenn ihr Peter Pan die Grenzen überschreitet und sich Zeit damit lässt, aus seinem kindlichen Kokon herauszukommen. Es geht ihnen auch auf die Nerven, wenn sie selbst sich zwar die Gleichberechtigung aufs Banner schreiben, aber insgeheim weiter von einem überlegenen Mann träumen, der sie führt und vor allem beschützt. Schließlich gehen ihnen Dissonanzen auf die Nerven, die aus einer unklaren Rollenverteilung resultieren und von punktuellen Umkehrungen verursacht werden. Besonders wenn der gerade aus seinem regressiven Kokon herausgekommene Mann es sich erlaubt, Machoallüren anzunehmen, die der guten alten Zeit würdig sind.

SEHR HARTNÄCKIGE MACHOREFLEXE

Zwischen dem Patriarchat von einst und den kindlichen Regressionen von heute hat ein zwar auf bestimmte Kontexte beschränkter, aber gleichwohl spektakulärer Wandel im Verhältnis zwischen Mann und Frau in der Paarbeziehung stattgefunden. Er wird jedoch nicht immer als ein Bruch wahrgenommen. Dass es sich viele Männer in Sphären persönlicher Autonomie bequem machen, ermöglicht ihnen, diesen Wandel als Kontinuität zu erleben. Das Erbe eines Herrscherstatus bietet ihnen die Möglichkeit, Macht auszuüben (die Macht, über Zeit für sich selbst zu verfügen) und gleichzeitig wie Kinder Spaß zu haben. Machos und kleine Jungen zugleich. Die Frauen wären bereit, ihnen diese Entspannung zu gönnen, wenn diese Aktivitäten nicht meistens als Rivalen aufträten; als persönliche Rivalen und Alternativen zum gemeinsamen Leben. Die Bildschirme, die sich in den Häusern ausbreiten (Fernseher, Computer), sind Fenster, die Fluchtmöglichkeiten in die Fantasie und andere mögliche Leben eröffnen. »Man hat häufig den Eindruck, dass er für diese Herren eine prima Maschine ist, um Zeit totzuschlagen und vor allem keinen Anteil am Familienleben nehmen zu müssen. Man sieht sie stundenlang mit völlig unbekannten Menschen diskutieren, und mit ihrer Frau sprechen sie am Abend nicht zwei Worte, fragen sie nicht einmal, ob sie weggeht, weil sie doch ihren Mantel anhat. Nein, sie geht nicht weg, sie kommt gerade zurück, weil sie den ganzen Samstagnachmittag draußen verbracht hat, weil sie es satt hatte, gegen die Wand zu sprechen. Er hat es nicht einmal gemerkt. Das habe ich selbst erlebt!« (Isabelle) Malvina ärgert sich sehr über Richard, wenn er, kaum dass er von der Arbeit nach Hause gekommen ist, »in ein Internetforum abtaucht, um mit seinen Anglerfreunden zu diskutieren«. Caroline ist mit den Nerven am Ende: Marc lässt sich nicht vom Fernseher wegbringen. Sie setzt sich neben ihn, damit diese Zeit wenigstens ein bisschen gemeinsame Zeit ist. Leider legt Marc die Fernbedienung nicht aus der Hand, und sein wildes Zappen sendet unterschwellige Botschaften aus, eine unangenehmer als die andere: Ich allein habe das Kommando, alles geht nach meinem Kopf; dieses Zappen soll dich zermürben und dir Lust machen, wegzugehen usw. Caroline widersteht trotz allem. Wenn sie den Ärger gefährlich in sich aufsteigen fühlt, »dann stehe ich auf und verliere völlig das Interesse am Fernsehen, weil ich keine Lust habe, mich mit ihm zu streiten«. Manchmal aber hat sie keine Zeit, ihre diplomatische Flucht zu organisieren, der Ärger überfällt sie: Wenn er mit der Fernbedienung in der Hosentasche auf die

Toilette geht aus Angst, dass Caroline sich ihrer bemächtigen könnte. »Als ob er wirklich kein Vertrauen zu mir hätte (und ich bei erstbester Gelegenheit auf einen anderen Sender umschalten würde ..., was ich übrigens tue, das gebe ich zu) oder als ob ich ganz einfach nicht da wäre.« Zumal die Fernbedienung öfters auf den Boden der Toilette fällt. In letzter Zeit mussten sie sie schon zweimal ersetzen. Ärger garantiert.

Marc macht sich unleugbar eines eindeutig machistischen Machtmissbrauchs schuldig: über das Fernsehprogramm zu bestimmen, sogar wenn er abwesend ist! Die am weitesten verbreiteten Machtspiele laufen in der Regel weniger demonstrativ ab und gehen im Schlagabtausch des Paares unter. Derjenige, der den anderen verärgert, ist sich seiner Tat kaum bewusst. Und derjenige, der sich ärgert, unterwirft sich widerstandslos. Lorenzo ließ mir, ohne dass ich ihn darum gebeten hätte – das zeugt von seinen ehrlichen Absichten und seinem Willen, sich zu bessern –, eine Liste zukommen, in der er vermerkt hatte, was seine Frau seiner Ansicht nach am meisten an ihm ärgert, unter anderem dass er im Auto gern laut aus den Boxen dröhnende Musik hört, während seine Frau Musik als bloßes Hintergrundgeräusch bevorzugt. Daraufhin sandte ich ihm eine Frage, auf die er eine sehr bezeichnende Antwort gab:

»Die Musik im Auto: Kommt das einem kleinen Machtkampf nahe? Wer von Ihnen beiden siegt am Ende?«

»Ich. Sie beschwert sich übrigens oft darüber.«

Die Antwort ist sehr bezeichnend wegen der üblichen männlichen Kürze und vor allem wegen der Selbstverständlichkeit, mit der sie ausgesprochen wird. Die kleinen Machtübernahmen der Männer gehören zur Normalität des Lebens. Man darf jedoch auch die weniger kleinen nicht außer Acht lassen: die Aufrechterhaltung wahrhaft archaischer Machtstrukturen bei manchen Paaren. Wenn die Spielregeln klar sind und die Frauen sie anerkennen, wie es oft in den unteren Gesellschaftsschichten der Fall ist (Schwartz 1990), verursacht diese akzeptierte Unterwerfung keinen massiven Ärger. Aber wenn eine Dissonanz existiert (zwischen Traum und Wirklichkeit, zwischen der Verkündung von Prinzipien und ihrer Umsetzung in die Praxis, zwischen einem glanzvollen Vorher und einem erbärmlichen Nachher usw.), wirkt der zurückgekehrte Archais-

Männer und Frauen: Divergenz oder Komplementarität?

mus umso ärgerlicher, da er hier maskiert auftritt. Malvinas Geschichte ist in diesem Punkt exemplarisch. »Ich war Single, bis ich dreißig war. Lange Zeit, als ich mich allein durchs Leben schlug, gab es Dinge, die ich bei den Paaren um mich herum unerträglich fand, angefangen bei meinen Eltern. Zum Beispiel die Rollenverteilung der Geschlechter (in der Art: der Mann geht auf die Jagd und die Frau macht den Rest), anders gesagt, die Nichtaufteilung der Hausarbeit. Kurz, ich war eine richtige Feministin, dann mit dreißig gewannen die Hormone die Oberhand, und ich wollte unter die Haube kommen. Er auch, das traf sich gut. In seinen Augen war ich die ideale Frau, um Kinder aufzuziehen: Ich bin Lehrerin. Er gefiel mir, weil er nicht die Flucht ergriff, als ich von Bindung sprach – ich wollte schnell ein Kind –, und seine Reden stimmten mit meinen Prinzipien überein, in der Art: ›Ich will nicht, dass du meine Hemden bügelst, du bist nicht mein Hausmädchen.‹« Viereinhalb Jahre nach den schönen Erklärungen des Verführers hat sich der Prinz leider in eine eklige Kröte verwandelt. »Am meisten nervt mich sein reaktionäres Gehabe in der Art: ›Was? Mein grünes Hemd ist noch nicht gebügelt, ich wollte es doch heute Morgen anziehen.‹ (Dabei sind die fünfzehn anderen gewaschen und gebügelt, und nur dieses eine ist noch bei der Wäsche!!) Oder: ›Was soll dieses Chaos hier?! Du hättest aufräumen können! Du bist schließlich den ganzen Tag zu Hause gewesen!‹ (Dabei habe ich 35 Klassenarbeiten korrigiert, das Essen gekocht und zwei Maschinen Wäsche gewaschen, aber den Müllsack vor der Eingangstür stehen lassen.)« Richard ist zum Obermacho geworden. Er hat Malvina zur Haussklavin degradiert, ohne dabei die geringsten Gewissensbisse zu verspüren. Als hätte er sich im Jahrhundert geirrt, meint er, dass ihm als Mann alles erlaubt sei. »Letztendlich ist das Allerschlimmste, dass er regelmäßig allein mit seinen Kumpels ausgeht, während ich unsere Tochter hüte. Wenn ich einmal ins Kino gehen möchte oder zu einer Abendveranstaltung am Gymnasium, macht er mir eine Riesenszene, die nur das Ziel hat, mir die Lust zu verderben, dorthin zu gehen.« Und zur Krönung seines übersteigerten Machismus erlaubt er sich zudem noch eine überlegene Miene und das Gehabe eines kleinen Despoten. »Was mich noch nervt, ist seine Art, sich als Superman aufzu-

Erster Teil: 1 + 1 = 4

spielen: auf der Entbindungsstation (beim Kinderarzt hätte man meinen können, dass er mit einem Kollegen spricht, und zu Hause war sein Feuereifer dann schnell dahin); im Restaurant (er macht dem Wirt Vorschläge zur Veränderung der Speisekarte); zu Hause (er will beweisen, dass er nur zwei Stunden zum Saubermachen braucht, aber er saugt weder unter dem Bett noch hinter den Türen); bei seiner Tochter (er ist derjenige, der sich um sie kümmert! Als Beweis dafür führt er an, dass er sie jeden Tag in die Vorschule bringt! Leider hat er nur dieses eine Argument! Wenn er sie jedoch einmal eine Woche lang jeden Abend abholen muss, dann ›erholt‹ er sich am Wochenende, indem er bis in die Nacht ausgeht). Wenn wir uns zanken, sagt er dann noch zur Strafe zu mir: ›Wenn das so ist, dann werde ich sie eben zwei Tage lang nicht abholen!‹ Als könnte ich darunter leiden! Ganz zu schweigen von den Diskussionen, in denen es um unsere Arbeit geht: Ich soll mir andächtig anhören, was er mir vorzugsweise erzählt, wenn ich die Nachrichten im Fernsehen anschaue. Wenn ich ihm etwas erzähle, unterbricht er mich und hält lange Tiraden über notwendige Systemveränderungen, wenn ich vom Schulalltag berichte. Wenn zum Beispiel ein Lehrer fehlt, weil seine Kinder krank sind, ist das ein Unding. Er hätte das nur besser organisieren müssen! Aber als unsere Tochter die Windpocken hatte, musste ich Urlaub nehmen, um mich um das kranke Kind zu kümmern. Er hat nicht einmal angeboten, in die Apotheke zu gehen. Das bringt mich übrigens aufs Einkaufen: Er arbeitet gegenüber vom Supermarkt. Gut. Wenn er keinen Wein mehr hat (und das das Einzige ist, was im Haus fehlt), sagt er mir, dass ich ihm welchen kaufen soll!« Malvina weiß nicht mehr, worüber sie sich am meisten ärgern soll: über sein lächerliches aufgeblasenes Schwadronieren oder über seine realitätsfernen hohlen Phrasen. Sicher ärgert sie sich am meisten darüber, dass sie in einem Leben gefangen ist, das so ganz anders ist als das, was sie sich erträumt hat. Ihre lange Beschwerdemail schließt sie im Übrigen so: »Ich glaube, dass ich mich vor allem über ihn ärgere, weil unsere Beziehung auf ein so archaisches Muster verweist, dass meine Großmutter zu mir sagt: ›Was glaubst du, wie mein Leben mit Opa war? Das ist doch ganz normal, dass die Männer für den Lebensunterhalt sorgen und die Frauen für die Männer!!‹ Als könnte unser Studium, unsere Arbeit nichts gegen dieses Schicksal ausrichten! Hilfe!!!«

Ein solch karikaturhafter Machismus führt uns streng genommen vom Thema des Ärgers in der Beziehung weg. Gewiss ärgert Malvina sich, sogar sehr, von morgens bis abends, manchmal nagt es an ihr, manchmal überfällt es sie. Aber dieser ständige Ärger ist Teil eines Gefühls, das über ihn hinausgeht und ihn neu definiert. Ein Gefühl tiefer Unzufriedenheit.[4] Das ist auch der Fall bei mehreren verärgerten Frauen, die sich über die Knauserigkeit ihrer Männer beschwerten, die jede kleinste ihrer Ausgaben überwachten und einen bösen Kommentar dazu abgaben. Sie ärgerten sich über dieses knickerige Gerechne und waren zugleich sehr unzufrieden mit ihrer Beziehung. Es geht noch an, wenn der Mann ein bisschen machohaft ist, zum Beispiel bei der Arbeitsteilung. Aber dann muss man dafür, dass man nach einem archaischen Modell lebt, ein paar Belohnungen bekommen, die sich aus diesem Modell ergeben (Singly 1987). Wie etwa, dass man von dem Geld profitiert, das er nach Hause bringt. Da aber manche nicht gerade die Spendierhosen anhaben, schaffen sie es, alle Fehler auf sich zu vereinigen: Sie sind Machos, kleine Jungen und knauserig. Dann verwandelt sich der Ärger in Verbitterung, Verzweiflung macht sich breit, es kommt zum Wutausbruch.

---

4   Einige Monate später hat sich ihre Lage jedoch ein bisschen verbessert. Siehe »Neueste Nachrichten« im Anhang zur Methode.

Zweiter Teil
Im Herzen des Sturms

3
Die Ursachen

Nichts ist normaler, als dass man sich in einer Beziehung ärgert, selbst wenn man ein gutes Verhältnis zueinander hat. Denn der Ärger gehört dazu, das Funktionieren der Beziehung beruht auf der Verbindung von Gegensätzen, die Dissonanzen erzeugt. Der unterschwellige Mechanismus ist folgender: Ärger entsteht immer ausgehend von einer Dissonanz. Oberflächlich betrachtet jedoch bricht der Ärger immer aus sehr viel eindeutigeren, bisweilen lächerlichen Gründen aus. Wir haben uns einer der häufigsten Gründe ausführlich angesehen: die Ordnung. Mann und Frau haben unterschiedliche Vorstellungen davon, wohin ein Ding (ein ausgestopfter Hechtkopf) oder eine Substanz (die noch erträgliche Staubmenge) gehört. Der (dominierende) eine von beiden drängt dem anderen sein kulturelles Ideal auf. Dieser beugt sich dem wohl oder übel und explodiert plötzlich, wenn ihn das Ding stört und er merkt, dass er den ihm aufgezwungenen Plan nicht akzeptieren kann. Wenn der Ärger groß ist, wagt er dann möglicherweise eine persönliche Revolte. Dieser Zusammenprall von Mikrokulturen des Alltags erfolgt besonders im Zusammenhang mit der Arbeitsteilung im Haushalt, bei der jeder (wenn die Rollen nicht ganz klar verteilt sind) seine eigenen Vorstellungen davon hat, wie was gemacht werden muss oder sollte. Ordnung und Aufteilung der Hausarbeit sind jedoch nicht die einzigen Auslöser von Ärger. Wir werden uns nun noch einige andere anschauen, die in der Befragung besonders häufig aufgeführt wurden. Dies dient nur zur Veranschaulichung und ist nicht repräsentativ, denn um eine wirklich repräsentative und vollständige Darstellung zu liefern, bedürfte es einer statistischen Arbeit.

DIE ZAHNPASTA ALS SYMBOL

Ehre, wem Ehre gebührt: Ich werde mit ein paar Dingen beginnen, die einen deutlichen Symbolcharakter für den Ärger in der Paarbeziehung aufweisen. Um noch einmal auf die Ordnung der Dinge zurückzukommen: Die Schlüssel zum Beispiel sind ein großer Klassiker. Bei sehr vielen Familien gibt es eine bestimmte Stelle, wo sie hingelegt werden sollen. Aber nur selten erkennen die beiden Protagonisten des folgenden kleinen Dramas den Handlungsmodus gleichermaßen an. Die Erregung ist hierbei umso größer, als derjenige (oder diejenige), der (oder die) »vergisst«, die Schlüssel an den dafür vorgesehenen Platz zu legen, mehr oder weniger seine (oder ihre) Schuld anerkennt und verspricht, dass er (oder sie) es nicht wieder tun wird. Er (oder sie) tut es aber wieder. »Wir haben zwei Autos, die wir beide benutzen. Ich hänge die Schlüssel immer ans Schlüsselbrett an der Wand. Sie lässt sie immer in ihrer Tasche, die sie ins Schlafzimmer hinaufträgt ...« Lorenzo ärgert sich, wenn er in aller Eile den Schlüssel suchen muss, dabei in ihrer Tasche herumwühlt oder schreit, um sich Luft zu machen, und außerdem kann er dieses irrationale Verhalten seiner Partnerin nicht verstehen. Es wäre so einfach, die Schlüssel dort hinzuhängen, wo sie hingehören. Die Ärger erzeugende Dissonanz, die das fehlende Ding verursacht, wird durch die Uneinigkeit des Paares verstärkt. Zwei kulturelle Welten stehen einander gegenüber. Kleinigkeiten wie der Platz der Schlüssel lassen die Fremdheit des Partners bis in winzige Einzelheiten erkennen.

Derjenige, der die Dinge anschaut oder sie berührt, macht sie zu etwas Vertrautem, in dem sich seine persönliche Kultur ablagert. Wir legen einen Teil von uns in unserer materiellen Umgebung ab, die wiederum zum Teil definiert, was wir im alltäglichen Leben sind (Thévenot 1994, 2006). Das Paar bemüht sich ständig, sich die Dinge gemeinsam vertraut zu machen. Es diskutiert und macht Pläne, die auf ein einheitliches Verhalten abzielen, das weit über die bloße Ordnung der Dinge hinausgeht (besonders bezüglich der Art, sie zu handhaben). In der Sorgfalt seiner Handgriffe jedoch bastelt das Individuum insgeheim an seiner eigenen Vorstellung, mit der es mehr sich selbst treu bleibt, als der offiziellen Regel zu gehorchen. Manchmal behält es sogar ohne Gewissensbisse eine Verhaltensweise bei, die ihm am Herzen liegt (oder tief in seinen Körper eingeschrieben ist), selbst wenn es den Ärger auf der Gegenseite bemerkt. Dann kommt es vor, dass ein bestimmtes Ding die ganze von Unverständnis zeugende Erregung auf sich zieht. Jedes Paar hat seine speziellen kleinen Zankäpfel. Sie wirken diskret im Hintergrund oder machen wütend, immer aber tun sie dies regelmäßig und beharrlich. Manche sind weiter verbreitet, fast universal. Der Platz der Schlüssel zum Beispiel. Aber auch und vor allem dieses wahrhafte Symbol des intimen Zusammenpralls von Verhaltensweisen: der Umgang mit der Zahnpastatube. Zusammen mit der Zahnbürste ist sie keineswegs irgendein gewöhnlicher Gegenstand. Denn sie hält als Erstes Einzug in die Wohnung des neuen Partners und besiegelt mit ihrer Anwesenheit die häuslichen Anfänge des Beziehungsabenteuers. An sich schon ein hochsymbolischer Gegenstand, ist sie von diesem Gründungszeitpunkt an Träger der anderen Mikrokultur, die sich dem neuen Paargefüge einzuschreiben versucht. Sie kann daher überraschen, schockieren, bevor sich (sehr viel später in der Paarbeziehung) unkontrollierbarer Ärger in ihr konzentriert. Hinsichtlich der Zahnpastatube ist die Welt zweigeteilt. Da sind zum einen die eher Behutsamen mit ihren fest gefügten Vorstellungen darüber, wo man am besten draufdrückt, damit Zahnpasta herauskommt, wie man die Tube zusammenfaltet und sie zuschraubt. Und dann sind da die anderen, sehr viel Freieren und Entspannteren, die der Tube keinerlei spezielle Aufmerksamkeit schenken. Das Problem rührt nicht von einer präzisen Definition dieser oder jener Verhaltensweise her, sondern von der Differenz zwischen ihnen. Eine winzige Kleinigkeit kann manchmal genügen, und schon stellt sich diese Differenz als inakzeptabel heraus. Nicht einmal der gute Wille des Partners oder raffinierte Methoden, die die zu beobachtende Divergenz zu vermindern scheinen, können das Problem regeln, wenn sich der Blick obsessiv auf die verärgernde Differenz zu heften beginnt. »Sicher kann man mit zwei Tuben das Problem scheinbar aus dem Weg räumen. Mein Vater hatte dies übrigens schon ins Auge gefasst. Aber schon beim bloßen Anblick einer ›zerknautschten‹ Tube überkommt ihn ein finsterer Zorn. Und Mayonnaise-, Farb- und Harissatuben [Harissa ist eine Gewürzpaste] lassen sich genauso gut zerknautschen. Ich selbst habe zunächst etwas anderes probiert und Zahnpasta in Kunststofftuben genommen, die auf den Kopf gestellt werden und aus denen die Zahnpasta immer perfekt herauskommt. Wenigstens wenn man die Tube richtig herum hinstellt. Was NIEMALS der Fall war.« Die Zahnpastatube nimmt einen bemerkenswerten Platz in Isabelles Leben ein. Hier die Fortsetzung ihres Berichts, von dessen köstlichem, sehr lustigem Stil man sich jedoch nicht täuschen lassen sollte: Hinter dem Lachen verbirgt sich eine richtige Wut. »Die Debatte über das Zerknautschen der Tube ist völlig geschlechtsunabhängig. Zum Beweis: Meine Mutter ist eine Anhängerin des Zerknautschens, was meinen Vater, einen Gegner des Zerknautschens, rasend macht. Ich dagegen, ihre Tochter, bin ebenfalls eine Gegnerin des Zerknautschens, mein Herzallerliebster ist ein Zerknautscher, mein Exmann war es auch und wird es wohl immer noch sein. Was ist das für eine seltsame Sekte? Ich habe folgende Erklärung dafür: Nehmen Sie eine Tube, zum Beispiel eine Zahnpastatube. Über sie regt man sich auf, weil man sie jeden Tag sieht. Kurz, einmal geht es noch, beim tausendsten Mal aber kriegt man die Krise. Man kann also behutsam hinten auf die Tube drücken, sie sogar nach und nach aufrollen, um die weiche Wundermasse aus ihr herauszudrücken. Glück, Luxus, Stille und Wollust. Ahhh! Man kann aber auch wild in der Mitte darauf herumdrücken, bis mit einem unheilverkündenden Pitsch alles herausspritzt, und die Arme dann in einem erbärmlichen Zustand zurücklassen. Und im fahlen Morgengrauen ertönt dann das Schmerzensröcheln des Zerknautsch-Gegners, der versucht, das Chaos wieder in Ordnung zu bringen und ein walnussgroßes Stück Zahnpasta aus der Tube herauszupressen. Oft plagt er sich geschlagene fünf Minuten ab, bis ein schönes, dickes Stück Zahnpasta herauskommt, von dem dann die Hälfte im Waschbecken landet. Grrh!« Wenn sich unmäßig viel Ärger und Unzufriedenheit in einem lächerlichen Ding konzentrieren, kann der winzigste Auslöser gigantische Folgen haben. Isabelles »zerknautschender« Exmann spielte mit ihrem Ärger über die Tube. Das war zu viel. »Ich habe mich sicher nicht wegen einer Zahnpastatube scheiden lassen, aber das zufriedene leise Grinsen desjenigen, der genau weiß, dass er dem anderen auf die Nerven geht, war eine Offenbarung.« Zwar ist ihr derzeitiger Partner auch ein »Zerknautscher«, der Ärger scheint aber sehr viel genauer lokalisiert werden zu können. Deshalb kann sie nun darüber lachen.

Unvermeidliche Nähe

Das Paar lebt in der Illusion, es habe sich eine gemeinsame Kultur geschaffen. Eine solche existiert sicher im Großen und Ganzen für die allgemeine Architektur: die Wertehierarchie, die moralischen Prinzipien usw. Ein Ergebnis, das durch unaufhörliches Arbeiten an der Schaffung einer Einheit erreicht wird, bei dem das alltägliche Geplauder der Partner eine entscheidende Rolle spielt (Berger/Kellner 1965), vor allem über die Kritik an Freunden oder Familienangehörigen. Denn indem das Paar erörtert, warum es nicht gut ist, wie diese ihre Ferien verbringen oder mit ihrem Erbe umgehen, schmiedet es im Gegensatz dazu das, was es selbst eint. Nur im Großen und Ganzen, denn über manche Prinzipien wird weiterhin regelmäßig gestritten, besonders über Fragen der Kindererziehung (Brown/Jaspard 2004). Die Verteilung gegensätzlicher Rollen innerhalb des Paares gibt den Divergenzen Nahrung.

Selbst wenn die Diskussion zu einer Einigung geführt zu haben scheint, bleibt die Einheit in Wirklichkeit theoretisch und ist nur grob umrissen. Sehr weit von der tiefen Normalität der reflexhaften Gesten entfernt, die eine persönliche Mikrokultur zum Ausdruck bringen. Derjenige oder diejenige, der oder die die Schlüssel an ihren Platz zu legen »vergisst«, ist trotzdem damit einverstanden, dass sie dort hingelegt werden sollten. Gesten, präzise Kontexte, Gegenstände offenbaren das unweigerliche Fortbestehen der Differenz. Sie treten in Situationen auf, in denen die beiden Partner stärker austauschbar sind, sich besonders nahestehen und sich der Gemeinschaft unterordnen müssen. Die Divergenz verblasst in der Distanz oder wenn die Einheit nicht dringend zum Handeln erforderlich ist. Sie bricht dagegen in der Hitze des Gefechts hervor, wenn beide eins sein und denselben Regeln gehorchen müssen. Die Schlüssel stehen ziemlich weit oben auf der Hitliste der kleinen Ursachen für Ärger, weil sie jeden Tag benutzt werden und es sich dabei um einen Gegenstand handelt, der individuell in die Hand genommen, dessen Platz aber gemeinsam festgelegt wird. Nur selten gibt es keinerlei Reibung zwischen den verschiedenen möglichen Systemen (den Vorstellungen des Einzelnen und der offiziellen Theorie des Paars). Die Reibung ist umso unvermeidlicher, als eine Dissonanz schon beim einzelnen Individuum auftreten kann (zwischen seinem Handeln und einer Theorie, die niemand außer ihm in die Tat umsetzen kann); auch ein Single ärgert sich, wenn er seine Schlüssel nicht findet, weil er sie nicht dort hingelegt hat, wo er sie seiner Überzeugung nach immer hinlegen sollte. Beim Paar, das zwei mehr oder weniger miteinander verschmolzene individuelle Kulturen vermischt, ist die Wahrscheinlichkeit, dass Ärger aufkommt, unendlich viel höher. Viele zugleich individuelle und gemeinsame Räume, Geräte und Dinge wie Schlüssel können sich als immer wieder auftretende Ursachen von Gereiztheit und anderen Nervenaufreibungen herauskristallisieren. Jede mit ihren besonderen Eigenheiten, die eine besondere Untersuchung rechtfertigen würden. An den Schlüsseln zum Beispiel ist bemerkenswert, dass sie häufig einen eindeutig identifizierten Platz haben, über den sich theoretisch alle einig sind. Bei anderen Dingen schwankt man sehr viel mehr, ob man ihnen einen bestimmten Platz zuweisen oder sie leicht nomadenhaft durch die Wohnung ziehen lassen soll. Die Schere, die ebenfalls häufig genannt wird, ist ein gutes Beispiel dafür. Géraldine hat einen ganz einfachen Plan: Sie legt die Schere systematisch in eine Küchenschublade. Sie hat versucht, diesen Plan zum Modell für das junge Paar zu erheben. Bernard hat halbherzig und widerstrebend zugestimmt, macht aber weiter so wie vorher (er wohnt schon viel länger in der Wohnung als sie). Wenn er die Schere benutzt hat, legt er sie lieber irgendwo in seiner Nähe hin, statt sie wieder in die Küche zu bringen. Er hat daher mehrere Stellen, wo er sie hinlegt, an manche legt er sie regel-

Die Ursachen

mäßig, diese kann Géraldine ausfindig machen, andere wechseln häufiger und sind ungewisser. »Sie regt sich auf, da können Sie was erleben! Sie sagt, dass ich sie einfach irgendwo herumliegen lasse, aber das stimmt nicht: Ich räume sie weg. Aber ich gehe doch nicht in die Küche, wenn ich an meinem Schreibtisch sitze, das ist doch Quatsch! Es ärgert mich auch, wenn sie sich darüber ärgert. Es ist doch völlig idiotisch, wegen einer Schere eine Krise zu kriegen.« Getrennt befragt, vertraut Géraldine dem Befrager an, wie sehr sie sich über diese lächerliche Geschichte ärgert. »Sie wird nie an ihren Platz zurückgelegt. Immer wenn ich die Schere brauche, brülle ich herum! Es ist doch nicht schwer, sie an ihren Platz zurückzulegen!« Die sogenannte »weggeräumte« Schere ist manchmal völlig unauffindbar. Bernard erinnert sich nicht mehr, wo er sie hingelegt hat, aber er schafft es, die Kontrolle zu behalten und sich nicht aufzuregen. »Er lacht und nimmt mich auf die Schippe. Es gibt Augenblicke, da würde ich ihn am liebsten umbringen!« Das verabredete gemeinsame Gespräch einige Monate später fand nicht statt; Bernard war noch am Leben, aber das Paar hatte sich getrennt.

Der Ärger macht sich an Dingen fest, die man (schlecht) gemeinsam benutzt, oder in engen Räumen, in denen man sich gezwungenermaßen nahe ist. Die Nähe ist in der Paarbeziehung natürlich nicht immer problematisch! Die Liebeslust beseitigt wie durch einen Zauber den potenziellen Ärger über Differenzen. Unterarten der Liebe (Vertrautheit, Zärtlichkeit, gegenseitige Großzügigkeit) können schon ausreichen, damit Begegnung und Nähe das reine Vergnügen sind. Wenn jedoch der Gefühlsantrieb weniger lebhaft ist oder die Differenzen hartnäckig aufeinanderprallen, wird die Nähe sogleich explosiv. Im Bett, bei Tisch, im Badezimmer: an allen möglichen Orten, an denen man sich sehr nahekommt, ohne dass man dies immer möchte. Zu nennen ist ganz besonders das Auto, eine kleine abgeschlossene Welt für sich, die den Streitereien noch mehr Resonanz verleiht. Seit einigen Wochen waren die Spannungen zwischen Mimi und Mickaël immer größer geworden. Im Auto brach die Krise aus. Mimie saß am Steuer. Mickaël zündete sich sehr nervös eine Zigarette an, die sie ihn sofort auszumachen bat. Er konterte, sie habe einen gefährlichen Fahrstil und solle anders fahren, sonst würde er lieber aussteigen. Was er tat, bevor er dem Wagen einen heftigen Schlag versetzte und wutschnaubend einen zehn Kilometer langen Fußmarsch antrat. Unvermeidliche Nähe kann zum Besten wie zum Schlimmsten führen.

Häufig ist das Auto zwar offiziell gemeinsamer Besitz, aber in Wirklichkeit nimmt es einer der beiden Protagonisten mehr in Beschlag, der seine Vorstellungen von der Dekoration oder der Sauberkeit im Wageninneren durchsetzen will. Die Konflikte sind dann von derselben Natur wie bei allen anderen gemeinsamen Dingen. Aber im Wageninneren, wenn Mann und Frau nebeneinander sitzen, ist da noch mehr. Eingezwängt in diese kleine Welt, müssen die gewöhnlichen Wünsche über eine ganze Reihe von Parametern in Einklang gebracht werden: Temperatur, Radiosender, Lautstärke usw. Neuer Zusammenprall der Kulturen. Lorenzo ärgert seine Frau, indem er das Radio auf volle Lautstärke schaltet. Bei Eline und Jack dreht sich der automobilistische Kleinkrieg eher um warm oder kalt. »Das Auto ist bei uns jedes Mal, wenn wir zusammen fahren, eine Quelle des Ärgers: Mir ist die Klimaanlage ein Graus, ihm die Heizung … Bis heute kabbeln wir uns immer noch sehr oft über dieses Thema.« Eine häufig angewandte Taktik: sich ans Steuer setzen, um die Macht zu übernehmen. Aber Eline verabscheut die Kälte zu sehr, um sich zu fügen, auch wenn sie nicht am Lenkrad sitzt. »Oft hat der Fahrer das Vorrecht, die Umgebungstemperatur zu wählen, aber ich gestehe, dass ich die Klimaanlage immer ablehne, was die Gabe hat, Jack zu ärgern.«

Am Steuer oder bloß als Beifahrer: Im Auto gibt es keine neutralen Positionen. Vor allem was die überaus heikle Frage anbelangt, der wir uns nun zuwenden: dem Fahrstil. Kein Problem, wenn wie in der guten alten Zeit immer der Mann fährt. Denn dann betrachtet die Frau das nicht als ihre Sache und schweift mit ihren Gedanken ab. Aber seit einer Ewigkeit hat auch die Frau den Führerschein und weigert sich, auf dem Klappsitz Platz zu nehmen. Sie besitzt im Übrigen oft ihren eigenen Wagen, den sie auf ihre Weise fährt und pflegt. Schwierigkeiten gibt es vor allem, wenn man zusammen verreisen muss, denn beide können gleichermaßen das Steuer übernehmen. Der Unterschied zwischen ihnen besteht darin, dass jeder seinen eigenen Stil hat und, auch wenn er Beifahrer ist, in seinem Kopf weiter fährt, Alternativen vor Augen hat und sich Bemerkungen nicht verkneifen kann. Zwei kulturelle Welten prallen aufeinander (Hoyau/Le Pape 2006). Der Fahrstil ist eines der seltenen Gegenbeispiele, bei denen sich die Männer anscheinend mehr ärgern als die Frauen. Das lässt sich leicht erklären. In den Denk- und Anschauungsweisen nämlich sind Spuren aus der Zeit geblieben, in der der Mann allein das Fahrzeug lenkte. Auf dem Beifahrersitz Platz zu nehmen ist neu für ihn, und es fällt ihm sehr schwer, sich zurückzunehmen und sich völlig auf seine Partnerin zu verlassen. Ungewollt behält er die Straße im Auge und ist schnell mit Kritik bei der Hand. Wir haben gesehen, dass das kindliche Regredieren der Männer die Frauen zu voreiligen Verallgemeinerungen verleiten kann: Die Männer seien alle und für immer so. Umgekehrt bringt der Verlust der dominierenden Rolle die Männer zu falschen Verallgemeinerungen: Die Frauen insgesamt hätten kein Talent zum Autofahren. Genau dies denkt Pedro, und das ist übrigens auch der Grund, warum er sich immer des Steuers bemächtigt, wenn sie zu zweit fahren. Bis auf außergewöhnliche Umstände, wie an diesem besonderen Tag, von dem Fidelia erzählt. »Ein brandheißer Bericht: Seit heute Morgen bin ich die Chauffeurin meines Mannes – wir haben seinen Wagen in die Werkstatt gebracht –, wo ich doch ohnehin schon alle Hände voll zu tun habe. Zu seiner Entlastung muss gesagt werden, dass Pedro sich einer kleinen medizinischen Kontrolle unterziehen musste, die zwar nicht sehr schlimm, aber schmerzhaft war. Ich war also aufmerksam und zuvorkommend. Er aber kann es sich nicht verkneifen, Bemerkungen über meinen (Fahr-)Stil zu machen und mir Anweisungen zu geben. Ich kann weder das eine noch das andere ertragen, zumal weder er noch ich schlecht fahren: Jeder fährt anders. Wenn er fährt, bemühe ich mich, nichts zu sagen, auch wenn mich etwas stört. Heute Morgen, nach sechs oder sieben Bemerkungen, habe ich ihn ›zum Teufel gejagt‹, ihn am Eingang der Klinik abgesetzt und ihn nicht begleitet, ich habe ihn später aber trotzdem angerufen, um zu hören, was es Neues gibt, und es waren gute Nachrichten. Ich habe wirklich den Eindruck, dass ich auf diesem Gebiet einem alten, fest verankerten Klischee unterworfen bin – Frau am Steuer –, das mit einem Mangel an Vertrauen und einem Bedürfnis zu dominieren einhergeht.«

Schlecht zu ertragende, unvermeidliche oder disharmonische Nähe begünstigt das Entstehen von Ärger, selbst dort, wo man ihn am wenigsten erwartet, im Zentrum der Intimität, im Bett, in dem man schläft (manchmal sogar hinsichtlich einer anderen seiner wichtigen Funktionen), bezüglich der Hygiene oder bei Tisch. Max schildert die fortwährende »Schlacht der Laken«, die bei ihnen nachts wütet. »Besonders wenn man sich hin und her wälzt und sich ständig umdreht. Im Eifer des ›Gefechts‹ reißt man sich die Bettdecke weg.« Dieses Treiben mündet beim Aufwachen in neuen Ärger. »Das Bett wird morgens nicht gemacht ..., die Laken sind in Unordnung, das Federbett liegt zusammengeknäult quer über dem Bett, während der andere es gern ordentlich hat und abends gern in ein exakt gemachtes Bett schlüpft!« Wie viele andere verallgemeinert auch Caroline ausgehend vom Beispiel Marcs zu sehr und auf sexistische Weise: »Morgens beim Aufstehen, bevor sie zur Arbeit gehen, machen einen die Männer wahnsinnig (mit ihrem trüben Blick, ihren verstrubbelten Haaren, ihrem abwesenden Lächeln und der ebenfalls abwesenden Höflichkeit).« Auch Frauen können solch einen traurigen Anblick bieten, wann und wie man aufwacht, ist individuell sehr unterschiedlich und unabhängig vom Geschlecht (Kaufmann 2004). Der Tisch wurde oft genannt und erweist sich als ein besonderer Ort des ehelichen Ärgers. An ihm ruft das unterschiedliche Tempo von Gally und Akira zum Beispiel großes Unverständnis hervor und führt zu Streit. »Ich esse schneller als er (zu Beginn unseres Zusammenlebens habe ich versucht, mich seinem Tempo anzupassen, aber dann habe ich es aufgegeben, weil ich lieber esse, wenn das Essen noch warm ist!), und in der Regel erledige ich den Abwasch, während er fertig isst. Also muss ich ihn zwangsläufig daran erinnern, dass er seinen schmutzigen Teller in die Küche bringen soll, wenn er sich einen Nachtisch holt, sonst macht er das nicht. Er ist der Ansicht, dass er fertig essen können muss, bevor er sein schmutziges Geschirr bringt. In diesem Fall muss ich es mir entweder selbst holen (das ist die Höhe, wo ich doch schon den Abwasch mache!), oder ich muss warten, bis der Herr geruht, fertig zu speisen, um meinerseits fertig abwaschen zu können.« (Gally) Das Besondere am Ärger bei Tisch ist im Übrigen, dass er sich mit einer anderen negativen Empfindung (dem Ekel) vermischt, die gerade von einer als unangenehm wahrgenommenen intimen Nähe verursacht wird. Das werden wir etwas später noch sehen.

Ein Walzer mit zwei Rhythmen

Die Paarbeziehung ist ein Tanz (Hefez/Laufer 2006), ein ständiger Tanz der Gegensätze, der Hitze und Kälte, Heftigkeit und Gelassenheit, Ordnung und Unordnung, Disziplin und Spontaneität vereint. Auf Gedeih und Verderb stehen sich zwei gegensätzliche kulturelle Welten gegenüber und umschlingen sich zugleich. Besonders was die Zeit anbelangt. Die Zeit ist keine neutrale Materie. Sie kann leer oder erfüllt sein, sie kann als leicht oder drängend empfunden werden, flexibel gehandhabt oder genau eingeteilt werden; diese Eigenschaften variieren bei ein und demselben Individuum. Aber vor allem sind es auch Eigenschaften, die sich jenseits der individuellen Variationen in einer relativen Kohärenz bei jedem von uns vereinigen und eine Art Zeitprofil der Persönlichkeit definieren: der gestresste Pünktliche oder der, der die Ruhe weg hat und nicht weiß, wie viel Uhr es ist, der gut organisierte Planer, der mehr in seinen Terminplänen als in der Gegenwart lebt, oder der improvisierende König des Augenblicks usw. Jack erscheint die Zeit als etwas, über das er in Hülle und Fülle verfügt, während Eline sie wie Sand zwischen den Fingern verrinnen sieht. Sie rechnet und rechnet, um abschätzen zu können, wie wenig noch bleibt, erfindet Taktiken, die Jack überzeugen sollen, der es aber nie versteht.

»Wir beide haben ein sehr unterschiedliches Zeitgefühl: Jack glaubt, dass er immer genug Zeit hat, um etwas zu tun und zu planen, bis zum letzten Moment, während ich es gern habe, wenn die Dinge organisiert und im Voraus geplant werden. Zum Beispiel wenn wir uns fertig machen, um auszugehen, ist Jack als Erster unter der Dusche, braucht danach aber Stunden, um sich anzuziehen: Er räumt ein Papier weg, zieht seine Socken an, schaut sich etwas im Internet an, sucht die Jeans, die er lieber als die andere anziehen will (er hat einen Kleiderschrank wie ein Fotomodell), zappt sich durch die Fernsehprogramme ... Ich habe genug Zeit zu duschen, mich anzuziehen und mich zu schminken, bis er angezogen ist. Ich gehöre zu der Art von Menschen, die sich ›zum Aufbruch rüsten‹: Es ist mir ein Graus, wenn ich warten muss und unser Aufbruch Stunden dauert ... Ein Trick, damit ich mich nicht ärgere: Ich sage Jack, dass ich nur noch zehn Minuten brauche (ich bin noch nicht geschminkt und angezogen, aber ich sage, dass ich bald so weit bin), dann wiederhole ich diese Info, bis ich herausgeputzt auf dem Sofa sitze und auf ihn warte. Und dann ist er immer noch beschäftigt, also sage ich ihm, dass ich fertig bin: ›Jetzt!‹ (In der Art: Ich fange an, genervt zu sein!) Und dann sagt er zu mir: ›Aber ich, ich warte doch auf dich (?!?!?!)‹ ... Da ärgere ich mich wirklich über ihn! Wenn wir eine Abendgesellschaft, unsere Familie usw. verlassen, ist es genauso. Wenn ich sage: ›Auf geht's‹, dann heißt das jetzt gleich, wir ziehen unsere Mäntel an, ich nehme meine Tasche und wir gehen ... Aber mit Jack dauert das Stunden, er bringt ein neues Gesprächsthema aufs Tapet, sieht sich die neuesten Veränderungen im Haus an, trifft Verabredungen für die nächsten zehn Jahre ... Gggrrrrrr!«

Eline ist sich jedoch darüber bewusst, dass es bei der gegnerischen Seite auch Verständnisschwierigkeiten und Ärger geben kann, die auf einer anderen Lebensphilosophie beruhen. »Ich gestehe, dass es ihn ärgert, wenn ich mir keine Zeit nehmen, nicht warten kann: Alles muss sofort erledigt werden, sobald man darüber spricht. Was, das gebe ich zu, wenig Raum dafür lässt, unbekümmert zu sein und sich eine schöne Zeit zu machen ...« Sich eine schöne Zeit zu machen ist eine sehr schöne Idee, die als Redensart verführerisch auf sie wirkt. Aber die schöne Idee verfliegt mit einem Schlag, sobald Jack herumtrödelt und bummelt, und macht dem Ärger Platz, der ihr ihre tiefe Wahrheit offenbart: Sie zieht die strikte Organisation allen schönen Ideen vor.

Der Pünktlichere von beiden ist entsprechend oft auch Verfechter von Disziplin und Planung und widersetzt sich dem Lager des lässigen Umgangs mit Zeit und Organisation: Zwei globale Ethiken stehen einander gegenüber. Für Eline ist Jack immer zu spät und zugleich schlecht organisiert, er lässt sich von endlosen Abschweifungen ablenken, während sie selbst ihre Pläne rigoros verfolgt.

In Elizas Augen macht sich Robert ähnlicher Vergehen schuldig. »Was mich auch ärgert, ist, dass er nichts im Voraus plant, während ich meinerseits sehr viel plane, voraussehe (zum Beispiel, dass spätestens am Samstag eingekauft werden muss, weil nichts mehr im Kühlschrank ist). Er dagegen sieht nichts voraus, und wenn ihm am Samstag klar wird, dass eingekauft werden muss, ist er ›psychologisch‹ nicht darauf vorbereitet, dass er zwei Stunden in einem Laden verbringen muss (also müssen wir uns am Wochenende aus Konserven ernähren). Was mich noch ärgert, ist, dass er nie pünktlich ist, er hat immer Zeit. Da ich an diese kleine Unart gewöhnt bin, habe ich ein paar kleine Tricks, wie, dass ich die Zeit, zu der wir erwartet werden, etwas vorverlege, damit wir nicht mit ›zu großer‹ Verspätung ankommen.«

Die Paarbeziehung ist ein Tanz, der auf Gedeih und Verderb ständig Gegensätze vereint. Auf Verderb, wenn die Differenz sich in Auseinandersetzungen kristallisiert, die die Quelle für Ärger sind. Besonders über gemeinsam benutzte Dinge, unvermeidliche Nähe oder wenn die Rollen austauschbar sind. Auf Gedeih, wenn die Differenz eine Verteilung komplementärer Rollen begründet, die das Leben leichter macht. Wie wir gesehen haben, befinden sich Eline und Jack in der ersten Phase des Zusammenlebens, in der die Differenz von Grund auf bearbeitet wird, um ein adäquates häusliches System festzulegen. Voll und ganz mit dieser komplexen Tätigkeit beschäftigt, können sie noch nicht genau unterscheiden zwischen nützlichem und fruchtlosem Ärger. Zwischen dem, was beibehalten, und dem, was besser gelöst werden sollte. Eline errät intuitiv, dass die Abschweifungen und Trödeleien ihres Lebensgefährten keinerlei funktionalen Nutzen haben und nur unnötigen Ärger erzeugen. Aber was die Zeitplanung anbelangt, ist die Diagnose weniger eindeutig. Das Problem ist Folgendes: Verärgert über die gelassenen Improvisationen ihres so sehr geliebten Gegners, ist Eline versucht, die allgemeine Organisation nahezu autoritär in die Hand zu nehmen und die Verteilung der komplementären Rollen zu klären und zu erhärten. »Bei der Organisation der Ferien, der Wochenenden, der Freizeit habe ich es gern, wenn die Dinge im Voraus geplant, umrissen werden. Ich weiß gern, wo ich wann hinfahre, wo wir übernachten, wie man dort hinkommt, warum ... Daher plane ich alles (wenigstens wann wir losfahren und wann wir ankommen; was wir dort machen, wird dann von einem Tag auf den anderen geplant). Ich plane nur einen Monat im Voraus und regle die Details in der Woche, bevor wir fahren, man soll schließlich nichts übertreiben ... Wohlgemerkt, ich kann im letzten Moment losfahren, aber ich muss wissen wohin (zu Freunden, Verwandten, welche Art der Unterkunft usw.).« Jack fällt es schwer zu folgen.»Ich gestehe, dass es in Zeiten des Stresses und der Erschöpfung das ist, was uns am meisten aufreibt: Ich sitze Jack ständig im Nacken, und er kann meine Hartnäckigkeit, alles zu organisieren, immer weniger ertragen.« Es fällt ihm schwer zu folgen, weil sein ganzes Verhältnis zur Organisation durcheinandergebracht ist; er ändert sein Leben weder mehr noch weniger, zumindest nicht diesen Aspekt seines Lebens. Aber dieses Durcheinanderbringen, das mental erschöpfend wirkt wie jede Identitätsveränderung, ist in Wirklichkeit weniger schmerzhaft, als es scheint. Denn er fühlt sich entlastet von dem, was nicht gerade zu seinen stärksten Seiten gehört. Er kann sich noch mehr gehen lassen: Eline organisiert das schon.»Jack ärgert sich ein bisschen darüber. Er findet, dass nur wenig Raum für Spontaneität übrig geblieben ist (er hat Recht). Aber insgesamt ist er sehr froh darüber, dass ich mich um alles kümmere.« Auch Eline ist gespalten. Manchmal bedauert sie, dass die Sorglosigkeit vom Anfang ihrer Beziehung verloren gegangen ist (»Er hat Recht«). Dieser Traum von Freiheit ist jedoch nur eine vage Wehmut und erweist sich als zu unerträglich und ärgerlich, sobald er konkrete Formen annimmt; Jack hat Unrecht, hoffnungslos Unrecht. Der beste Beweis sind die wenigen Male, wenn sie die Rollen vertauschen und Jack die Organisation übernimmt. Leider kann Eline nicht davon profitieren und sich ihrerseits ein bisschen gehen lassen.»Was mich dagegen ärgert, ist, wenn er die Organisation übernimmt: Dann wird alles am Vorabend nach 21 Uhr geregelt. Wir müssen zu seinen Eltern fahren: Er vergisst, sie zu benachrichtigen oder ihnen zu sagen, wann wir am Freitagabend oder am Samstagmorgen ankommen. Das ärgert mich unglaublich, denn ich persönlich halte das für einen Mangel an Respekt und Anstand!« Diese schlechte Organisation ertragen zu müssen ärgert sie noch mehr, als wenn sie den gewohnten Trödler antreiben muss. Diesem sporadischen Rollentausch ist daher zweifellos keine große Zukunft beschieden. Die Rollenverteilung wird wahrscheinlich noch klarer werden.

Die Differenz kann auch andere Aspekte der Zeit, zum Beispiel den Rhythmus, betreffen. Die einen schreiten schneller zur Tat, die anderen langsamer; die einen werden bei dieser Beschäftigung unruhig, die anderen bei einer anderen; es gibt Frühaufsteher und Nachteulen. »Ich bin ein Morgenmensch, er ist ein Nachtmensch. Daher versucht er morgens, mit allen Mitteln im Bett zu bleiben (wenn er nicht arbeiten muss). Wir haben sehr unterschiedliche Temperamente. Am schlimmsten ist (und da platzt mir der Kragen!), dass er samstags lange liegen bleibt und dann seine ersten Worte ungefähr folgende sind: ›Ich habe nicht genug oder nicht gut geschlafen, ich bin müde, mir tut der Kopf, der Rücken, der Bauch weh ... Ihr habt zu viel Krach gemacht, du weckst mich brutal.‹ Mit den Jahren (wir leben seit achteinhalb Jahren zusammen) ist es immer schlimmer geworden. Ich füge nur noch hinzu, dass ich, wenn er dann spät aufgestanden ist, lange geduscht hat und langsam isst, ihn anschreien könnte, wenn er eine Scheibe Brot mit Butter bestreicht, als wäre sie ein Kunstwerk.« (Nicole) Die unterschiedlichen Rhythmen verursachen noch mehr Streit bei unvermeidlicher Nähe, im Bett oder bei Tisch. Und sobald die Kristallisation bestimmte rituelle Gesten, Verhaltensweisen oder Redensarten erfasst, offenbart der Ärger, den sie auslösen, den kulturellen Abgrund zwischen den beiden Lagern. Eine einfache Scheibe Brot, die langsam mit Butter bestrichen wird, als wäre sie ein Kunstwerk, wird plötzlich als das Unerträglichste auf der Welt wahrgenommen und löst sogleich Feindseligkeiten aus. Zu Beginn parierte Nicole scharf und reklamierte auch für sich das Recht, lange zu schlafen. »Und ich, habe ich nicht das Recht dazu?« Eine schlechte Taktik, denn sie hatte überhaupt keine Lust darauf. Da es ihr nicht gelungen ist, mit diesem Ärger umzugehen, versinkt sie nun in der Unzufriedenheit über die Beziehung. »Ich fühle mich verleugnet, mit wachsendem körperlichen Unwohlsein.«

Die Rhythmusunterschiede sind oft nur der sichtbare Teil der sehr viel umfassenderen kulturellen Gegensätze, die sich auf das Verhältnis zum anderen oder die Weltanschauung ausdehnen. Gally kann Akiras Langsamkeit nicht ertragen, die sie veranlasst zu glauben, dass er sich im Leben nicht so engagiert, wie er es tun sollte, und dass er nicht so lebhaft ist wie sie. »Offensichtlich haben wir weder denselben Rhythmus noch denselben Charakter. Ich finde mich sehr aktiv (ich treibe Sport, ich habe eine besonders anspruchsvolle Arbeit und viele Interessen), während Akira sehr wehleidig ist. Man kann schließlich sagen, dass er langsam ist. Und vor allem ist er unfähig, zwei Dinge gleichzeitig zu tun. Ich kann das. Ich mache oft drei Dinge gleichzeitig und plane dabei das vierte.« Akira seinerseits findet, dass seine allzu unruhige Frau keine Ahnung hat von der Weisheit des voll ausgekosteten Augenblicks. »Ich weiß, dass es ihn wahnsinnig macht, wenn ich mit dem in der Schulter eingeklemmten Telefon durch das ganze Haus spaziere. Er findet, dass es der Person gegenüber, mit der ich telefoniere, respektlos ist, wenn ich mit ihr spreche, während ich Wäsche aufhänge« (Gally).

Die persönlichen Spuren

Der Ehepartner bleibt immer ein Fremder, völlig verschieden, obwohl täglich an der Schaffung der Einheit gearbeitet wird. Die Unterschiede werden für gewöhnlich vergessen, schlicht verdrängt von der Vertrautheit, die sich breitmacht, oder, besser, von der Anziehungskraft und dem Verlangen. Dann kommen sie plötzlich wieder an die Oberfläche und konfrontieren zwei gegensätzliche Lager miteinander, die über ethische Fragen oder sehr allgemeine Prinzipien (wie das Erziehungsmodell oder das Zeitgefühl) ebenso uneinig sind wie über winzige Kristallisationen (wie einen Hechtkopf, eine Scheibe Brot, die mit Butter bestrichen wird, als wäre sie ein Kunstwerk). Der andere ist ein Fremder, weil er eine andere Geschichte hat, er trägt in sich ein sehr weit zurückreichendes, schweres Gedächtnis, das vielfältig und sogar widersprüchlich, aber ihm eigen ist. Zwar ist das Individuum formbar, und dies in zunehmendem

Maße, dennoch muss es unweigerlich mit diesem Gedächtnis klarkommen, das es für immer prägt. Die Determinationen wiegen manchmal noch schwerer, sind noch näher am Biologischen. Wärme oder Kälte zu empfinden ist nicht nur eine Angelegenheit der Kultur. Aber diese Art von Unterschieden, die noch weniger vom Willen gesteuert werden als andere, kann genauso verärgern, als könnte das gegnerische Lager dafür verantwortlich gemacht werden. Erinnern wir uns an Eline und Jack im Auto; in Wirklichkeit streiten sie sich ständig über warm und kalt. »Mir ist immer kalt. Bei Gluthitze bin ich imstande, einen Pullover anzuziehen, sobald es dunkel wird. Worüber sich Jack sehr ärgert, dem immer heiß ist. Daher streiten wir uns oft über die Temperatur.« Sarah ärgert sich über Peters Lachen. Ein Lachen, das sie überhaupt nicht mehr zum Lachen bringt. »Er lacht nach jedem Satz, den er sagt. Er lacht irgendwann einfach so, ohne Grund. Dieses Lachen bringt mich zur Verzweiflung, und in der Öffentlichkeit schäme ich mich. Er kann keinen Satz ohne dieses Lachen beenden! Dann sehe ich ihn fragend an, als wollte ich sagen: ›Was ist daran so lustig?‹« Ich fragte Sarah, ob Peter wirklich die Schuld an dieser so tief in ihm verwurzelten Gewohnheit gegeben werden kann. Sollte sie nicht eher ihren Ärger unter Kontrolle zu bringen versuchen, wenn keine Lösung des Problems in Sicht ist? Sie stimmt mit mir überein, dass es ein Reflex ist. Trotzdem ärgert sie sich so sehr darüber, dass sie unerschütterlich weiterhin so tut, als könne sie ihn ändern – ein verrückter Wunschtraum. »Nein, ich kann mich wirklich nicht an dieses Lachen gewöhnen, das am Ende jedes Satzes kommt, auch wenn es sich um eine traurige Situation handelt. Ich stimme mit Ihnen überein, dass es zu einem Reflex geworden ist, der nicht von seinem Willen abhängt. Wenn ich ihn fragend ansehe, um zu sagen: ›Was ist daran so lustig?‹, dann tue ich das gerade, um ihm zu zeigen, dass es nicht lustig ist und er ohne Grund lacht. Ich habe natürlich schon mehrmals mit ihm darüber gesprochen, und er sagt, dass er eben so sei und sich nicht ändern könne. Ich habe Angst, dass ich böse mit ihm werden könnte, bloß weil ich mich über ihn ärgere.«

Ein Hechtkopf, eine Scheibe Brot, die mit Butter bestrichen wird, als wäre sie ein Kunstwerk, Wärme oder Kälte, ein Lachen:

Kristallisationen, die verärgern, gibt es in außergewöhnlicher Vielfalt. Die Listen, die mir zugesandt wurden, versammeln bunt zusammengewürfelte Beschwerden in einem fröhlichen Durcheinander. Kleine Gesten, Arten zu sprechen oder zu schweigen, die unterschiedlichsten Gegenstände. Ziemlich oft auch Haustiere. Besonders wenn sie sich einer der beiden Partner nicht ausgesucht hat. Wenn ich zum Beispiel Isabelles Freund befragt hätte, hätte er sicher viel über die Katze zu erzählen gehabt. »Meine Katze liegt auf dem Bett und schmiegt sich an mich. Aber nie an meinen Freund, denn sie weiß, dass sie die erste Hauskatze auf dem Mond werden würde, wenn sie es jemals wagte.« Die als unangenehm empfundene unvermeidliche Nähe und Intimität können Intoleranz aufkommen lassen, bis zur verärgerten Ablehnung der physischsten Attribute. Aber auch wenn der Gegner weggeht, löst seine Entfernung das Problem nicht. Denn er hat inakzeptable, irritierende Spuren seiner Füße und Hände ebenso wie seiner Handlungsweisen hinterlassen. Ein einziger kleiner Fingerabdruck kann genügen, um plötzlich Ärger zu wecken. Oder größere Spuren, nachdem der von der Richtigkeit seiner Methode überzeugte Ehemann trotz Protesten beschlossen hat, mit einem scharfen Reiniger zu putzen. »Es vergeht kein Tag, an dem die auf den Scheiben zurückgebliebenen Spuren, die verätzten Rahmen und Schlösser nicht meinen Blick auf sich ziehen und mich zutiefst verärgern« (Lamia).

DER NERV DES KRIEGES

Unter den immer wiederkehrenden großen Themen wie Ordnung und Umgang mit der Zeit ist auch das Geld oft Ursache für dumpfen Ärger, der sich zur Unzufriedenheit entwickeln kann. Wie sonst etabliert sich auch hier in der Regel eine Rollenverteilung in der Paarbeziehung: der Rechner, Ökonom und Finanzminister des Haushalts auf der einen Seite; der Sorglose, Großzügige, der es sich gut gehen lässt und von einem Tag auf den nächsten lebt, auf der anderen Seite. Es scheint im Übrigen, als tendiere die gewohnte Verteilung der komplementären Funktionen dazu, sich in diesem Punkt umzukehren: Die

Männer befinden sich eher im Lager der Askese und Disziplin, die Frauen im Lager des Hedonismus und der Sorglosigkeit. Daher die zahlreichen Fälle von Ärger über die Knauserigkeit der Männer. Eine vage Regel, von der es viele Ausnahmen gibt. Isabelle zum Beispiel, die nicht nur gegen die Lässigkeit der »Tubenzerknautscher« kämpft, sondern auch auf diesem Feld Krieg führt und Jagd auf Verschwendungen macht, vor allem wenn wenig Geld da ist. »Ich habe diesen letzten, sehr problematischen Fall erlebt mit einem gemeinsamen Konto, das am 15. des Monats so ausgetrocknet war wie die Wüste Gobi, ohne dass es mir möglich gewesen wäre, in Erfahrung zu bringen, wohin das Geld verschwunden ist. Er ärgerte sich darüber, Rechenschaft ablegen zu müssen, und ich ärgerte mich darüber, dass ich die Ersparnisse anzapfen musste, um die Telefonrechnung zu bezahlen. Wie ist er in Deckung gegangen, damit ich nicht herumbrüllte (damals bezahlte man für das Internet noch die Verbindungseinheiten, und das ziemlich teuer). Ich erspare Ihnen, wie oft wir uns über dieses Thema gestritten haben. Er betrieb eine Vogel-Strauß-Politik, ich die eines Buchhalters: Sie waren nicht sehr kompatibel. Wenn man nicht sehr wohlhabend ist, müssen alle den Gürtel ein wenig enger schnallen. Wenn nur der eine es tut und der andere nicht, dann ist da etwas nicht in Ordnung.«

Zwei Ethiken, zwei gegensätzliche Ansichten über das Sparen und das Ausgeben des gemeinsamen Geldes lassen sehr empfindliche Bruchlinien hervortreten. Um Frontalzusammenstöße zu vermeiden, greifen die beiden Intimfeinde häufig zu einer List, die Frieden stiftende Kraft hat: Sie versuchen, als persönliche Ausgaben (die zu einer kleinen Sphäre individueller Freiheit gehören) zu definieren, was das knickerige Lager zu sehr brüskieren könnte. Marie-Agnès hat aus diesem Grund aufgehört, in Begleitung von Marc Kleidung zu kaufen.[1] Denn (wie Isabelle) ist sie sehr sparsam, während er ein Fan exklusiver Marken ist. »Er haut das Geld auf den Kopf. Für irgendwas.« Der Ärger war zu groß. Sie zieht es nun vor, ihn gewähren zu lassen, und versucht es zu ignorieren. Wenn er nach Hause kommt, fragt sie ihn gleichwohl, was das irrsinnige Zeug gekos-

---

1 Von Johanne Mons (1998, S. 107) aufgezeichnete und zitierte Aussage.

tet hat, und kann sich nicht verkneifen zu sagen, dass es viel zu teuer ist. »Aber das ist alles, es gibt keinen Streit.« Sie beherrscht sich und nimmt dieses absonderliche Verhalten in ihrer Beziehung hin, wie es sonst nur wenigen gelingt. Denn im Allgemeinen überträgt sich die Dissonanz auf die Festlegung der Grenzen, die ein paar persönliche Rechte außerhalb der gemeinsamen Welt garantieren. Rechte, die in ruhigen Zeiten notgedrungen anerkannt werden. Bei der kleinsten Aufregung jedoch schrumpfen die Freiräume wie Chagrinleder, und der Geldverschwender muss Rechenschaft ablegen. Nichts ist ärgerlicher als Doppeldeutigkeit und immer wiederkehrende Unklarheit, die vielfältige Dissonanzen eröffnen. Auf beiden Seiten. »Offen gesagt, die Klamotten!!! Sie sollten einmal sehen, wie die Schränke überquellen und welche Unmengen von neuen Paketen sie trotzdem anschleppt. Sie ist voll bepackt, und auf ihren Lippen liegt ein Lächeln!!! Ihre Augen strahlen, und ich muss ihr auch noch sagen, dass es super ist!! Sie zieht ihre Modenschau vor mir ab, und ich soll begeistert sein, das merke ich wohl!! Ich begnüge mich mit dem tariflichen Minimum: ›Ja, das ist nicht schlecht.‹ Und das kostet mich schon erhebliche Mühe, weil ich nämlich in Wirklichkeit explodieren könnte. In mir schreit es!! Sie sollten sehen, wie viel Geld sie für irgendwelche Fummel ausgibt, die sie nur ein einziges Mal trägt. Okay, Kleider, das ist jedem seine eigene Sache. Aber es ist doch das gemeinsame Haushaltsgeld. Und ich, ich passe unglaublich auf, ich kaufe für mich selbst hundertmal weniger. Hier wird wirklich mit zweierlei Maß gemessen. Ich kann ihr kleines zufriedenes Lächeln nicht mehr ertragen. Das macht mich wahnsinnig, eines schönen Tages wird es zum Knall kommen.« (Markus) Markus' Freundin muss auch enttäuscht sein. Das teilnahmslos gebrummelte »Ja, das ist nicht schlecht« ist sicher meilenweit von dem bewundernden Blick entfernt, den sie sich erträumt. Aber beide spüren vage, dass es besser ist, bei diesem annähernden Kompromiss zu bleiben. Das »tarifliche Minimum« ist ein notwendiges kleines Übel. Mit etwas Unklarheit lässt sich Streit vermeiden, der Preis dafür ist bloß Ärger, und der ist weniger riskant.

Auch Isabelle braucht Unklarheit, um ein paar Widersprüche zu verschleiern, die sie bewegen. Sie ist im Haushalt sparsam, und es geht ihr furchtbar auf die Nerven, wenn ihr Freund beträchtliche Ausgaben für das Internet hat. Ihre eigenen Ausgaben dagegen sind für sie eine andere Welt, in der nicht das gemeinsame energische Sparregiment herrschen darf. »Ein Mann geht in die Luft beim Anblick der Friseurrechnung seiner Frau. Er hat keine Ahnung, dass bei ihr sogar ein einfacher Haarschnitt zwangsläufig doppelt so teuer ist, weil die Preise der Friseure nun mal so sind und sie nichts dafür kann.« Es ist sicher besser, ein paar kleine finanzielle Geheimnisse für sich zu behalten.

DIE GEHEIMEN WELTEN

Es ist auch in vielen anderen Bereichen besser, manches für sich zu behalten, politische Ansichten zum Beispiel. Wenn sich herausstellt, dass beide Partner sich darin einig sind oder sie nur leichte Meinungsverschiedenheiten trennen, die die Diskussion angenehm beleben, trägt das Gespräch über Politik zur Konstruktion einer gemeinsamen Welt bei. Aber wenn sie allzu unterschiedlich darüber denken, reden sie – wie die Untersuchung zeigt – lieber nicht miteinander über Politik, um Ärger zu vermeiden und die Einheit zu schützen, und jeder bespricht diese Themen mit Freunden außerhalb der Beziehung (Stevens 1996).

Eline und Jack können sich nicht zu solchen auf Verschweigen beruhenden Beziehungskompromissen durchringen. Sie wollen diskutieren, einander zuhören und sich zu verstehen versuchen, sich gegenseitig entdecken, getrieben von der Lust, sich zu kabbeln und zu überzeugen. Sie stoßen jedoch auf hartnäckige Meinungsverschiedenheiten. Zankapfel ist weniger die Politik als die Berufswelt. »Die Diskussionen über unser Engagement für das Unternehmen, in dem wir arbeiten, sind oft für beide Quelle des Ärgers. Jack versteht nämlich nicht, dass ich nicht dieses langfristige Engagement für ein Unternehmen aufbringe und dass ich ›nicht an es glaube‹. Ich dagegen verstehe seine Aufopferungsbereitschaft nicht und was für Folgen dieser ›Korpsgeist‹ auf ihn haben mag. Außerdem haben eineinhalb Jahre Arbeitslosigkeit meinen ›Korpsgeist‹ geschmälert. Kurz,

Zweiter Teil: Im Herzen des Sturms

wir haben zwei verschiedene Ansichten, und keiner kann sich der Ansicht des anderen anschließen.« Dieses Thema ist noch brisanter als die Politik. Denn es kann still und heimlich von der allgemeinen Ebene einer Debatte über Ideen, bei der es jedem von ihnen gelingt, »den Standpunkt des anderen zu respektieren und sich seine Argumente anzuhören«, auf sehr viel konkretere Entscheidungen übertragen werden, die die Beziehung betreffen. »Es ist häufig Ursache für Ärger, wenn wir über unsere Zukunft sprechen.«

Wie weit ist es möglich, wie weit ist es besser, dass sich jeder Partner individuell um seinen eigenen geheimen Garten kümmert? Eine Antwort darauf ist nicht einfach: Einerseits droht die Gefahr von Ärger und Krisen, andererseits die von Doppelzüngigkeit und Verrat. Neigt man zu Autonomie und Geheimniskrämerei, quält einen das schlechte Gewissen. Melody fühlte sich zur Wiedergutmachung (von Fehlern, die jedoch keine waren) verpflichtet, indem sie sich »IHM« öffnete. Das Ergebnis war katastrophal. »Ich wollte etwas aus dem Bereich meiner Autonomie mit ihm teilen, an dem er überhaupt keinen Anteil hat, wenn ich ihm nicht davon erzähle (das können Ihre Mails sein, eine Ausdruckswerkstatt, meine Freundinnen, meine sportlichen Aktivitäten usw.). Aber dieses eine Mal habe ich mich ein wenig verpflichtet gefühlt, ihm davon zu erzählen, weil ich eine Information nicht für mich behalten wollte, was von Misstrauen ihm gegenüber gezeugt hätte. Gleichzeitig war ich mir selbst nicht richtig im Klaren über die Situation und hatte keine besondere Lust, darüber zu sprechen. Bei seinen Antworten, die ich unangemessen fand, habe ich sehr schnell Ärger in mir aufsteigen gespürt (›Er ist mir überhaupt keine Hilfe, er kennt sich damit nicht aus, versteht überhaupt nichts‹).« Wahrhaft doppelter Ärger, der auf der Verflechtung zweier Dissonanzen beruht: zwischen dem erträumten Ideal der Szene und der armseligen gegenwärtigen Realität (»ER« ist nicht so, wie sie geglaubt hat, dass er sein könnte) und über das richtige Regeln ihrer Autonomiesphäre. Der Versuch, ein Geheimnis teilweise miteinander zu teilen, war fehlgeschlagen, der daraus resultierende Ärger war schlimmer als das Schuldgefühl davor.

»ER« seinerseits hat sicher eine andere Definition von Autonomie, die weniger darauf abzielt, Geheimnisse zu haben, als vielmehr auf das Recht auf persönliches Wohlbefinden. Erinnern wir uns: Melody ärgert sich furchtbar, wenn er sein Brot in die Soße tunkt und dann das »mit Soße getränkte Stück Brot gierig hinunterschlingt«. Für sie ist das Essen ein integraler Bestandteil der Beziehung, und ihr Mann muss dabei den guten Manieren (sogar der Verführung, aber davon wagt sie nicht einmal mehr zu träumen) den Vorzug vor seiner Bequemlichkeit geben. »ER« schafft es nicht, das zu verstehen. Wozu ist eine Beziehung gut, wenn man sich dabei nicht wohlfühlen, die einfachen Freuden des Daseins nicht genießen kann? Für jemanden, der es sich so in der Nische des Wohlbefindens gemütlich machen will, kann der Partner zum Haustyrannen werden, der ständig im Namen eines im Zusammenleben verkörperten höheren Interesses gegen die schuldhaften Freuden und andere Vertraulichkeiten zu Felde zieht.

Zu nah

Der Partner nimmt Räume in Beschlag, die man gerne mehr für sich behalten würde. Aus häuslicher Tyrannei, aus Liebe, schlicht aus Vertrautheit. Er wünscht sich nichts anderes als Nähe und kann sich nicht vorstellen, dass dies ein Problem für den anderen ist, der sich angegriffen, erdrückt, bedrängt, ausspioniert fühlt. Wieder stehen sich zwei unterschiedliche Ethiken gegenüber und versuchen, neue Grenzen zwischen den persönlichen Sphären zu ziehen. In *Der Morgen danach* hatte ich festgestellt, dass vor allem das, was den intimen Bereich der Körperpflege betrifft, einen Zusammenprall der Kulturen hervorruft. Auf der einen Seite die Verfechter der Authentizität und des Natürlichen (nichts voreinander verstecken), auf der anderen Seite die Anhänger der Schamhaftigkeit und des Geheimnisvollen. Am Morgen nach der ersten gemeinsamen Nacht gibt es viele Ängste und Schamgefühle, später viel Ärger. Denn dieses Verhalten hält sich besonders hartnäckig und ändert sich auf Dauer kaum. Es verursacht Ärger, und dies im Allgemeinen in einem einzigen der beiden Lager, bei demjenigen, dem das Alleinsein unmöglich gemacht wird. In ihrem uns nun schon vertrauten Stil erörtert Isabelle dies bis in die Einzelheiten: »Das Aufreißen der Tür, während der andere auf dem Pott sitzt, wird nicht unbedingt gern gesehen, vor allem nicht, wenn es geschieht, um ein Schwätzchen über ein Thema zu halten, für das noch alle Zeit der Welt ist. Nein, das ist kein Wohnzimmer, in dem man Gäste empfängt und plaudert. Sie denken, dass dies eine schlechte Angewohnheit von Kindern ist? Aber nein, auch Erwachsene haben sie bisweilen zur großen Verzweiflung ihrer Partner. Umgekehrt lassen manche die Tür offen und fahren begleitet von diversen Hintergrundgeräuschen mit der Diskussion fort, oder werfen, wenn die Topologie des Ortes es erlaubt, weiter einen Blick auf das Spiel oder die Sendung, die gerade läuft. Guten Tag, ihr Gerüche! Das geht einem auch gewaltig auf die Nerven. Die Erfindung des schnurlosen Telefons, die gewiss ein Segen war, ist auch ein Fluch, wenn man in diesem für gewöhnlich einsamen Örtchen beschäftigt ist und energisch den Hörer hingestreckt bekommt: ›Das ist deine Mutter.‹ Da man nicht vor der Nase der Mutter auflegen kann, ist es einem peinlich, als handelte es sich um ein Bildtelefon oder als könnte der Geruch durchdringen. Noch schlimmer, wenn sie fragt: ›Was ist das für ein seltsames Geräusch?‹ Wo es doch genügen würde zu sagen: ›Er/Sie ist gerade beschäftigt, ich sage ihm/ihr, dass er/sie dich so schnell wie möglich zurückrufen soll. Auf Wiedersehen, Schwiegermutter.‹ Das ist doch nicht so schwer.«

Derjenige, der die Privatsphäre verletzt, fährt manchmal in seinem Vergehen absichtlich fort, zwingt dem anderen seinen Despotismus auf, wird sogar von einer heftigen Spionagewut befallen wie Kasius Mann. »Wenn ich telefoniere, spioniert mir mein Mann hinterher, zunächst von weitem, dann kommt er immer näher. Es ist für ihn ein Muss, am Gespräch teilzunehmen, indem er zu erraten versucht, mit wem ich telefoniere und worüber wir sprechen.« Im Allgemeinen aber tut er dies, ohne Schlechtes dabei zu denken, im Gegenteil, er sucht nur vertraute, sogar verliebte Nähe. Bei der Untersuchung über »den Morgen danach« fiel mir der kleine Krieg zwischen zu viel und zu wenig Nähe im Bett auf. Andere Szenen scheinen aus leicht verständlichen Gründen problematisch (das mit Fragen erfüllte Aufwachen, die Intimpflege auf der Toilette oder im Badezimmer, das Aufstehen aus dem Bett, bei dem eine gewöhnliche Nacktheit enthüllt wird usw.), während das Bett doch anscheinend gleichbedeutend mit Liebe, Wärme und Zärtlichkeit ist. Eben zu viel Zärtlichkeit für einen von beiden, der sich erdrückt, liebevoll unter Beschlag genommen fühlt. Ihn quält das Bedürfnis nach mehr Distanz, die ihm die Möglichkeit gibt, Atem zu schöpfen. Zum Beispiel, indem er Croissants kaufen geht. Zwei unterschiedliche Ansichten über die richtige Distanz stoßen von diesen ersten Momenten des gemeinsamen Lebens an aufeinander und beginnen schon, den Umgang mit widersprüchlichen Wünschen zu regeln und die ansatzweise vorhandenen Maßstäbe zu bestimmen, die sich erst in der Folge festigen können. Die Frauen neigen dazu, sich ihren Intimkontakten hinzugeben, und sind oft mehr auf Verschmelzen bedacht; mehr auf Autonomie bedacht sind die Männer, die fürchten, dass sie die Herrschaft über ihr Leben und den Kokon ihrer persönlichen Bequemlichkeit verlieren. »Ich«, das zum »Wir« wird, gegen »Ich«, das stur »Ich« bleibt; ein Kampf des »Wir-Ich« gegen das »Ich-Ich«. Ein großer, leidenschaftlich geführter Krieg oder tägliche Scharmützel über winzige Kleinigkeiten. »Annette ist sehr lieb«, sagt Alex, »aber sie kann nicht zwischen Mein und Dein unterscheiden. Oder eher noch: Was mir gehört, gehört auch ihr – so versteht sie das Wir. Ich verbringe meine Zeit damit, meinen Kugelschreiber zu suchen, meinen Notizblock, mein Feuerzeug ...«[2] Marie-Edith kann es sich nicht verkneifen, Erics Pullover überzustreifen, die sie anders wärmen, in denen sie ihn spürt. Eric hasst das. Verärgert sucht er nach Argumenten, um die Grenzen seiner eigenen Welt für sich allein abzustecken. »Er sagt, dass ich alles kaputt mache, ich mache Löcher, zerreiße, brenne Löcher mit Zigaretten hinein und solche Dinge, das mag er nicht besonders.« Die Grenzen zwischen dem Ich und dem Wir sind fließend, es ist unmöglich, sie eindeutig festzulegen. Aurélies Freund ist der Ansicht, dass er seine Nase in die Töpfe stecken darf, weil das Kochen für ihn eine gemeinsame Tätigkeit ist, die bei der Arbeitsteilung schlicht an Aurélie delegiert wurde. Ge-

---

2 Von Maurice Maschino (1995, S. 90) aufgezeichnete und zitierte Aussage.

nau über diese Arbeitsteilung ärgert sich Letztere. Aber wenn sie sich an den Herd stellt, gibt sie sich große Mühe, damit sie besser kochen lernt. Seine Bemerkungen sind dann doppelt ärgerlich. »Neulich hat er etwas gesagt, das mir nicht gefallen hat. Er hat zu mir gesagt: ›Die Platte ist zu heiß, das wird anbrennen.‹ Ich habe zu ihm gesagt: ›Du brauchst nur fertig zu kochen. Wenn du es besser kannst, dann lasse ich dich damit allein.‹ Ich bin rausgegangen, um eine Zigarette zu rauchen, und eine Viertelstunde später zurückgekehrt.«[3]

Der von der vertrauten Nähe hervorgerufene Ärger kann in beiden Lagern wahrgenommen werden. Seitens des erdrückten, bedrängten, ausspionierten Angegriffenen natürlich, der versucht, in seinem persönlichen Kokon Schutz zu finden, ohne immer den Mut zu haben, sein Anliegen offen zuzugeben. Aber auch seitens desjenigen (oder derjenigen), der (oder die) sich keineswegs als Angreifer betrachtet. Im Gegenteil, er (sie) gibt sich als Verfechter der Authentizität und des Natürlichen, des vertrauten Nebeneinanders, des liebevollen Kontakts. Die gegnerischen Abfuhren werden daher als Ablehnung der eigenen Person, der Paarbeziehung, der Liebe empfunden. Als unverständliche und unerträgliche Fluchten. Während dem einen der Partner zu nahekommt, ist er für den anderen zu weit weg.

ZU WEIT WEG

Über einen Partner, der zu weit weg ist, ärgert man sich anders als über einen Partner, der einem zu nahekommt. Wer bedrängt wird und nicht auf Distanz gehen kann, ist in der Regel dazu verurteilt, über seinen Ärger nachzugrübeln oder hinterlistige Taktiken zu ersinnen, wenn er die offene Konfrontation vermeiden will. Wer »aus der Ferne« geärgert wird, unterliegt nicht einem solchen Druck. Wir werden sogar noch sehen, dass das Festlegen von persönlichen Sphären eine (in beiden Lagern angewandte) geläufige Methode ist, um Irritationen zu

---

3 Von Isabelle Garabuau-Moussaoui (2002, S. 191) aufgezeichnete und zitierte Aussage.

vermeiden. Der aus der Ferne Geärgerte zögert, wie Eliza, der es zwar furchtbar auf die Nerven geht, dass Robert lieber viele Stunden mit seinen Videospielen zubringt, als zu ihr ins Bett zu kommen, die es aber nicht wagt, entschlossen dagegen vorzugehen: »Ich kann ihm nicht im Namen unserer Beziehung verbieten zu spielen, damit wir ›zusammen‹ sind.« Dieses Nichteingreifen verstärkt jedoch den Ärger, der eine weniger explosive Form annimmt als bei demjenigen, dessen Intimsphäre verletzt wird, der sich aber dauerhaft festsetzt und an einem nagt und sich unangenehm mit etwas vermischt, das sich in Unzufriedenheit mit der Beziehung verwandeln kann. Ein Ärger, dem die Dissonanz zwischen einem idealen Schema, das trotz allem als ein mögliches Muster erträumt wird (das in intimer Nähe vereinte Liebespaar), und der traurigen Realität des individualistischen Widerstands dagegen ständig Nahrung gibt. Die offensichtlicheren Fluchten wirken jedes Mal wie ein kleiner Schock.

François de Singly hat das Hin und Her zwischen dem individuellen Selbst und der gemeinsamen Identifikation innerhalb der Paarbeziehung mit seinen Reibungen und Synchronisationsmängeln untersucht, das die kleine Gruppe in einer »Pendelbewegung hin und her zerrt – das ›Tick‹ des ›Einzel-Individuums‹ und das ›Tack‹ des ›Zusammen-Individuums‹« (2000, S. 14). Mehrere Szenen des täglichen Lebens veranschaulichen dies besonders, speziell das Telefonieren. Das Telefonieren wird normalerweise in der Familie toleriert, wenn es um die Arbeit geht und auch um die Verbindung zu persönlichen Freunden aufrechtzuerhalten. Aber es kommt darauf an, ob ein Anruf, der von außen kommt, mit dem gemeinsamen Leben rivalisiert, einen Vorwand liefert, davor zu flüchten, einen Anlass bietet, schwungvoller zu sein (Lachen, lebhafte Ausrufe) als zuvor in der Familie, als der Tonfall manchmal monoton und der Blick glanzlos war. Es kommt selbstverständlich auch auf die Dosierung an. »Wenn mein Partner den ganzen Abend am Telefon zubringt? Ach, dann bin ich ihm wirklich böse, das kann ich nicht ertragen. Ich mag das nicht, weil wir uns während der Woche nur abends sehen. Wenn er dann auch noch mehr als zwanzig Minuten am Telefon verbringt, frage ich ihn, ob er nichts anderes zu tun hat, als seinen Abend am Telefon zu verbringen. Das wurmt mich nämlich, weil ich mich allein fühle und möchte, dass wir über bestimmte Sachen sprechen und dass er ein bisschen am häuslichen Leben teilnimmt. Es ist mir natürlich recht, dass er mit ein paar Menschen telefoniert, aber nicht, dass er den ganzen Abend am Telefon verbringt.«[4] Ohne dass sie es richtig merken, versuchen die beiden Gegner den Verlauf der roten Linie festzulegen, jenseits der das unbedachte Telefonieren oder Fernsehen den Ärger zum Aufwallen bringen können (bei demjenigen, der dieses individualistische Entfernen nicht erträgt). Eine leichte Unstimmigkeit verursacht nur wenig Ärger; eine echte Uneinigkeit eine richtige Wut. Wie bei Caroline, die es nicht mehr hinnimmt, dass Bernard vor (mit) dem Fernseher einschläft und erst um zwei oder drei Uhr morgens ins gemeinsame Bett kommt. »Worüber ich mich ärgere, das ist der Fernseher. Er hat die Marotte, zwischen den Programmen hin- und herzuschalten und vor dem Bildschirm zu hocken. Auch wenn nichts kommt, bleibt er davor hocken. Das Essen ist fertig, ich rufe ihn. Er hockt vor dem Fernseher. Ich muss ihn mindestens zehnmal rufen, erst beim zehnten Mal steht er auf. Er merkt nicht, dass ich ihn rufe.«

Der Ärger explodiert, wenn das bloße Streben nach Autonomie in Autismus und absichtlichen Egoismus übergeht, zwei Arten von Kriegserklärung gegen die Beziehung. Sehen wir uns zum Beispiel folgende Szene beim Frühstück am Sonntagmorgen an, über die sich Gally sehr ärgert. Das Abgleiten in Egoismus, das eher belanglos scheint, ist in Wirklichkeit explosiv, weil es sich hier mitten in die Liebeserfahrung einschreibt. Denn Gally und Akira hatten sich dieses Frühstück ursprünglich als einen Moment des Einsseins vorgestellt: Gemeinsam wollten sie ihr Glück zelebrieren. Leider sind ihre Sonntagmorgen sehr spannungsreich geworden, wegen seines rüpelhaften Machogehabes. »Wir frühstücken sonntags oft zusammen vor dem Fernseher. Das ist das einzige gemeinsame Frühstück der Woche, da ich sonst früher aufstehe als er. Und das Frühstück ist für mich eine heilige Mahlzeit: In der Woche ist es reichhaltig, aber am Wochenende kann es ein vollwertiger Ersatz für das Mittagessen sein. Dann bereiten wir ein Tablett mit Essen vor,

---

4 Von François de Singly und Claire-Anne Boukaïa (Singly 2000, S. 62) aufgezeichnete und zitierte Aussage.

um es zum Fernseher hochzutragen. Ich trinke immer Tee, daher mache ich Wasser heiß und gieße ihn auf. Systematisch stellt Akira, der zwar ziemlich herumtrödelt (sich aber nur um seinen Orangensaft kümmert, während ich das Brot toaste, die Milch eingieße, die Marmelade und die Butter hole ... und all das, weil er sonst die Hälfte vergisst), am Ende die Sachen auf das Tablett und bringt es nach oben, noch bevor mein Tee fertig ist. Das geht mir gewaltig auf die Nerven, weil ich denke, dass er sich nur um sein Frühstück kümmert, ohne darüber nachzudenken, was ich noch gern auf das Tablett stellen würde. Er glaubt einfach, dass das Tablett sowieso voll ist, kein Platz mehr ist, um noch mehr darauf zu stellen, er es also wegbringen kann. Das schiene mir eine akzeptable Erklärung, wenn er sich die Mühe machte, wieder nach unten zu kommen und den Rest mit mir zusammen zu holen. Aber nein, er nutzt die Zeit, um den DVD-Player anzustellen.« (Gally) Er beginnt, den Film anzuschauen, ohne auf sie zu warten.

Den Alltag miteinander zu teilen ist nicht einfach. Denn es handelt sich dabei nicht um eine bloße Kulisse. Das Ausmaß der Identifikation (was ist zu einem bestimmten Zeitpunkt sinnvoll) ist variabel, und ständig kommt es zu Veränderungen: Man kann sich in seinen individuellen Kokon zurückziehen oder sich mithilfe des Telefons, des Computers, des Fernsehers in andere Welten (Freunde, Arbeit, Fiktion) hineinprojizieren, in Momenten der Gemeinsamkeit aufgehen oder in kleinen persönlichen Leidenschaften usw. Es ist unmöglich, zu einer wirklichen Synchronisation zu gelangen. Und wenn man es schafft, sind die Arten, wie man es tut, oder die moralischen Vorstellungen im Hintergrund nicht dieselben: Alles ist Vorwand für Ärger. Tausende und Abertausende von Dissonanzen sind am Werk, bei allen Paaren. Es gibt nicht eine Paarbeziehung, die nicht auf solchen potenziell verärgernden Dissonanzen basiert. Wir nehmen sie kaum wahr, oder nur ein paar von ihnen, weil die Kunst des Zusammenlebens darin besteht, auf tausenderlei Arten mit ihnen umgehen zu können, die einfachste und besonders massiv angewandte davon ist die <u>Verdrängung</u>. Der Ärger bleibt unter der Oberfläche des Zusammenlebens. Aber er ist da, bereit, bei der geringsten Reibung hervorzukommen oder wenn die Methoden zum Schutz der

Zweiter Teil: Im Herzen des Sturms —— *getrennte Wohnung*

Liebe schwächer werden. Der Alltag kann sich dann in eine Hölle von zornigen und wütenden Gefühlen verwandeln. Angesichts dieser Situation ziehen immer mehr Paare es vor, nur noch die schönen Seiten miteinander zu teilen (Verabredungen, Freizeit, Sex, Gefühle) und den Alltag als Quelle von Reibungen fernzuhalten, wenn sie über die nötigen Mittel verfügen, um sich zwei Wohnungen leisten zu können. Leider reicht das nicht immer aus. Der Ärger schwappt auf scheußliche Art auf neue Dinge über und findet immer eine Differenz, an die er sich heften kann. Abgesehen davon, dass die Differenzen verstärkt werden können, wenn jeder für sich lebt. Rosy ist zu einem richtigen Nervenbündel geworden, das kurz vor der Explosion steht. Charly wohnt zehn Minuten von ihr entfernt, aber sie sehen sich sehr selten, sehr viel seltener, als sie möchte. Er ruft sie nur sehr sparsam an.»Es tut mir leid, aber viel mehr als von 21 bis 7 Uhr ein paar Tage pro Woche geht bei mir nicht.« Sie wartet. Sie wartet auf ihn. Ihr Traum ist bloß eine gemeinsame Mahlzeit. Charly isst lieber allein, er kommt erst nach dem Essen zu ihr, spät abends, und sagt ihr auch nicht immer Bescheid. Der Stil von Rosys Nachricht ist – verständlicherweise – derb und drastisch: »Ein Eindruck aus dem wirklichen Leben: Es ist 19.30 Uhr, und ich weiß nicht, ob er kommt, ob ich hingehen soll, ob er gerade unterwegs ist, um seine Tochter abzuholen ... Wie gewöhnlich beginne ich, innerlich zu kochen ... Wozu gibt es den Gratistarif für das Telefonieren am Wochenende (das muss sich übrigens eine Frau ausgedacht haben)? Aber das ist noch nicht genug. Wie sagte mein Vater immer: ›Man kann einen Esel nicht zum Saufen zwingen.‹ Blödes Arschloch![5] Ich habe Hunger,[6] ich warte, und ich bin sicher, dass er mir sagen wird, dass er schon gegessen hat.«

---

5   Dieses Schimpfwort gilt nicht ihrem Vater, sondern Charly.
6   Rosy hat auf zweifache Weise Hunger: physiologisch auf Nahrung, und noch mehr hungert sie nach Liebe, nach Charlys Gegenwart.

4
Die Mechanismen

Die Liste

Ich hatte die Befragten gebeten, sich völlig frei und ganz nach ihrem Belieben zu äußern. Und wenn sie nicht genau wüssten, womit sie anfangen sollten, mir von ein oder zwei bestimmten Dingen zu erzählen, über die sie sich ärgern, damit ich ihnen meine ersten Fragen stellen könnte. Manche gingen auch so vor. Viele andere fühlten sich veranlasst, gleich eine möglichst vollständige Bestandsaufnahme zu machen und mir eine Liste all der Dinge, über die sie sich ärgern, zukommen zu lassen. Eine solche Vorgehensweise ist in vielerlei Hinsicht aufschlussreich. Bevor ich mich an die Analyse mache, sind Illustrationen notwendig, um zu zeigen, was diese ehelichen Beschwerdekataloge enthalten. Ich kann natürlich nicht alle zitieren. Und lediglich ein paar Auszüge könnten nicht klarmachen, was das Interessanteste an diesen Katalogen ist. Ich habe daher beschlossen, vier davon auszuwählen, die ziemlich repräsentativ sind, und sie vollständig zu zitieren. Sie haben denselben Strukturtypus (wie diejenigen, die nicht zitiert werden konnten): eine schlichte Aufzählung, die höchst unterschiedliche und oft winzige Ursachen vermischt. Hören wir uns die Beschwerden von Kasiu, Alice, Zoé und Cassiopée an.

Kasiu

»Für Ihre Untersuchung über das, worüber man sich in einer Paarbeziehung ärgern kann:
- ich glaube, ich spinne, wenn ich mittwochs oder freitags gerade zwei Stunden gebügelt und dann noch zwei Stunden eingekauft und eine Stunde lang das Zimmer meiner Tochter aufgeräumt habe und so weiter (ich lasse einiges aus) und mein Mann kommt nach Hause und sieht ein Tuch oder irgendetwas anderes herumliegen und verkündet: ›Ich muss die Wohnung aufräumen.‹ Ich kann ihn noch so sehr darauf hinweisen, er hört damit nicht auf. Er will zeigen, dass er sich an der Hausarbeit beteiligt;
- wenn er einen falschen, sogar ganz falschen Zeitpunkt wählt, um eine Diskussion zu beginnen, die interessant ist oder von einem Problem handelt, das gelöst werden muss;
- wenn er mir ins Wort fällt, wenn ich mit einer Freundin spreche;
- wenn er in der Küche herumschleicht, wenn er Hunger hat, mich sogar fast vom Kochen abhält und nach dem Essen sofort verschwindet;
- wenn er in aller Ruhe seine Illustrierten liest, wenn ich den ganzen Tag nicht eine Minute zum Verschnaufen hatte;
- wenn er nach Hause kommt und in Zorn gerät, weil ich so ungeschickt bin, ihm zu sagen, dass ich müde bin oder mich nicht gut fühle. Ich erwarte, dass er mir zuhört und mich tröstet, aber er findet es unerträglich, mit ansehen zu müssen, wie es mit mir ›bergab geht‹;
- wenn wir zusammen eine Diät machen, er in einer Woche fünf Kilo abnimmt und ich mit Mühe und Not drei Kilo in zwei Wochen;
- wenn er voraussieht, was unsere fünfjährige Tochter einmal studieren wird! Wo doch das beste Mittel, das schulische Versagen eines Kindes herbeizuführen, ist, dass man ihm Druck macht;
- wenn er isst und sein Kiefer dabei manchmal leise knackt;
- wenn er sich für den Hausbesitzer hält (er gehört zum Mieterbeirat und will sich um alles kümmern).

Uff!!!! Abgesehen davon ist alles in Ordnung, er hat viele gute Seiten, und ich liebe ihn.«

Alice

»Hier also eine sicher nicht vollständige Liste der ›kleinen‹ und ›großen‹ Dinge, über die ich mich bei demjenigen ärgern kann, den ich trotzdem sehr liebe:
- wenn wir irgendwohin müssen und er sagt zu mir: ›Gut, bist du fertig? Auf geht's!‹ und ich mich fertig mache und in zwei Minuten so weit bin und er noch einen Haufen Dinge erledigen muss und ich zehn, zwanzig Minuten auf ihn warte. Und oft sagt er sogar zu mir, wenn wir bereits die Tür hinter uns geschlossen haben und auf dem Treppenabsatz stehen: ›Warte, ich habe vergessen, Pipi zu machen‹ oder: ›Ich muss mir noch die Hände eincremen‹;
- dass er, obwohl ich es ihm schon seit vier Jahren erkläre, immer noch nicht rohen von gekochtem Schinken oder Knoblauch von Zwiebeln oder Schalotten unterscheiden kann;
- dass er sich nicht irgendwas im Fernsehen anschauen kann, ohne es zu analysieren, zu kritisieren, sich darüber zu ereifern, in Zorn zu geraten, während für mich Fernsehen Entspannung bedeutet, bei der ich an nichts denke;
- dass er immer so langsam ist beim Essen, beim Spülen, beim Bügeln, wenn er sich fertig macht, ich finde, dass er wahnsinnig viel Zeit verliert, um ganz einfache Dinge zu machen! *(Ich lege Wert darauf zu präzisieren, dass ich diese vier Ärgernisse je nach Laune und Gemütsverfassung süß und reizend finden und eine Art von ›Liebesschub‹ für ihn empfinden kann, wenn er so etwas tut.)*
- wenn er morgens, nachdem er am Abend zuvor sehr spät zu Bett gegangen ist, sagt, dass er völlig erledigt ist und diesen Abend früh zu Bett gehen wird, aber dann doch wieder spät zu Bett geht und daher am nächsten Morgen immer noch erschöpft ist und sich wieder darüber beklagt!
- wenn er allen Ernstes zu mir sagt: ›Heute Abend musst du mich unbedingt daran erinnern, **meinen Vater anzurufen, meinen Computer mit dem Antivirenprogramm durchzuchecken usw.**‹, und mir dann, wenn ich ihn abends daran erinnere, sagt: ›Ooch, das mache ich morgen‹;
- wie er seinen Mund verzieht, wenn er gleich etwas Verletzendes sagt oder wenn er aufgeregt ist, das finde ich scheußlich und lächerlich;
- dass er sich furchtbaren Stress macht und sich unglaublich

aufregt, wenn er ein Videospiel spielt und es ihm dabei nicht gelingt, irgendeine Aufgabe zu lösen, wo es meinem Empfinden nach doch nur ein Spiel ist und ein Spiel meiner Ansicht nach dazu da ist, um sich zu entspannen und auf angenehme Weise die Zeit zu vertreiben;
- er beachtet Dinge nicht, die er belanglos findet, die für mich aber wichtig sind und von denen er sehr wohl weiß, dass sie für mich wichtig sind, wie zum Beispiel, dass man nicht mit Essen spielen oder über Themen wie den Tod oder Krankheit scherzen oder spotten darf;
- dass wir, wenn wir zusammen mit dem Zug fahren, es immer schaffen, seinetwegen zu spät zu kommen, und zum Bahnhof hetzen müssen und nur noch schlechte Plätze bekommen, wo ich doch gern frühzeitig dort sein, mir Zeit nehmen und eine Illustrierte kaufen möchte;
- seine Paranoia. Er sieht überall das Schlechte, ist zu misstrauisch, und ich bin das völlige Gegenteil und finde es lächerlich, sich so verrückt zu machen;
- wenn ich ihm etwas sage und er mehrere Sekunden (die mir sehr laaaang vorkommen) braucht, um mir zu antworten oder mir Aufmerksamkeit zu schenken, da er mich zwar sehr gut verstanden hat, aber an etwas anderes gedacht hat oder sich etwas im Fernsehen angeschaut hat, während er, wenn er mit mir spricht, sofort meine ganze Aufmerksamkeit hat, auch wenn ich mit etwas anderem beschäftigt war.

Das ist alles, was mir für den Moment einfällt, aber wenn ich die nächsten Tage etwas mehr darauf achte, finde ich sicher noch mehr, um die Liste zu verlängern!«

Zoé

»Ich stecke seit mehreren Monaten mitten in der ›Krise‹ und sehe mich permanent mit zahlreichem Ärger konfrontiert. Es gibt so viel Ärger, dass ich manchmal so weit bin, mich zu fragen, ob ich meinen Lebensgefährten überhaupt noch liebe. Ich weiß, dass ich dies noch tue, aber wenn ich meine Gefühle beiseite lasse, denke ich, dass es besser wäre, wenn jeder von uns für sich lebte, um das zu umgehen, was ich den ›tödlichen Alltag‹ nenne und was sich für mich in all jenen Kleinigkeiten niederschlägt, die man am Anfang unserer Liaison nicht be-

merkte ... Die Details, über die ich mich am meisten ärgere, zeigen sich im Allgemeinen bei Tisch:
- er schaufelt so viel Essen in seinen Mund, dass dieser völlig entstellt ist;
- manchmal leckt er sich die Finger mit lautem Schmatzen ab;
- er schlürft laut, wenn er etwas Heißes oder auch nur Lauwarmes trinkt, wie seine Mutter;
- statt wie ein zivilisierter Mensch ein Stück Brot abzubeißen, beugt er sich mit dem Gesicht über seinen Teller und reißt sich ein (viel zu großes) Stück ab, wie ein Höhlenmensch;
- er knüllt seine Serviette immer zu einer Kugel zusammen;
- er spricht mit vollem Mund, auch wenn man dann nicht verstehen kann, was er sagt (während ich dies den Kindern verbiete);
- er leckt den Löffel ab und steckt ihn wieder ins Marmeladenglas;
- er leckt sein Messer ab;
- er leckt sein Messer ab und schneidet sich dann ein Stück Butter damit ab (PS: Ich finde das, wenn ich es wieder lese, alles so lustig und krass, dass ich mich frage, wie ich mich über diese Details so aufregen kann).

Auch in anderen Situationen ärgere ich mich über sein Benehmen:
- wenn wir in der Stadt sind und er mit mir spricht und mitten auf der Straße stehen bleibt, um mir etwas zu erklären (obwohl er dies auch im Gehen tun könnte);
- wenn er, immer noch auf der Straße, laut spricht oder schreit, als wäre er allein auf der Welt;
- sobald ein paar andere Menschen anwesend sind, nimmt er, vor allem wenn er sie nicht kennt, eine steife Haltung an und bläst sich auf wie ein kleiner Gockel;
- dazu noch: ist eine Frau anwesend, verwandelt er sich in einen Gockel!
- er lässt jeden Abend seine Socken mitten im Wohnzimmer liegen;
- er hat eine Art, sich zu räuspern, die ich unerträglich finde, und ich kann es einfach nicht glauben, dass er das schon tat, als wir uns kennen lernten ...;

- wenn er ins Bett kommt, hebt er die Decke hoch, und dann zieht es;
- wenn er nach mir ins Bett kommt, zieht er seine Hose im Schlafzimmer aus und lässt sie zu Boden fallen. Die Gürtelschnalle macht ein lautes ›Klong‹ auf dem Parkett ... unerträglich;
- wenn er nach mir ins Bett kommt, kommt er immer so, dass mir das Flurlicht in die Augen scheint;
- wenn die Katzen hereinkommen wollen und er will, dass sie draußen bleiben, tritt er mit dem Fuß gegen die Glasscheibe;
- er legt immer einen Haufen verschiedenster Sachen (Schlüssel, Nägel, Kugelschreiber, Zettel) auf die Anrichte im Esszimmer;
- er betatscht Scheiben und weiße Wände immer mit seinen Händen.

Das ist eine Kostprobe.«

Cassiopée
»Er macht ständig spitze Bemerkungen über alles, was ich tue, und erlaubt sich, am nächsten Tag das Gleiche zu tun, ohne dass ich ihn darauf hinweisen dürfte, nämlich dass er die Küche nicht sauber macht, die Brause in der Dusche nicht an ihren Platz zurückhängt, nicht aufräumt, die Flecken an den Wänden nicht wegputzt;
- wir haben eine Putzfrau, die manchmal nicht alles macht, was er gemacht haben möchte. Er ist der Ansicht, dass sie alles erraten muss, ohne dass er es ihr sagt, und nörgelt herum und sagt mir, dass ich sie anrufen soll, weil er es selbst nicht machen will; manchmal wäre es schneller gegangen, wenn ich es selbst gemacht hätte!
- wenn Freunde oder Bekannte Geburtstag haben, muss ich sie anrufen;
- die ganze Organisation von Ferien, Freizeit, Aktivitäten der Kinder muss ich übernehmen, andernfalls passiert nichts;
- er pisst neben das Klo und putzt es nicht weg;
- er kritisiert alles, aber stellt sich selbst nicht infrage;
- wenn man Lust auf etwas hat, das ihm nicht gefällt, dann nur, um ihn zu ärgern;
- sein Vokabular ist vulgär, und die Kinder machen es schnell

nach, aber er will nichts daran ändern;
- er will weder öffentliche Verkehrsmittel noch Charterflugzeuge benutzen;
- er zieht sich fein an, wenn er am Wochenende einkaufen geht, während es bei denjenigen, die arbeiten und die ganze Woche darauf achten müssen, gerade umgekehrt ist;
- er kann es nicht leiden, dass seine Kinder (drei und zehn Jahre) auswärts schlafen;
- er ist nie positiv oder optimistisch;
- er feiert weder gern Partys, noch geht er gern ins Kino;
- er hat weder Hobbys noch Freunde;
- er ist fernsehsüchtig.«

Kasiu, Alice, Zoé, Cassiopée und viele andere waren selbst überrascht, als sie ihre Antworten niederschrieben. Sie hatten große Lust, sich über ihren Ärger Klarheit zu verschaffen. Sie spürten ihn, konnten ihn aber nicht klar identifizieren und hatten sich nie die Zeit genommen, es zu tun. Die Befragung war für sie eine Gelegenheit, die sie ergriffen, und sie dachten, die Aktion ginge leicht vonstatten. Sie bewaffneten sich also mit einem Blatt Papier und einem Stift (oder setzten sich an die Tastatur) und begannen nachzudenken. Manchmal mit zunächst nur wenigen Ergebnissen. »Ich suche nach Beispielen, die mir heute Morgen nicht einfallen, es gibt jedoch zahlreiche!« (Clémentine) Lorenzo bezweifelte sogar, ob er viel zu erzählen hätte. »Ich muss darüber nachdenken, ich glaube zunächst, dass ich wirklich nichts finde, worüber ich mich ärgere, bis ich schließlich merke, dass ich gerade in meinem Kopf entscheide, worüber ich mich wirklich, ein bisschen, viel, oft, abhängig von meiner Laune usw. ärgere. Unzusammenhängend also ...« Darauf folgte eine lange Liste. Mehrere Befragte erklärten mir, dass ihnen das Gleiche passiert sei: Nach mühevollen Anfängen, in denen die Ärgernisse ungreifbar verschwommen blieben, öffneten die ersten Zeilen der Liste plötzlich eine bodenlose Büchse der Pandora. Vielleicht erschöpft von der langen Schreibarbeit, mit größerer Wahrscheinlichkeit unter dem Eindruck der anderen Sichtweise auf ihre Paarbeziehung, die unter ihren Fingern zum Vorschein kam, endeten manche trocken mit einem Satz, der besagte, dass sie noch weiter fortfahren könnten, aber lieber einen Schlusspunkt unter die Liste setzten. »Ich höre hier nun auf« (Caroline). Bei manchen blieb die Liste im Übrigen der einzige Bericht. Wahrscheinlich waren durch diese Übung Befürchtungen hinsichtlich möglicher Auswirkungen aufgekommen. Das Niederschreiben der Liste zog unwillentlich die Entdeckung endloser Serien nach sich, eine Idee folgte auf die andere, bis man sich existenzielle Fragen stellte. Bis man die Paarbeziehung selbst infrage stellte. Es war daher besser aufzuhören.[1] »Es tut mir leid, dass ich aufgegeben habe, aber mein Maß an Ärger war in letzter Zeit so hoch, dass ich mich noch mehr geärgert hätte, wenn ich darüber geschrieben hätte« (Viràg).

Die Listen sind sehr aufschlussreich. Besonders aufgrund der Logik der Büchse der Pandora selbst. Sie zeigen, dass es unendlich viele Dissonanzen gibt, die potenziell Ärger verursachen, während das Paar für gewöhnlich keine Ahnung davon hat. (Das macht die Übung so gefährlich.) In den meisten Fällen sorgen nur ein paar Lappalien wirklich für Ärger, und manchmal können die Partner sogar zusammen darüber lachen. Dieser oberflächliche Frieden jedoch ist das Ergebnis einer ständigen Arbeit am Umgang mit den Dissonanzen mithilfe unterschiedlicher Techniken, von denen die wirkungsvollste die Verdrängung ist. Wenn man beginnt, eine Liste zu niederzuschreiben, durchbricht man das gewöhnliche Nichtdenken an den Ärger.

Die Listen sind auch aufschlussreich wegen des Durcheinanders der oft winzigen Ursachen und machen deutlich, wie sich Dissonanzen an Kleinigkeiten festmachen, die zu Auslösern werden.

---

[1] Ich war selbst überrascht von der Gefährlichkeit des Themas Ärger für die Beziehung, als die Befragten die Büchse der Pandora der endlosen Listen öffneten. Ich veranlasse sie daher oft, vorsichtig zu sein und sich zu mäßigen, in manchen Fällen sogar, das Experiment abzubrechen.

DIE KRISTALLISATION

Der Begriff der Kristallisation hat sich für Gefühle durchgesetzt seit den berühmten Seiten, die Stendhal ihm in Bezug auf die Liebe widmete: In der Liebe markiert die Kristallisation einen Bruch und verändert den Blick auf das Objekt der Begierde, das plötzlich rein wie ein Diamant geworden ist. Und dieses schöne Bild hat seine exakt entgegengesetzte Kehrseite, den schwarzen Diamanten des Ärgers, der mit einem Schlag durch einen ununterdrückbaren unangenehmen Gefühlsausbruch den Zauber der Beziehung zunichte macht; die Umkehrung des Verliebens, die den Einzelnen auf sich selbst zurückwirft, gegen die Paarbeziehung, gegen den Partner, der (für eine Zeit lang) zu einem Gegner geworden ist.

Wie die Liebe ihr Vorspiel, ihre Annäherungsversuche vor der emotional starken Phase (die den Liebenden das alte Selbst verlassen lässt) hat, folgen auf den Ärger Phasen, die zu einem Crescendo ansteigen. Die unterste Stufe ist das Vergessen, der oberflächliche Frieden, die perfekte Verdrängung. Eine Stufe darüber befindet sich die Angewohnheit, sich zurückzuhalten und nichts zu sagen. Daniel ist sehr verwundert, als er anlässlich der Befragung entdeckt, dass Christine sich seit Jahren ärgert, wenn sie auf der Toilette anstelle des Toilettenpapiers nur noch die leere Papprolle vorfindet. »Aber du hast es nie gesagt! Wenn du es nicht sagst, kann man es nicht wissen!«[2] Wenn man zu einer bewussten Handlung übergeht, um die Verdrängung zu festigen, ist das schon ein Zeichen dafür, dass unter der Oberfläche eine Dissonanz am Werk ist und Ärger droht. »Du behältst es für dich, du sagst dir: ›Such keinen Streit.‹ Dann bricht es mit Wucht hervor.« (Alain)[3] Die Kristallisation als dritte und letzte Phase geschieht ganz plötzlich. Der Ärger ist dann nicht mehr einfach nur eine leise misstönende Melodie im Ohr, sondern ein kraftvoller, befreiender Paukenschlag.

Das Crescendo von der perfekten Verdrängung zum Befreiungsschlag erfolgt bisweilen in schöner Regelmäßigkeit. Laurence Le Douarin (2005, S. 171) zitiert den Fall eines Vaters,

---

2   Von Johanne Mons (1998, S. 99) aufgezeichnete und zitierte Aussage.
3   Von Céline Bouchat (2005, S. 80) aufgezeichnete und zitierte Aussage.

der sich über seinen Sohn ärgert, der ständig vor seinem Videospiel »klebt«. Der Ärger überkommt ihn in Wellen, die ihn an ihrem Scheitelpunkt zu deutlicheren verbalen Interventionen treiben. Abends zum Beispiel brodelt es immer stärker in ihm, je später es wird. Nach 23 Uhr, wenn der Vater sich nach Schlaf und Dunkelheit sehnt, öffnen die Lichtblitze am Bildschirm dem Wutschwall abrupt die Schleusen. »Das geht mir auf die Nerven! Ganz im Ernst!« Meistens aber kommt ein richtiger Gefühlsschub überraschend. Selbst wenn derjenige, der sich ärgert, zum hundertsten oder tausendsten Mal derselben lächerlichen inakzeptablen Differenz zum Opfer gefallen ist. Er hatte sie vergessen. Er wäre nicht imstande gewesen, sich an sie zu erinnern, um sie einer Liste hinzuzufügen, wenn man ihn darum gebeten hätte. Und dennoch kennt er sie in- und auswendig. Die intime Vertrautheit mit dieser seltsamerweise vergessenen Fremdheit ist im Übrigen das, was am meisten schockiert. Die Kristallisation stürzt einen in eine völlig andere Phase des Lebens, die wohl bekannt und zugleich anders ist. Und öffnet (bei diesem schnellen Übergang) die Tür kaum einen Spalt breit zum Geheimnis der Verdrängung, die sehr viel eher ein Identitätstransfer als ein bloßes Verschieben ins Unbewusste ist (das Individuum wird Teil des Paares, indem es seine persönlichere Identität verdunkelt), da der Identitätstransfer das Auslöschen dessen, was Ärger verursacht, beschleunigt.

Wie also hatte man so etwas vergessen können? Derjenige, der verärgert ist, hatte es vergessen, weil er ein anderer war, ein von der Paarbeziehung sozialisiertes Individuum, und weil dieser andere mit der Differenz zu tun hatte, ohne dass dies in ihm etwas besonders Unangenehmes hervorgerufen hätte. Oder nur sehr wenig, bloß eine kleine, kaum hörbare falsche Melodie. Er hörte sie, ohne sie zu hören. Wie oft hatte sich Isabelle wohl die zerknautschten Tuben angesehen, ohne darauf zu reagieren, wie oft hatte sich Nicole die Brotscheiben angesehen, die mit Butter bestrichen wurden, als wären sie Kunstwerke, ohne zu explodieren? Obwohl Madeleine ihn nachdrücklich darum bittet, weigert sich Léon hartnäckig, sich an der Arbeit im Haushalt zu beteiligen (was seine Frau natürlich ganz schön ärgert). »Das ist etwas für junge Leute. Wir gehören zur alten Schule.« Außer wenn es ab und zu darum geht, das Geschirr zu spülen. Léon ärgert sich ungemein darüber, dass im Haus nur oberflächlich aufgeräumt und geputzt wird. Aber er ist dazu verdammt, nichts zu sagen und es so gut wie möglich zu vergessen, wenn er nicht selbst mit Hand anlegen will. Und wenn er einen Teller anfasst, um ihn zu spülen, ist er oft erstaunt und empört, wenn er das Fett an seinen Fingern spürt, das sogleich eine emotionale Entladung entfacht. Ekel und Wut. »Ich weiß nicht, was mich davon abhält, ihn auf den Boden zu schmettern und laut zu schreien!«

Ärger zum Abreagieren

Die Szene mit dem Teller ist ein Musterbeispiel für eine unerwartete, heftige Kristallisation. Léon und Madeleine spielen viele andere Szenen des Ärgers, ihr Repertoire ist sehr reich, ihnen wird nie langweilig. Zumal sie (anders als beim Teller, wo die Salve der Leidenschaft scharf und voll Aggression ist) den größten Teil ihres Repertoires seit langer Zeit beherrschen. Sie spielen kleine, wohl kontrollierte Haushaltsszenen und schauen sich selbst dabei zu, ein bisschen wie im Theater, dabei bringen sie aber sehr reale Ärgernisse zum Ausdruck. Zum Beispiel in der Episode mit den beiden Stühlen. Seit etlichen Jahren fängt jeden Abend der kleine Krieg wieder von neuem an. Sie haben zwei Stühle, einen an jeder Seite des Bettes, auf die sie die Kleider legen, die sie ausziehen. Ergebnis: auf beiden Seiten der gleiche Klamottenhaufen, über den sich beide ärgern, aber aus unterschiedlichen Gründen. Wenn Léon den Stuhl seiner Frau anschaut, ruft er sich die übliche Unordnung in den Sinn und ist darüber gereizt. Madeleine gehen die Blicke ihres Mannes in die Ecken und seine bissigen Bemerkungen ziemlich auf die Nerven. Es mag noch angehen, wenn sie allgemeiner Natur bleiben, aber ihr Stuhl ist ein persönlicher Raum. »Das geht ihn nichts an.« Léon ärgert sich auch über seinen eigenen Stuhl und träumt insgeheim davon, dass Madeleine sich in eine Haushaltsfee verwandelt. Und die Fee, die keine ist, spürt diesen Wunsch und findet ihn unerträglich. »Wenn er nicht zufrieden ist, braucht er ja nur selbst aufzuräumen.« Eine Abfuhr, die Léon darauf verweist, dass er innerlich gespalten ist zwischen dem Wunsch nach Ordnung und der Weigerung, mit anzupacken. Es ist ein solch wirres Durcheinander, dass es ihnen niemals gelingt, die Fäden zu entwirren. Denn wütende Sätze verfügen nur selten über eine Struktur, die es erlaubt, eine klare Argumentation zu entwickeln. Gleichwohl hat sich das Ritual langfristig etabliert. »Wir lassen Dampf ab« (Léon). Manche Abende spielen sich in der Tonart der leichten Komödie ab. Léon und Madeleine macht es Spaß, sich ihren gewohnten Schlagabtausch zu liefern, ohne sich allzu ernst zu nehmen, und sie können darüber lachen. Andere Abende sind emotionsgeladener und haben einen eher dramatischen Unterton, ohne dass die beiden jedoch jemals ins Tragische abgleiten und in endlose Tiraden verfallen. Denn die Akteure sind aufeinander eingespielt und passen auf, dass die Übung von kurzer Dauer bleibt. Obwohl sie sich die Gründe, die dahinterstecken, nicht erklären können, verschafft ihnen das kleine Wortgefecht, das keinerlei Konsequenzen hat, Erleichterung. Nachdem sie einmal festgestellt haben, dass daraus keine Katastrophe erwächst, können sie sich ihm nahezu hemmungslos hingeben.

Die Kristallisation erfolgt nicht zufällig; sie macht sich an etwas fest, das sehr bezeichnend ist. Wenn sie die verwickelte Angelegenheit in aller Ruhe entwirren würden, statt sich so aufzuregen, wie sie es tun, könnten Léon und Madeleine die Szene mit den beiden Stühlen zu ihrem Vorteil wenden, um daran ihre Anpassungsschwierigkeiten besser zu verstehen. In manchen Fällen jedoch dominiert das rein Befreiende und kommt genau deshalb besonders kraftvoll zum Ausdruck, weil die Ursache grundlos und lächerlich erscheint. Es ist sehr schwierig und riskant, seinem Ärger freien Lauf zu lassen, wenn man sich auf komplexe Erklärungen stützt. Daher kommt übrigens, dass sich in den Listen die unterschiedlichsten ganz konkreten Ursachen aneinanderreihen. Die Kristallisation kann sich nur an ganz präzisen Dingen festmachen. Und weil einige von ihnen zudem so zufällig erscheinen, kann man seinem Ärger noch besser Luft machen. Erinnern wir uns an Jean, der sich sehr über die Hemden und die Knöpfe aufregt, aber im nur schlecht eingestehbaren Traum einer weniger strengen Ordnung im Haus gefangen ist. »Es geht ihm oft auf die Nerven, ärgert ihn, wenn ich

zu ihm sage: ›Räum deine Sachen auf!‹« (Agnès) Vieles, was ihm am Herzen liegt, kann nicht offen ausgesprochen, sondern muss sehr kontrolliert vorgebracht werden. Die Frage, wo der Schlüssel »versteckt« ist, und der übertriebene Groll darüber können dagegen leicht aus dem Kontext herausgelöst werden. Indem er verkündet, dass er wegen eines solchen Details in Wut gerät, liefert Jean Agnès ein Beispiel für seine Schrulligkeit, die Agnès für inakzeptabel hält. Hören wir sie uns an:
- Jean: »Du kommst, und bums stehst du vor verschlossener Tür. Warum muss man sie alle fünf Minuten zumachen? Das bringt wirklich nichts. Und dann gibt's die große Nervenkrise! Und dann suchst du vollkommen entnervt den Schlüssel. Der Schlüssel ist irgendwo versteckt!«
- Agnès: »Er ist nicht versteckt, er ist in seinem Versteck!«
- Jean: »Versteck!! Wenn ich nur das Wort höre, schaudert es mich, so sehr geht mir das auf die Nerven.«

Die Rituale des Abreagierens bringen die Laune wieder ins Gleichgewicht. So viel (leise falsche Melodien oder heftiger Ärger) wurde dem Limbus des Vergessens anheimgegeben, ohne dass es jemals wirklich verschwand. Das Ritual des Abreagierens ist eine Kompensation, die es, wie der Volksmund so schön sagt, erlaubt, »Dampf abzulassen« (obwohl das, was abgelassen wird, nicht immer das Wichtigste und das Deutlichste ist). Es kommt sogar vor, dass derjenige, der den anderen verärgert, nachdem er seine Wut zum Ausdruck gebracht hat, Gewissensbisse bekommt, weil er etwas so Böses gesagt hat und so laut geworden ist. Er hat es eilig, zur geordneten Beziehung zurückzukehren. Aber auch das Gegenteil kommt vor. Denn nicht alle beherrschen ihr Spiel so gut wie Léon und Madeleine ihres mit den Stühlen. Gefühle, denen man freien Lauf lässt, und dem Gegner wild ins Gesicht geschleuderte Worte können jederzeit zur Eskalation führen und Spuren hinterlassen. »Eine Nichtigkeit kann die Detonation auslösen«, erklärt Alex. »Wenn ich eine ›Dummheit‹ (?) gemacht habe, benutzt Annette dies, um mir alles an den Kopf zu werfen, was ihr an mir missfällt: wie ich esse (›gierig‹ und ›ekelerregend‹), wie ich mich hinsetze (wie ein Missetäter mit vornübergesunkenen Schultern), dass ich ein ›Flegel‹ bin (wenn eine ihrer alten Tanten ihren Besuch ankündigt, mache ich mich aus dem Staub).«[4]

Pascal sucht ganz offensichtlich nach einem Grund, um sich besser abreagieren zu können. Er ärgert sich ständig über Ninettes Unordnung, wagt aber kaum, es ihr zu sagen. Er ärgert sich noch mehr (»das geht mir ungemein auf die Nerven«) über ihre schmutzigen Taschentücher, die »überall herumliegen«. »Das ist unser großer Kampf. Ich brülle, brülle, brülle ..., eine ganze Zeit lang brülle ich herum ..., und das ändert gar nichts.« Er schreit jedoch gewiss mehr in seinem Kopf als mit lauter Stimme. Denn Ninette, die einräumt, dass sie an einer chronischen Erkältung leidet, sagt ihrerseits, dass sie nichts oder fast nichts gehört hat. Ganz anders ist es beim »Krieg um die Butter«. Sie haben beschlossen, abwechselnd den Frühstückstisch abzuräumen. Sie gehen dabei sehr unterschiedlich vor. Pascal ist diszipliniert und effizient; der Tisch ist in ein paar Minuten abgeräumt. Ninette dagegen verschiebt es regelmäßig auf später. Der darüber höchst verärgerte Pascal ist besonders auf die Butter fixiert, die dort bis Mittag stehen bleiben und weich werden könnte, wenn er nicht eingriffe. »Es gibt ein paar kleine Dummheiten wie diese, und die gehen mir auf die Nerven, sie gehen mir wirklich auf die Nerven! Und es geht mir auf die Nerven, dass ich mich wiederholen muss!« Der Streit ist heftig. Denn Ninette antwortet im selben Ton und findet es lächerlich, sich wegen Kleinigkeiten so zu ereifern. Der »Krieg um die Butter« ist das Gegenteil eines guten Rituals zum Abreagieren: Er facht das Feuer an, statt es einzudämmen. Mit den Taschentüchern funktioniert es, wie man sehen kann, auch nicht (sicher weil Ninette nicht für ihre Erkältung verantwortlich gemacht werden kann und das Thema zu sehr die körperliche Intimität berührt), Pascal wird also noch weiter suchen müssen, und es ist nicht sicher, ob er fündig werden wird. Der Ärger zum Abreagieren ist nämlich nur möglich, wenn man innerlich nicht zu sehr kocht. Diejenigen, die zu schlimm getroffen sind, haben kaum Zugang zu dieser Technik, da sie eine große Selbstbeherrschung erfordert, die unmöglich ist, wenn man stark erregt ist.

Im Allgemeinen ist die Szene, die es ermöglicht, »Dampf abzulassen«, nicht völlig willkürlich, und was gesagt wird, hinter-

---

4   Von Maurice Maschino (1995, S. 91) aufgezeichnete und zitierte Aussage.

lässt Spuren. Man reagiert sich dabei ab und beruhigt sich für den Moment, gibt dem Konflikt aber langfristig Nahrung. Rosy regt sich sehr über Charly auf, der sie nach ihrem Geschmack zu selten besucht, und dies, ohne seinen Besuch vorher anzukündigen und erst nach dem Essen. Sie fände es schön, öfter mit ihm zusammen zu essen ..., ärgert sich aber auch über seine Attitüden bei Tisch, besonders seine Mayonnaisesucht (was erklärt, dass er lieber bei sich zu Hause isst, damit er sich keine Vorhaltungen anhören muss). Mit der Hervorhebung dieses Punktes übrigens schließt sie eine E-Mail, in der sie Charly ihren Entschluss mitteilt, sich von ihm zu trennen. »Lass dir deine Mayonnaise gut schmecken!« Die Trennung währte tatsächlich nur ein paar Wochen. Heute wartet Rosy noch immer auf ihren Charly. Aber es wird nicht einfach sein, die Bedingungen für ein friedliches Miteinander am Tisch zu schaffen, nachdem solche Worte gefallen sind.

Die Identitätsfacetten

Ärger zum Abreagieren ist nicht nur ein Glücksfall, weil man »Dampf ablassen« und alles loswerden kann, was man nur schlecht verdrängt hat. Er ist es auch, weil man Bezugspunkte der Identität wiederfindet, die ebenfalls eine Zeit lang im Verborgenen lagen. Man ist allgemein der Ansicht, dass das Zusammenleben als Paar eine Kunst des Kompromisses ist. In Wirklichkeit ist es viel mehr. Denn die Vorstellung vom Kompromiss setzt voraus, dass das Individuum unverändert es selbst bleibt und Konzessionen akzeptiert. Die Veränderung geht aber sehr viel tiefer: Das Individuum wechselt seine Identität. Je weniger Ärger es gibt und je weniger schlimm er ist, desto vollständiger ist die Identitätsverwandlung. Der Grad an Ärger zeigt wie ein Barometer die Sozialisation des Individuums durch die Paarbeziehung an. Bei einem Wutausbruch dagegen verlässt das Individuum den Rahmen der Beziehung, der Wutausbruch offenbart ihm, dass noch ein anderer in ihm schlummert. Ein anderer, der ihm keineswegs fremd ist und den es sehr gut kennt: das alte Ich aus der Zeit, als es noch nicht in der Paarbeziehung aufgegangen ist, das autonome Ich, das sich weigert zu verschwinden, wenn der »Kompromiss« nicht annehmbar ist, wenn die Paaridentität sich nicht mehr als etwas darstellt, das den Sinn des Lebens festlegen kann. Dies erklärt zahlreiche Verhaltensweisen, die in der Krise angenommen werden und sich durch ein autistisches Zurückziehen in sich selbst auszeichnen, wie das Schmollen. Derjenige, der sich ärgert, schließt sich in die Welt seiner Gewissheiten ein, zu der nur er allein Zugang hat und die ihm Geborgenheit gibt. Vom Gefühl getragen und in seinen eindeutigen Gewissheiten bestärkt, kann er es sich – eine Zeit lang – erlauben, die konkrete Realität zu ignorieren und sich von der kleinen Welt, die ihn umgibt, abzuwenden. Zumal er an eine weit zurückreichende Geschichte anknüpft, die Geschichte vor der Paarbeziehung, die sich mit Unterbrechungen aus biografischen Sequenzen zusammensetzte, die derjenigen gleichen, die er gerade erlebt. Die Arbeit, aus dem eigenen Leben eine Geschichte zu machen (Ricœur 1996), läuft nicht homogen und einheitlich ab. Wir erzählen uns mehrere Geschichten von uns selbst, alle zur gleichen Zeit oder nacheinander, die jedes Mal damit beginnen, dass sie wieder an die bisweilen weit zurückliegende vorangegangene Episode anknüpfen (Kaufmann 2005). Beim Ärger besteht die Alternative nur aus zwei sehr scharf voneinander abgegrenzten Geschichten. Je nachdem, ob es gerade mitten in einer Krise steckt oder nicht, erzählt sich das Individuum zwei nahezu gegensätzliche Geschichten seines Lebens.

Es ist erstaunlich, wie wenig bewusst uns diese Identitätsmutationen sind, die doch oft so abrupt erfolgen, und wie sehr wir uns der süßen Illusion einer Kontinuität unseres Selbsts hingeben. In Wirklichkeit schwenken wir höchst geschmeidig von einer Identitätsfacette zur nächsten, die ganz anders ist, um, ob es sich nun um ein autistisches Zurückziehen in sich selbst oder, im Gegenteil, um das Wiedereinfügen in die Paarbeziehung handelt. Im ersten Fall werden wir von der Emotion, die im schlichten Glück des Abreagierens mündet, mitgerissen, ohne dass wir auch nur die Zeit hätten, über den Identitätswechsel nachzudenken. Im zweiten Fall kommt die Reflexion mehr zum Zuge, sie hebt die Schwierigkeiten und Nachteile hervor, die ein Fortführen der individualistischen Revolte hätte. Sie kommt häufig zu diversen Schuldgefühlen oder einem Unwohlsein hinzu und veranlasst dazu, auf pragmatische Weise die Paaridentität wieder aufzunehmen, die ungeachtet ihrer Mängel als das einzig Gangbare erscheint. Eline zum Beispiel lässt sich unverhofft zu Ärger hinreißen, um sich abzureagieren. »Seien wir ehrlich, wir brüllen uns auch furchtbar an (damit kann man sich gut abreagieren).« Ich frage sie, ob sie manchmal nicht ein bisschen die Kontrolle verlieren. Sie unterscheidet in ihrer Antwort zwischen reinem Abreagieren, das sich einen nichtigen Grund sucht, und anderen Arten. »Wenn wir von einem Ärger größeren Ausmaßes sprechen, der auf dem Alltag der Paarbeziehung lastet, ja, dann vergiftet das die Atmosphäre (dies kann bis zu zwei Tage dauern, aber nicht viel länger, ich halte nicht länger durch).« Zwei Tage: die identitäre Zwischenphase, in der die andere Sicht auf sich selbst und das Leben genügend Zeit hat, sich breitzumachen. Eline ist in dieser Zeit jedoch nicht monolithisch. Hinter der Fassade (ihrem verschlossenen Gesicht), die Jack signalisiert, dass sie ihm immer noch feindselig gesonnen ist, wütet in ihrem Inneren ein Kampf. »Dann ist es an mir, mich zu beruhigen, um wieder mit einem konstruktiven Austausch zu beginnen.« Obwohl es noch dauert, bis der Ärger abkühlt, möchte sie so schnell wie möglich wieder zur Normalität der Paarsozialisation zurückkehren. Ein übertriebener Ärger, der ungewollt über das Maß des Vernünftigen hinausgeht, verleitet einen übrigens häufig nicht nur zu dem Wunsch, zur Normalität zurückzukehren, sondern auch, Wiedergutmachung zu leisten. Pedro konnte sich die Kritik an Fidelias Fahrstil nicht verkneifen, als sie ihn ins Krankenhaus brachte. Diese setzte ihn sehr verärgert an der Pforte ab, und er musste sehen, wie er allein zurechtkam. Aber sie rief ihn schnell an, um sich nach seinem Befinden zu erkundigen, als wäre nichts passiert. Pedro spielte mit und tat ebenfalls so, als hätte er es vergessen, die Sache schien abgeschlossen, ihre beiden individualistischen Ausrutscher vergessen. Es war schon lange Zeit abgemacht, dass Fidelia eine Woche ohne Pedro mit ein paar Freundinnen verreisen sollte. Die Reise (die in ihrem Kopf zunächst nicht diesen Zweck hatte) wurde zu einer Revanche für den Ärger, den sie zu erdulden hatte. »Am Mittwoch nach dieser Reise bin ich zurückgekommen: So wird man wieder zur Frau!« So wird man auch wieder zum verliebten Mann.

Fidelia

»Pedro hat mich abgeholt, und das Wiedersehen war herzlich: Er hat mir eine Creme geschenkt und mir die Schultern massiert, was etwas ganz BESONDERES ist: Er macht mir nur selten Geschenke, und seine ›kostenlosen‹ Massagen sind noch seltener. Er hat mir auch gesagt, dass ich ihm gefehlt habe; ich denke, es war ihm bewusst, dass er vor meiner Abreise ziemlich unerträglich war; ich war übrigens auch froh, wieder bei ihm zu sein. Wenn wir fern voneinander sind, kommt es mir immer vor, als sei die Eintracht zwischen uns größer.«

Über die verliebte Kehrtwende ist der Partner immer entzückt. Das plötzliche autistische Zurückziehen in sich selbst, bei dem man ein mürrisches Gesicht zieht, ist dagegen schwer zu ertragen. Auf denjenigen, der verärgert worden ist, wirkt es so sehr befreiend, wie derjenige, der den anderen geärgert hat (und sich seiner Schandtat nur selten bewusst ist), sich darüber ärgert. Während der Identitätswechsel sich bei demjenigen, der ihn ausführt, in der Illusion von Kontinuität vollzieht, ist er für den Partner sehr unangenehm, den dies doppelt ärgert. Direkt ärgert er sich über das unfreundliche Gesicht, mit dem er nicht gerechnet hat; auf einer tieferen Ebene ärgert er sich über die mit Dissonanzen behaftete inkohärente Identität des Partners. Wenn man in einer solchen Falle steckt, besteht die äußerste Taktik darin, den Angriff zu erwidern. Auge um Auge, Zahn um Zahn. Und dabei die Eskalation zu vermeiden. Wichtig ist es, dem Gegner zu signalisieren, dass er sich ein übertriebenes autistisches Zurückziehen in sich selbst nicht ohne Risiko erlauben kann.

Die Liebestöter und der Liebeszauber

Der Ausstrahlungseffekt ist offensichtlich, sei es nun im individualistischen Sinn des Ärgers oder bei seinem Gegenteil, der Verschmelzung in Liebe. Pedro und Fidelia haben bei ihrem Wiedersehen ihre bösen Gedanken völlig vergessen; sie sind auf nahezu synchrone Weise Feinde oder Komplizen. Der Liebeszauber hat also eine ebenso starke vereinigende Wirkung wie der Ärger eine trennende, und das ist umso besser. Dieses Ergebnis ist jedoch nicht allein mit dem Ausstrahlungseffekt zu

Die Mechanismen

erklären. Das (leider immer nur provisorische) Happy End ist nämlich nur möglich, weil wieder an die Version der Liebe angeknüpft wurde, die immer in Reserve bereitsteht.

Das Leben in einer Paarbeziehung ist ein ständiger Kampf: Was verbindend und anziehend wirkt, muss stärker sein als das, was abstößt und verärgert. Um zu diesem Ziel zu gelangen, gibt es unterschiedliche Techniken. Die scheinbar einfachste (die aber nicht allen gegeben ist) besteht darin, das Leben zu nehmen, wie es ist, ohne viel zu fordern oder zu fragen, wie es die Paare früher taten. Heute ist oft jedoch eine größere Willensanstrengung nötig, die die Form von kleinen Gegenattacken der Liebe annimmt, wie Zoé zum Ausdruck bringt: »Bei mir muss die Liebe mehr Raum einnehmen als der Alltag, sonst ersticke ich. Doch ist der Alltag voller ›Liebestöter‹. Das ideale Gleichgewicht besteht darin, diese Liebestöter mit einem übermächtigen Tropfen Liebe auszulöschen. Dieser Zaubertropfen ermöglicht es, mit dem Ärger klarzukommen und zu anderem überzugehen.« Wir werden uns die Techniken des Kampfes gegen den Ärger im dritten Teil des Buches im Einzelnen ansehen. Für den Moment aber verdient ein Punkt unsere Aufmerksamkeit: Ärger und Verschmelzung finden im Allgemeinen nicht auf derselben Bühne statt. Dies kann gewiss vorkommen: dass man einfach direkt einen »Zaubertropfen« hinzufügt, um den Ärger zum Verschwinden zu bringen, wie Zoé es tut. In den meisten Fällen jedoch entwickelt sich der Gegenangriff indirekt, indem die Aufmerksamkeit auf ein anderes Feld außerhalb des Alltäglichen gerichtet wird: eine Welt relativ abstrakter Gefühle. Auch Zoé macht dies. Denn dadurch, dass viele Tropfen versprüht wurden, hat sich deren Zauberkraft allmählich abgeschwächt; die Kraft des Ärgers nimmt zu. Sie hat es uns schon in der Einleitung zu ihrer Liste anvertraut: »Ich stecke seit mehreren Monaten mitten in der ›Krise‹ und sehe mich permanent mit zahlreichem Ärger konfrontiert. Es gibt so viel Ärger, dass ich manchmal so weit bin, mich zu fragen, ob ich meinen Lebensgefährten überhaupt noch liebe. Ich weiß, dass ich dies noch tue, aber wenn ich meine Gefühle beiseite lasse, denke ich, dass es besser wäre, wenn jeder von uns für sich lebte, um das zu umgehen, was ich den ›tödlichen Alltag‹ nenne und was sich für mich in all jenen Kleinigkeiten niederschlägt, die man am Anfang unserer Liaison nicht bemerkte.« Was mag dieses »wenn ich meine Gefühle beiseite lasse« bedeuten? Können Gefühle außerhalb des realen Lebens sein? Diese Frage kann man selbstverständlich bezüglich der ersten Begegnung bejahen, wenn die Leidenschaft die Seele zum Taumeln bringt; Liebe macht blind, wie das Sprichwort sagt. Es ist jedoch viel erstaunlicher, dass dieses Abgetrenntsein von der konkreten Welt auch bei Paaren, die schon lange zusammen sind, zu finden ist. Der Alltag ändert sich nicht so sehr, sondern wird vielmehr durch eine Traumsequenz verschleiert; die ungreifbare Welt der Gefühle hat ihre Gründe, die der Verstand nicht kennt. Mehrere Befragte haben ihr Erstaunen über diesen Punkt geäußert, indem sie die verschiedenen Partner verglichen, mit denen sie ihr Leben teilten: Die Liebe stand nicht in einem umgekehrt proportionalen Verhältnis zur Wichtigkeit der Ursachen des Ärgers. Über denjenigen, über den sie sich eigentlich hätten ärgern müssen, ärgerten sie sich nicht, weil sie ihn liebten, und derjenige, der stets aufmerksam und zuvorkommend war, wurde bei der kleinsten Verfehlung angefahren. Sarah wundert sich darüber, dass sie sich momentan quasi über Nichtigkeiten aufregt (sie findet, dass er zu oft lacht). »Ich denke, dass ich ihn nicht liebe, nicht genug, um dies ertragen zu können. Denn wenn man jemanden sehr liebt, sollte man solchen Kleinigkeiten keine solche Bedeutung beimessen. Ich war 23 Jahre lang mit dem Vater meiner Kinder verheiratet, er hatte so viele Fehler, und ich sah sie nicht. Weil ich ihn wahnsinnig liebte.« Er erwies sich jedoch »am Ende unserer Beziehung als sehr kalt, lieblos, sogar bösartig«, während ihr derzeitiger Lebensgefährte »dagegen ein sehr liebevoller Mensch« ist. Liebevoll, aber nervtötend. Je lieber und zärtlicher er sein will, desto mehr ärgert er sie.

Die Gefühle katapultieren die Beziehungen zwischen den Partnern in eine andere Welt. Ein Taumel, der von neuem die Macht der Identitätsumschwünge zeigt. Caroline ist zwar sehr aufgebracht gegen Marc, vergisst aber mit einem Schlag ihren ganzen Ärger. »Ich habe ein wahnsinniges Glück, ich habe einen Mann, dessen Blick mehr als tausend Worte sagt und der sich zu entschuldigen versteht, wenn er ein bisschen zu weit gegangen ist. Wenn er dann sagt: ›Du hast ja Recht, ich werde mich bemühen‹, dann schmelze ich dahin.« Sogar Rosy verfügt über diese Fähigkeit, plötzlich weich zu werden bei ihrem Mayonnaiseesser, mit dem sie doch per E-Mail Schluss gemacht hat. »Er ruft mich an, und weil er nett ist, schmelze ich dahin.« Bevor sie wieder zornig wird, wenn er später als versprochen kommt. Die Momente des Verschmelzens in Liebe sind sozusagen kleine zauberhafte Zwischenphasen, Kokons des vertrauten Einsseins, weder wirklich außerhalb noch wirklich innerhalb des Realen. Weder wirklich außerhalb, weil sie im Konkreten und in der körperlichsten Leiblichkeit des Verlangens verwurzelt sind. Noch wirklich innerhalb, weil dieses Reale nicht das Gewöhnliche ist, sondern aus Ausnahmemomenten besteht.

Das gewöhnliche Leben ist in der Mitte, die sich ständig wiederholende und strukturierende Realität lastet auf ihm. An seinen entgegengesetzten Polen (der Krise des Ärgers und der Verschmelzung in Liebe) entkommen die beiden Partner diesem schwerwiegenden Sozialisationsrahmen, um eine Partitur zu interpretieren, die viel größeren Schwankungen unterworfen ist. Auf zwei gegensätzliche Weisen: indem sie zum Zweikampf einer gegen den anderen und jeder für sich allein blasen oder indem sie in ihrer Liebe verschmelzen, um ganz eins zu sein. Keines dieser beiden Extreme lässt sich lange durchhalten. Die Dosierung von mittlerer Gelassenheit bis hin zu Gefühlsschwankungen ist sehr variabel. Manche Beziehungen laufen eher nach dem Schema des ruhigen, immer gleichen gewohnten Lebens ab (wozu eher die Männer tendieren), während andere sich durch Improvisation, Intensität und Emotionalität auszeichnen (wozu eher die Frauen tendieren). In diesem Fall gleichen sich die gegensätzlichen Gefühle gegenseitig aus; es gibt zugleich mehr Geschrei und mehr Gefühlsaufwallungen. Wenn man sich häufig ärgert, bedeutet das also nicht unbedingt, dass man sich weniger liebt.

Die Verwirrung der Gefühle

Die Paarbeziehung geht aus einer unendlich komplexen Alchimie der Gefühle hervor. Es müsste immer Einklang herrschen können, bei kleinen Kriegen zum Abreagieren oder beim Frieden in Liebe. Der Ausstrahlungseffekt aber stellt in dem einen wie in dem anderen Sinn oft nur eine unvollständige Harmonie her. Denn die Tatsachen werden höchst unterschiedlich interpretiert. Emotionale Nähe verhindert nicht, dass man über die gewohnten Gründe des Zanks aneinander vorbeiredet, die Liebe klammert sie aus, ohne sie jemals zu beseitigen. Gleichwohl erzeugt das vertraute Verschmelzen die Illusion des intimen Verständnisses. Daher rührt die Überraschung, wenn von neuem Ärger aufkommt, der das Fortbestehen einer beharrlichen Differenz offenbart.»Man hat sich im Kopf einen Plan zurechtgelegt, man stellt sich vor, dass der andere es sich zwangsläufig auch so vorgestellt hat, und manchmal fällt es einem etwas schwer zu verstehen, dass ihm dies nicht in den Sinn gekommen ist.« (Marie-Edith)[5]

Mehrere Faktoren beeinträchtigen die Wahrnehmung der Divergenzen. Der wichtigste ist der kontinuierliche Sozialisationsprozess in der Beziehung, besonders in den Phasen des Zaubers der Verliebtheit: Alles, worüber man sich ärgern könnte, wird verdrängt, gerät vorübergehend in Vergessenheit. Hinzu kommt aber noch, dass die Knackpunkte sich nicht immer leicht identifizieren lassen, da sie so komplex und verworren sind und derjenige, der sich ärgert, sich nicht die Zeit für eine tiefer gehende Analyse nimmt. Die Kristallisationen, die sich an ein paar Details festmachen, sind der Baum (der Klarheit), hinter dem sich das Gestrüpp der verschlungenen Ursachen verbirgt. Selbst wenn die Fakten relativ einfach erscheinen. Jack zum Beispiel ärgert sich, wenn Eline zu lange telefoniert, wie sie selbst eingesteht.»Ich blockiere abends oft das Telefon, vor allem am Sonntagabend zwischen 17 und 21 Uhr. Worüber sich Jack ärgert, weil ich dann oft esse, wenn das Essen schon kalt ist, und mit irgendjemandem spreche und während der Woche nicht vor 22, 23 Uhr abends verfügbar bin.« Der Hauptgrund für den Ärger darüber ist klar (die Konkurrenz, die der Paarbe-

---

[5] Im Rahmen des Dokumentarfilms *Amour et chaussettes sales* von Bertrand Van Effenterre unter der Mitarbeit von Danièle Laufer nach dem Buch *Schmutzige Wäsche*, Gaumont Télévision/Canal +, 1994, aufgezeichnete Aussage.

Die Mechanismen

ziehung daraus entsteht), ich habe davon schon weiter oben gesprochen. Dazu kommt aber hier noch, dass Jack selbst dem Gebrauch dieses Apparates sehr viel Widerstand entgegenbringt. »Jack hasst das Telefon, und ich muss ihn ständig daran erinnern, dass er seine Schwester, seine Eltern, seine Cousine, seine Tanten usw. anrufen soll. Manchmal braucht er Wochen dafür.« Eline lässt ihn nicht nur allein, sondern flüchtet auch noch auf eine ihm unverständliche Weise. Jack ärgert sich über die Mischung aus diesen beiden Elementen, ohne immer ausmachen zu können, was ihn am meisten daran aufregt. Es handelt sich hier um einen Fall elementaren Charakters, bei dem nur zwei zusammenkommende Faktoren eine Rolle spielen. Oft treten sie aber in größerer Zahl auf und sind subtil ineinander verschachtelt (erinnern wir uns an die beiden Stühle von Léon und Madeleine). Eine punktuelle Umkehrung genügt, um die Vorstellung ein bisschen durcheinanderzubringen (Jack ist zwar eher unordentlich, räumt aber als Erster die Papiere weg). Das Durcheinander ist noch offenkundiger, wenn die Umkehrung kein Detail betrifft, sondern größere Zusammenhänge. Eline ist unbestritten die Königin der Organisation und Planung, sie plant die winzigsten Details ihrer Reisen einen Monat im Voraus. »Ich sitze Jack ständig im Nacken, und er kann meine Hartnäckigkeit, alles zu organisieren, immer weniger ertragen.« Wenn sie in der Woche jedoch allein ausgeht, dann liebt sie Intensität und Überraschungen und ist sehr aktiv. Angesichts dieser flatterhaften Hektik erscheint Jack wie ein ruhender Pol. »Jack ist sehr beständig, und ich bin wie ein freies Elektron: Ich ziehe einmal im Jahr um, wechsele regelmäßig die Stelle, spreche vom Auswandern, vom Umzug in eine andere Region usw. Das ärgert Jack mehr als mich, weil ich oft unser Leben ändern will, damit es sich ›weiterentwickelt‹. So bewirke ich zwar eine bestimmte Menge an Veränderungen, mache aber oft zu viel, was Jack nötigt, Argumente zugunsten einer gewissen Stabilität vorzubringen.« Jeder verteidigt also eine bestimmte Vorstellung von Ordnung, auf seine Weise und in den Aspekten, die ihm am Herzen liegen (Eline gibt der Zukunft eine Struktur, während Jack sich an der Gegenwart, wie sie ist, festklammert). Die Verteidigung der Ordnung findet nicht starr in einem einzigen Lager statt, sondern mal mehr auf der einen und mal mehr auf der anderen Seite, je nachdem, worum es gerade geht.

Hier handelt es sich wieder nur um die technischsten Aspekte der beiden einander gegenüberstehenden Kulturen, die an sich schon schwer auseinanderzuhalten sind. Aber dies ist nichts im Vergleich zur Komplexität dessen, was noch hinzukommt: die Interpretation der Gedanken desjenigen, über den man sich ärgert. Ist er unheilbar naiv und ärgert einen, ohne es zu wissen und ohne imstande zu sein, sich zu ändern? Isabelle neigt bei ihrem Lebensgefährten in diese Richtung. »Mein derzeitiger Liebster vergisst es wirklich, auch wenn ich mir manchmal, weil ich mich so ärgere, sage: Herrgottsackerment oder das ist doch nicht möglich, er macht es absichtlich. Aber er muss nur wie ein begossener Pudel vor einem stehen, wenn man mit ihm schimpft, und schon merkt man, dass es ihm wirklich leid tut. Das ist der Unterschied zwischen Ärger und blinder Wut. Man kann demjenigen, der etwas vergessen hat, nicht lange böse sein.« Oder weigert er sich bewusst, sich auch nur die geringste Mühe zu geben, macht es ihm sogar Spaß, den Naiven zu spielen, um den anderen noch mehr zu ärgern? Wie man jemanden ärgert, kann noch ärgerlicher sein als die Ursachen, die dem Ärger zugrunde liegen. Das war der Fall bei Isabelle und ihrem Exmann, dem Tubenzerknautscher. »Über den Tubenzerknautscher regt man sich am meisten auf, wenn man weiß, dass er auch anders könnte. Das ist in der Tat der einzige Grund, warum man wütend herumbrüllt. Er weiß es, wir wissen, dass er es weiß, er weiß, dass wir wissen, dass er es weiß, und trotzdem hört er nicht auf damit.« Das schlichte »Zerknautschen« ist in den Hintergrund getreten, seine hinterhältige Aggressivität hat sie dazu gebracht, wütend herumzubrüllen. Und eine solche Folge kann auch eine Verhaltensweise haben, die zunächst nicht aggressiv gemeint war. Marc zum Beispiel hat vage Schuldgefühle, weil er Caroline nicht mehr hilft. Daher macht er ihr notgedrungen ein paar Versprechungen, die zwar ehrlich gemeint sind, meist aber folgenlos bleiben. Und genau diese Doppelzüngigkeit bringt Caroline auf die Palme: »Was mich auch ärgert, ist dieses sehr überzeugte ›Ruh dich doch aus! Du machst zu viel! Ich werde es machen!‹ Während der Mann sich auf dem Sofa fläzt und es im Haushalt so viel zu tun gibt.« Das Individuum ist nicht aus einem Guss, es arbeitet ständig daran, die vielen Stimmen in seinem Inneren in Einklang zu bringen. Das gelingt ihm nur sehr unvollkommen und immer nur vorübergehend. Die Widersprüche und Stimmungsumschwünge, die daraus resultieren, geben dem Ärger der Gegenseite Nahrung und beeinträchtigen die Wahrnehmung der Ursachen dieses Ärgers. Etwas Schlimmeres, um Zorn zu entfachen, als Unklarheit gibt es nicht.

EINE BESTIMMTE VORSTELLUNG VON WAHRHEIT

Der Ärger birgt jedoch nicht nur Unklarheit. Im Gegenteil, derjenige, der sich ärgert, ist oft davon überzeugt, dass seine Wahrheit DIE rationale, allgemeingültige, selbstverständliche, absolute Wahrheit ist. Er hat nicht immer völlig Unrecht: Ein Quäntchen Vernunft kann dazu beitragen, den Zusammenprall der Kulturen zu entscheiden. Wenn sich zum Beispiel beide Partner darüber einig sind, wo die Schlüssel hingelegt werden sollen, fühlt sich derjenige, der dies missachtet, unterlegen und weigert sich im Allgemeinen, das Für und Wider zu diskutieren. Meistens aber beruht die innere Überzeugung, dass man über die allgemeingültige Wahrheit verfügt, auf persönlicher Wesensart, die nicht legitimer ist als die des gegnerischen Lagers. Daher das endlose Aneinandervorbeireden über die unterschiedlichen Methoden, die miteinander verglichen werden. Und der heftige Ärger, der von der Vorstellung, dass man über die Wahrheit verfügt, beträchtlich gesteigert wird. Lamia geht es auf die Nerven, dass ihr Mann es nach unzähligen Jahren immer noch nicht richtig macht und sich einfach nicht ändern will. Sie hat die Positur einer Erzieherin eingenommen und nörgelt ständig an ihm herum. Ich frage sie, ob sie manchmal an der Richtigkeit ihres Verhaltens zweifelt. Nein, überhaupt nicht.»Ich glaube, dass ich Recht habe und dass er von praktischen Dingen keine Ahnung hat.« Gewiss hat sie nicht vollkommen Unrecht, vor allem wenn sie sich über das Autofahren streiten.»Beim Autofahren hat mein Mann keinerlei Orientierungssinn und fährt lieber stur zehnmal um den Häuserblock herum, statt auf mich zu hören (und ich weiß, dass er weiß, dass ich einen sehr guten Orientierungssinn habe, denn ich habe ihn schon viele Male unter Beweis gestellt, vor allem während unserer Auslandsreisen) und den richtigen Weg einzuschlagen. Dieses Verhalten bringt mich zum Kochen, denn man verliert dadurch nicht nur Zeit, sondern verbraucht doppelt so viel Benzin. Und er kann es nicht leiden, wenn ich es ihm vorhalte, und wirft mir vor, dass ich ihm vorschreibe, wie er fahren soll.« Mit ihrem Bedürfnis einzugreifen erreicht sie jedoch nur das Gegenteil dessen, was sie eigentlich wollte: Ihr Mann versteift sich und weigert sich, sich auch nur einen Jota zu ändern. Dasselbe gilt für die Handtücher und Geschirrtücher, um die ebenfalls ein ständiger Krieg tobt. Lamia kann nicht verstehen, dass ihr Mann in einer anderen Welt als der ihren lebt, wo die Dinge exakt nach verschiedenen Kategorien geordnet sind. »Wenn mein Mann in die Küche kommt und irgendeinen Schmutz sieht, greift er nach irgendeinem Tuch oder Lappen, um ihn wegzuputzen. Es ist aber so, dass ich Handtücher für die Hände, Allzwecktücher und Schwämme habe und dass jedes Ding für einen bestimmten Zweck verwendet wird. Meistens greift er sich das schönste Geschirrtuch (nämlich das erste, das er erblickt), um einen Öl- oder Ketchupfleck oder irgendetwas Klebriges wegzuputzen, für das ich einen (leicht auswaschbaren) Schwamm verwendet hätte. Ich verbringe meine Zeit damit, ihm zu erklären, dass ich keine Lust habe, meine schönen Geschirrtücher zu versauen, und dass für so etwas ein Schwamm da ist und dass mir das Arbeit macht, weil ich noch mehr waschen muss, und dass ich deshalb manchmal die Geschirrtücher kochen muss. Er merkt es sich nicht und macht es regelmäßig wieder. Genauso mit den Handtüchern im Bad, die er für sein Gesicht ebenso wie für seine Füße nimmt, wenn er aus der Badewanne kommt und keine Matte davor liegt!!! Ich finde das skandalös, da wir doch Badmatten haben, und wenn einmal nicht gleich eine dort liegt, muss er sich doch nur eine holen oder mich darum bitten.«

Jeder klammert sich an seinen Verhaltensweisen fest, als wären sie etwas Selbstverständliches, und versucht, den anderen davon zu überzeugen, wenn ein Konflikt wütet. Dann werden massiv rationale Argumente angeführt, die den Gegner destabilisieren sollen. Leider sind diese Argumente im Allgemeinen nur relativ und partiell rational; der andere reagiert darauf mit seinen Argumenten, von denen er genauso überzeugt ist. Isabelle hat schließlich kapiert, dass sie nicht absolut im Recht war, sondern ihre Überlegungen sich innerhalb einer bestimmten Weltanschauung bewegten. Ein erster Schritt in Richtung Erkenntnis. »Bei uns ist der Stein des Anstoßes die Menge: Ich überprüfe peinlichst genau jeweils den Preis pro Kilo, Meter oder Liter, und ich kaufe nichts für zwei Euro pro Liter in einer kleinen Flasche, wenn ich dasselbe für einen Euro pro Liter in einer großen Flasche bekomme, vor allem wenn es nichts Verderbliches ist. Ich stürze mich auf die Sparpacks. Mein Herzallerliebster kann diesen Wahnsinn nicht verstehen und kauft ein einzelnes Paket Waschmittel, weil er gerade eins und nicht drei davon braucht. Und regelmäßig brüllen wir uns deshalb an: Er spricht davon, dass das Platz wegnimmt, ich spreche vom Sparen, und das Schlimmste ist, dass wir beide Recht haben, denn wir haben zusammen eine kleine Wohnung und ein niedriges Einkommen und daher ebenso viel Interesse, Geld wie Platz zu sparen. Jeder von uns gibt etwa abwechselnd einmal nach: Mal stelle ich mit Tränen in den Augen das Supersonderangebot von zwölf Packungen Keksen wieder ins Regal zurück, ein anderes Mal zetert er wie verrückt, bis er es endlich geschafft hat, meine zehn Flaschen Weichspüler aus dem Sonderangebot in der Abstellkammer zu verstauen.«

Die Dissonanz

Mit zwei unterschiedlichen Argumentationslogiken stehen sich Isabelle und ihr Mann gegenüber. Ihre Vorstellungen lassen sich nicht in Einklang bringen, und diese Dissonanz verursacht den Ärger. Seit einem halben Jahrhundert, vor allem seit der Pionierarbeit von Leon Festinger (1957, dt. 1978), entdeckt die Sozialpsychologie immer neue Fakten, die beweisen, wie inakzeptabel die »kognitive Dissonanz« für das Individuum ist (Poitou 1974). Laboruntersuchungen haben in vielen Experimenten nachgewiesen, dass die Einführung einer Idee, die nicht mit einer vorhandenen Moralvorstellung oder einem früheren Verhalten zusammenpasst, seelisches Unbehagen verursacht, das die Versuchspersonen dazu veranlasst, die Dissonanz auf irgendeine Art und Weise zu beseitigen, auch auf die Gefahr hin, sich selbst belügen zu müssen. Denn ein absolutes Erfordernis beherrscht das Streben nach Wahrheit und filtert sie zu seinen Gunsten: die Schaffung einer einheitlichen Persönlichkeit (Kaufmann 2005). Viele dieser Arbeiten sind sehr überzeugend und haben zugleich in mancherlei Hinsicht ihre Grenzen. Sie betrachten die Dissonanz zu oft als Ausnahmesituation, während sie doch immer zum täglichen Leben dazugehört. Und sie stellen den Bereich der rationalen Argumentation und der bewussten Vorstellungen zu sehr in den Vordergrund. Ärger wie der zwischen Isabelle und ihrem Mann wegen der Einkäufe kommt aber nur marginal vor. Wenn der Ärger immer von einer Dissonanz verursacht wird, dann stehen sich dabei nur selten rational begründete explizite Vorstellungen gegenüber. Das Wesentliche spielt sich in Konflikten zwischen Schemata ab, die das Verhalten auf eine unbewusste oder nur wenig bewusste Weise strukturieren und sehr unterschiedliche Ebenen miteinander vermischen (automatische Gesten, intuitive Idealvorstellungen usw.).

Derjenige, der sich ärgert, betreibt keine detaillierte Ursachenforschung; er wird plötzlich von einem Gefühl erfasst, das von einer Lappalie ausgelöst wurde und manchmal nur zum Abreagieren dient. Zwischen der objektiven Diskrepanz zweier Positionen (die aufgrund ihrer Komplexität an sich schon schwer auszumachen ist) und dem exakten Grund für den Ausbruch von Ärger besteht bisweilen nur eine winzige Verbindung. Wenn die Dissonanz immer dasjenige ist, das dem Ärger Nahrung gibt, so erklärt sie an sich noch nicht, warum und wie dieser ausbricht. Die Paare spüren im Übrigen, dass sie sehr unterschiedliche Phasen durchleben, die jeweils von einem emotionalen Klima geprägt sind, das entweder günstig für Ärger oder, ganz im Gegenteil, für das Verdrängen von Ärger ist. Man muss nur ein kleines bisschen müder als sonst sein, und schon wird die zerknautschte Tube zum »Tropfen, der das Fass des mit Mühsal erfüllten Lebens zum Überlaufen bringt« (Isabelle). Ein »schlechter Arbeitstag« und eine Krise ihrer zweijährigen Tochter genügen, damit Caroline die Beherrschung verliert. »Dann gehe ich in die Luft, und das ist ein Drama. Ich suche

Die Mechanismen

Streit, um mich abzureagieren.« Es genügt, dass sich Besuch ankündigt, damit Yannis' Frau sich verwandelt und die Atmosphäre sich auflädt. »Letzten Freitag sollte eine ihrer Freundinnen vorbeikommen und sie zum Shoppen abholen. Und bevor diese ankommt, ›verwandelt‹ sie sich, denn sie muss ›den Kram, der überall im Haus herumliegt‹, aufräumen. Dann kriegt sie Zustände, von denen ich Ihnen lieber nichts erzähle, und es darf nichts mehr herumliegen. Dann weiß ich, dass ich ohne Widerrede alles aufräumen muss: Buch, CD, Schuhe, Jacke, Tasche, die Kaffeetasse neben dem Computer oder auf dem Wohnzimmertisch, Spielsachen, die unsere Tochter ›vergessen hat, selbst wegzuräumen‹, usw. Mir persönlich ist das schnuppe, aber gut, um sie nicht zu verärgern und damit ›Frieden im Haus‹ herrscht, füge ich mich und sage zu allem Ja und Amen …« Das Klima kann sich glücklicherweise auch plötzlich in eitel Sonnenschein verwandeln. Nachdem ich länger nichts mehr von Caroline gehört hatte, erklärte sie mir ihr Schweigen folgendermaßen: »Seit einigen Monaten ärgert mich mein Lebensgefährte überhaupt nicht mehr, und das, weil wir uns momentan eher in einem Kokon aus Vertrautheit, Zärtlichkeit und großer Liebe befinden (auch wenn ich ihn manchmal am liebsten erwürgen würde, eben ganz normal!).« Bei Malvina neigt sich die Waage in regelmäßigen Abständen mal mehr dem Krieg und mal mehr dem Frieden zu. Vom Glück des Herbstes. »Denn zu dieser Zeit ist er oft weg und geht mir daher weniger auf die Nerven.« Zu den viel schwierigeren Momenten: den Sommerferien (»Nummer eins auf der Hitliste des Ärgers, seit wir uns kennen gelernt haben!!!«) und Weihnachten (»wo das weihnachtliche Ideal die Messlatte in Sachen Harmonie ziemlich hoch legt; ich habe nicht durchgehalten«). Mit Kontexten, die Glück verheißen, ist noch schwieriger umzugehen, wenn sich das Glück nicht rechtzeitig einstellt. Ärger gibt es auch bei Sonnenschein.

5
Wie sich der Ärger ausweitet

Wegen einer Geste, eines Wortes, die nicht so sind, wie wir sie uns erträumt hätten, trägt uns ein Schwall negativer Gefühle plötzlich aus der Paarbeziehung hinaus in eine Welt, in der sich unser Selbst schließlich allein in der Sicherheit seiner eigenen Gewissheiten wiederfindet und an die Bezugspunkte anknüpft, die es vergessen hatte. Der Partner verwandelt sich in einen momentanen Gegner, dies im Allgemeinen aber nur kurz, bis der zeitweise Verärgerte kleinlaut wieder in das Paargefüge zurückkehrt. Als wäre nichts passiert. Dies ist das Schema, das dem gewöhnlichen Ärger zugrunde liegt. Aber wenn sich dieser Vorfall wiederholt, die emotionalen Ausbrüche schlimmer werden, bestimmte Wörter auf dem Höhepunkt der Krise fallen, weitet sich diese Gefühlsregung auf alle möglichen Arten aus, zu den negativen Empfindungen kommen neue Modalitäten und Dimensionen hinzu. Der Ärger kristallisiert sich dann zwar immer noch auf ungefähr dieselbe Weise, bringt aber viele andere Dinge zum Ausdruck.

Eine Familie im Gepäck

Der Ärger, der sich oft an Lappalien entzündet, wird durch die vielfältigen Konfrontationen zwischen rivalisierenden Schemata ausgelöst, die das Paar strukturieren. 1 + 1 = 4. Vier ..., sogar acht, sechzehn oder zweiunddreißig! Denn der (die) Geliebte bringt in seinem (ihrem) Gepäck neben seiner (ihrer) langen Geschichte auch Horden von unbekannten Menschen mit, die zu seinem (ihrem) Leben dazugehören. Arbeitskollegen, Freunde und »einen ganzen Haufen Onkel, Tanten, Brüder, Schwägerinnen, angeheiratete Cousins und Großeltern. Das heißt, man muss sich ein für allemal sagen, dass man nicht allen diesen Leuten gefallen kann« (Isabelle). Das heißt auch, dass man sich sagen muss, dass auch uns nicht alle diese Leute gefallen können. Alain gehen die vielen Fotos seiner Schwiegerfamilie, die sich auf dem kleinen Tisch im Wohnzimmer türmen, furchtbar auf die Nerven.[1] Natürlich hat auch er seine eigene Markierung einem anderen Tisch aufgedrückt, auf den er seine Bonsais gestellt hat. »Ja, das da, das bin ich. Ich habe gern Design-Sachen. Auch Sachen, die ein bisschen chinesisch aussehen. Und ich mag die japanische Kunst.« Er hätte überhaupt nichts dagegen, wenn Béatrice Dinge aufstellen würde, die ihr gefallen, wie dies im Übrigen in dem gemeinsamen, sehr ökumenischen großen Regal geschieht. Bei dem kleinen Ikonenaltar handelt es sich aber nicht um Dinge, die ihr persönlich gefallen, sondern um das ostentative und in seinen Augen schamlose, wenig ästhetische und sehr ärgerliche Zurschaustellen einer Verwandtschaft, die dort nicht hingehört. »Sie so auszubreiten, wenn Besuch kommt!« (Alain) Sehr ärgerlich vor allem, weil Béatrice gern ihre aristokratische Herkunft betont, was ihn vergleichsweise abwertet. »Ich gehöre nämlich zum Adel.« Ohne es zu merken, benutzt Béatrice ihre Familie als Waffe. »Es gefällt mir. Und ich hätte Lust, noch mehr Fotos aufzuhängen, von meinen Großeltern, als sie jung waren, Wände voller Fotos.« (Béatrice) Sie träumt von einem neuen, viel größeren Ausstellungstisch, der mit einer Rüschendecke als Unterlage bedeckt wäre. Wie der Tisch ihrer Mutter, den sie so bewundert.

Die größte Gefahr kommt offenbar von denjenigen, die dem Paar am nächsten stehen, am aktivsten sind, wenn es darum geht, Einfluss auf die beiden zu nehmen: den Schwiegereltern. »Ist es wirklich nötig, das unerschöpfliche Thema der Schwiegermütter aufzugreifen? Über sie ärgert man sich in jedem Fall,

---

1   Von Monique Eleb (2002) aufgezeichnete und zitierte Aussage.

sie sind vereinnahmend, belehrend, vergiften die Atmosphäre, kritisieren und sind unerträglich.« (Isabelle) Isabelle übertreibt, Schwiegermütter sind im Allgemeinen nicht so. Clotilde Lemarchant (1999) hat sogar aufgezeigt, wie sich Schwiegertöchter und Schwiegermütter, manchmal auf Kosten der Herkunftsfamilie, verbünden. Drei Viertel der Beziehungen sind neutral oder eher gut. Bei einem Viertel (zu dem die von Isabelle gehört) dagegen sind sie besonders angespannt. Angesichts dieser neuen Quelle von möglichem Ärger ist das Wichtigste in der Paarbeziehung das Verhandeln. In unserer Gesellschaft, in der man sich die Verwandtschaftsbeziehungen immer mehr selbst aussuchen kann, kommt es nur selten vor, dass ein Paar exakt die gleiche Distanz zu beiden Familien hält; es fühlt sich zu der einen mehr hingezogen als zu der anderen. Die Entscheidung für die Bevorzugung der einen Seite zeichnet sich am Ende einer regelrechten Anpassungsarbeit mithilfe des täglichen Gesprächs ab (Berger/Kellner 1965), unter dem Gesichtspunkt der angestrebten Einigkeit des Paares hinsichtlich aller Aspekte des privaten Lebens: der allgemeinen Moralvorstellungen, der Art, wie man spricht oder Beziehungen zu anderen unterhält, der Esskultur, dem Einrichtungsstil usw. Sogar, wie man für Ordnung und Sauberkeit sorgt. Erinnern wir uns zum Beispiel an Agnès und Jean, an die in allerletzter Minute gebügelten Hemden und die abspringenden Knöpfe. Agnès beginnt mit einem vorschriftsmäßigen Angriff: »Meine Mutter hätte niemals Unordnung in einem Zimmer geduldet, während bei ihm zu Hause einfach die Tür zugemacht wurde.« So schlägt sie drei Fliegen mit einer Klappe: Sie spricht den armen Jean, dem sein furchtbares Familienerbe keine Hilfe war, von Schuld frei, bekräftigt bei dieser Gelegenheit die in ihrem eigenen Haushalt herrschende Theorie und versucht schließlich, das Paar in ein besonderes Bündnis mit ihrer eigenen Familie hineinzuziehen. Jean scheint zunächst zum Gegenangriff überzugehen, nach genau demselben Muster. »Agnès ist ein bisschen …, gut, aber das hat sie von ihrer Mutter, sie hat diese marottenhafte Angewohnheit beibehalten! Bei ihrer Mutter war das sehr, sehr zwanghaft.« Er fährt jedoch unerwartet mit einem überraschenden Schwenk fort. »Ich wäre nicht imstande gewesen, mit jemandem zusammenzuziehen, der völlig unordentlich ist, der nicht fähig gewesen wäre, einen Haushalt zu führen.« Jean steht zwischen zwei Fronten. Insgeheim findet er Agnès' Ansprüche an den Haushalt unverhältnismäßig und die Kritik, die sie sich über die Ordnung erlaubt, die bei seinen Eltern herrscht, inakzeptabel. Aber auf eine konkretere, sein Handeln bestimmende Weise wünscht er sich nun und bleibt dabei in der charakteristischen Rolle des Nebendarstellers: einen gut geführten Haushalt, gebügelte Hemden, perfekt angenähte Knöpfe. Wohl oder übel hat er sich daher auf die Seite seiner Frau geschlagen (deren Unzulänglichkeiten bezüglich der Hemden er sogar kritisiert) und versucht nichtsdestoweniger die Kritik an seiner Herkunftskultur zu mäßigen. Die Einheit des Paares auf der Seite von Agnès' Familie und gegen die Jeans ist also nur oberflächlich verwirklicht. Bei der kleinsten Krise gerät das Bündnissystem im Übrigen wieder in Bewegung: Wenn sein Ärger besonders groß war, ging Jean zu seiner mit allen Tugenden geschmückten Großmutter, um sich von ihr die Hemdknöpfe annähen zu lassen.

»MAMAS LIEBLING«

Der Eintritt in die Paarbeziehung erfolgt nun nach und nach, das gemeinsame System nimmt in dem Maße Gestalt an, wie sich die beiden Turteltäubchen aus ihren Familienbanden lösen. Deren Aufrechterhaltung ist übrigens oft ein Mittel, sich rückzuversichern und eine Verbindung zu kontrollieren, deren man noch nicht sehr sicher ist. Wenn dieser Widerstand sich länger hinzieht, als es für das Gegenüber hinnehmbar ist, kann die Verbindung zur Familie als ein Hindernis erscheinen, als direkte Konkurrenz. Besonders die Männer (auch hier wiederum in einer kindlichen Position) können anscheinend ihre Mütter gegenüber ihren Frauen bevorzugen. Pénélope geht das gehörig auf die Nerven. Mit 31 Jahren lässt sich ihr Mann (der drei Jahre jünger ist als sie) von seiner Mutter noch »mein Baby« nennen, ohne etwas dagegen zu sagen. »Mein Mann ist Einzelkind; also ist er ihr ›Baby‹: Sie hat es letztes Mal, als wir bei ihr waren, zu ihm gesagt. Ich bin es müde, dass meine Schwiegermutter mit ihrem Sohn in meiner Gegenwart spricht, als wäre ich nicht da: ›Wenn mein Liebling Wein möchte, bestelle ich ihm welchen, wenn mein Liebling verreisen möchte …‹ Und ich? Verreist er ganz allein, Mamas Liebling?« Vor allem wenn diese unerträgliche Vertraulichkeit mit heftigen Angriffen auf die Schwiegertochter einhergeht. »Als ich zugenommen habe, sagt sie zu mir: ›Ja, du musst aufpassen, du bist erblich veranlagt‹, denn meine Mutter ist geradezu fettleibig. Ich finde das entzückend!!! Nächstes Mal werde ich ihr antworten, dass meine erbliche Veranlagung genauso viel wert ist wie ihre. Ständig fängt sie an, mich zu entwerten, glücklicherweise nimmt mich mein Schwiegervater in Schutz. Ich weiß wirklich nicht, ob es gute Lösungen gegenüber Schwiegermüttern gibt, die sich ständig Übergriffe erlauben (denn genau das ist es ja). Sie tun schön, und zack verabreichen sie dir nebenbei eine kleine Spitze (ich spiele inzwischen ein Spiel, das ›die Spitze am Wochenende‹ heißt: Wenn wir zu ihr fahren, warte ich auf die mir zustehende unausweichliche Spitze). Wie die Scherze, die ich während der Hochzeitsvorbereitungen zu hören bekam: Sie hörte nicht auf, zu meinem künftigen Mann zu sagen: ›Du weißt, du kannst deine Meinung immer noch ändern …‹ Irgendwann hatte ich dann genug, sah sie an und sagte: ›Auch ich kann meine Meinung noch ändern.‹ Da zog sie dann ein Gesicht: Es sollte nur ›Spaß‹ gewesen sein. Das ist schon seltsam, dass sie den Spaß andersherum nicht mehr lustig fand … Alles ist so … Sie ist seltsam, mal lieb, mal verletzend. Einmal hat sie mir ein Parfum geschenkt, und als ich mich bei ihr bedankte, weil ich darüber gerührt war und es sehr lieb fand, sagte sie: ›Ach, weißt du, du oder eine andere …‹«

Pénélope arbeitet nun an ihrer Schlagfertigkeit, und vor allem versucht sie, ihren Mann dazu zu bewegen, dass er gegen die übertriebenen Vereinnahmungen durch seine Mutter und die Angriffe auf sie Stellung bezieht. In trauter Zweisamkeit scheint »Baby« einverstanden zu sein. »Ich habe Angst, dass uns all das schadet. Mein Mann ist lieb, er sagt, dass er mich liebt, dass er ein Kind mit mir haben will und dass seine Mutter schon immer die Gabe hatte, ein Getue zu machen, wo es keinen Grund dafür gibt.« Leider macht er sich in der Gegenwart ebendieser Mutter unsichtbar und lässt sie allein mit dem Ungeheuer. »Ich muss meinem Mann ständig klipp und klar sagen, dass er etwas unternehmen muss und nicht zulassen darf, dass seine Mutter mich wie eine Doofe behandelt.« Der Ärger entlädt sich in alle Richtungen. Die Bündnisse, die entscheidend für die Zukunft sein werden, sind noch nicht besiegelt. An diesem Punkt der Krise – dem offenen Krieg zwischen Schwiegertochter und Schwiegermutter – verlassen wir den Ärger im strengen Sinne: Pénélope hasst sie ganz einfach. Das Beispiel ist jedoch sehr interessant, weil es zeigt, wie sich die Bruchlinien, die von gewissen Mitgliedern der Herkunftsfamilie verursacht werden, auf die Paarbeziehung auswirken. Pénélope hasst ihre Schwiegermutter und liebt ihren Mann. Leider kann »Baby« sich nicht dazu entschließen, die Nabelschnur durchzutrennen, und die Laschheit seiner Reaktion beginnt sie ernsthaft zu irritieren. Sie haben die Frage noch nicht zu Ende diskutiert.

Der in Paarbeziehungen von den Schwiegerfamilien hervorgerufene Ärger folgt einem charakteristischen Zyklus. Er ist potenziell am größten zu Beginn, in der Phase der Anpassung aneinander, einer Anpassung, die durch die Konfrontation der beiden Beziehungshintergründe Steigerung und Komplexität erfährt. Und dies von den ersten Begegnungen an: Wenn der oder die Zukünftige der Schwiegerfamilie vorgestellt wird, kann diese es sich nicht verkneifen, heimlich ein paar Bemerkungen über seine oder ihre Manieren zu machen (Cosson 1990; Perrot 2000). Der Ärger wird zu diesem Zeitpunkt durch die anderen Gefühle und die kontinuierliche Entwicklung von Maßstäben für das neue Leben zu zweit leichter verdrängt. Mancher Ärger kommt nichtsdestoweniger bei sehr unterschiedlichen Gelegenheiten an die Oberfläche. Malvina zum Beispiel entdeckt plötzlich einen anderen Richard, der in einem familialen Kontext zum Vorschein kommt und der der Sozialisation durch die Beziehung Widerstand leistet. »Am Anfang unserer Beziehung gab es oft Ärger, der damit zusammenhing, dass wir jedes dritte Wochenende bei seinen Eltern verbrachten. Auf seinem ›Territorium‹ ist er ein anderer: Nur die Meinungen seiner Mutter und seiner Freunde zählen.« Malvina beginnt ihre Ausführungen in der Vergangenheit und beendet sie in der Gegenwart. Sie möchte immer noch gern glauben, dass dies nur jugendliche Reflexe waren, die infolge der zunehmenden Einheit des Paares nach und nach verschwinden müssen; daher der erste Satz in der Vergangenheit. Leider muss sie nach viereinhalb Jahren des Zusammenlebens erkennen, dass die Gegenwart die Wahrheit spricht: Richard scheint sich nicht weiterzuentwickeln. Dank seiner Familie und seiner Freunde kultiviert er sogar die Situationen, die es ihm erlauben, anderen Facetten seiner Identität Ausdruck zu verleihen. Die Paarbeziehung schafft es nicht, sich durchzusetzen. Carla dagegen befindet sich trotz ihres schlimmen Ärgers am Anfang des Zyklus, der die Möglichkeit einer positiven Entwicklung eröffnet. »Glücklicherweise nimmt diese Neigung, bestimmte Sachen zu seiner Mutter zu bringen oder seine Eltern nach ihrer Meinung zu fragen, mit der Zeit ab. Ich muss dazu sagen, dass wir erst seit sechs Monaten zusammenleben und dass er vorher noch nie mit jemandem zusammengelebt hat. Er hat daher manchmal das Bedürfnis, denke ich, sich von derjenigen beruhigen zu lassen, die ihm sein Leben lang zur Seite gestanden ist: seiner Mama.« Carla hat nicht wirklich Probleme mit ihrer Schwiegermutter, die sehr lieb und aufmerksam zu ihr ist. Alle Schwierigkeiten kommen von »J-P«. Durcheinandergebracht durch den Zusammenprall der Lebensweisen am Beginn der Paarbeziehung, klammert er sich an den Wertmaßstäben seiner Familie fest, beruft sich auf sie wie auf Sinnbilder und zeichnet bei dieser Gelegenheit ein musterhaftes Bild seiner Mutter, das mit dem strengen Blick, mit dem er Clara betrachtet, kontrastiert. Diese betont in ihrem Bericht, dass sie sich über zwei Dinge (die miteinander im Zusammenhang stehen) bei »J-P« ärgert: den Mangel an Vertrauen und Aufmerksamkeit und »seine quasi ›reflexhafte‹ Neigung, seine Mutter nach ihrer Meinung zu fragen. Ich glaube, das ist das Schlimmste, allein der Gedanke daran regt mich schon auf. Ich erinnere mich an einen Tag, an dem wir bei seinen Eltern waren. Er fragte mich etwas bezüglich eines Kochrezepts. Ich gebe ihm Antwort, er fragt mich: ›Bist du sicher?‹ (Schon diese Frage ärgert mich, denn wenn ich nicht sicher bin, sage ich es.) Ich antworte ihm: ›Ja, ich bin sicher‹, und da steht er auf und sagt zu mir: ›Warte, ich frage meine Mutter.‹ Das zeugt schon von einem Mangel an Vertrauen, aber er bittet außerdem noch seine Mutter um Bestätigung, und das ist unerträglich für mich. Außer dem Ärger empfinde ich so etwas wie Eifersucht. Eifersucht auf seine Mutter, darauf, dass er ihrer Meinung so viel Gewicht beimessen kann, dass ihre Worte mehr Gewicht haben als meine. Ich bin deshalb böse auf ihn, ich bin böse auf ihn und auf seine Mutter (die zugegebenermaßen gar nichts getan hat). Ich bin in diesem Moment der Ansicht, dass ich nicht diejenige bin, die im Zentrum seines Lebens steht, diejenige, um die sich alles dreht. Ich bin jemand, der ungeteilte Zuneigung verlangt, und ziemlich eifersüchtig, darüber bin ich mir im Klaren, aber ich finde, dass es nichts Schlimmeres gibt, als mit der Mutter seines Lebensgefährten verglichen oder ihr gegenübergestellt zu werden. Wie wenn ich manchmal, das kommt aufs Gleiche heraus, koche, und er sagt zu mir: ›Nein, meine Mutter macht das nicht so‹, oder als ich letztens Wäsche aufgehängt habe und er zu mir gesagt hat: ›Weißt du, meine Mutter macht das so, und das ist besser, dann lässt sich die Wäsche nachher leichter bügeln.‹ Und da habe ich, obwohl ich gemerkt habe, dass er wirklich Recht hatte, zu ihm gesagt: ›Ja, aber ich mache das so!‹ Und ich habe seinen Ratschlag nicht beherzigt (denn es handelte sich in der Tat um einen Ratschlag von ihm, und wenn er nicht gesagt hätte, dass seine Mutter es so macht, dann hätte ich ihn befolgt). Trotzdem liebe ich seine Mama, und wir verstehen uns gut, aber darum geht es nicht, es ist viel komplizierter. Ich möchte die einzige Frau in seinem Leben sein oder wenigstens diejenige, die immer an erster Stelle steht, die vor allem anderen kommt, und dies sogar bei Kleinigkeiten.«

Den größten Ärger verursacht bei Carla nicht der Zusammenprall der Kulturen, sondern eine andere Dissonanz, bei der sich die Vorstellung, die sie von einer Paarbeziehung hat und die auf gegenseitigem Vertrauen und Anerkennung, wenn nicht ausschließlich, so doch bevorzugt zwischen den beiden Partnern beruht, und die Realität, in der sie zu einer anderen Frau (zudem zu ihren Ungunsten) in Konkurrenz gesetzt wird, gegenüberstehen. Zwei sehr unterschiedliche Beziehungsschemata trennen sie – hoffentlich – vorübergehend. Beim größten Teil des Ärgers, der von der Schwiegerfamilie genährt wird, kommen folgende beiden Aspekte zusammen: Zusammenprall der Kulturen und Beziehungspräferenzen. Der Konflikt zwischen den Lebensweisen (die die unterschiedlichsten Aspekte des täglichen Lebens betreffen) kommt am häufigsten vor, verursacht aber im Allgemeinen eher unauffällige Irritationen. Beziehungsrivalitäten dagegen (wenn sich eine affektive Nähe, die an sich selbstverständlich sehr legitim ist, in eine Konkurrentin zur Bindung an den Partner verwandelt, die bis zu kleinen Geheimnissen miteinander gehen kann) treten seltener auf, sind aber auch sehr viel explosiver. Vor allem wenn es einem Sohn nicht gelingt, sich von seiner Mutter zu lösen, und er dieses Bündnis benutzt, um seine Frau zu kritisieren und auf Distanz zu ihr zu gehen.

Wichtig ist, welche Richtung die Entwicklung nimmt. Das heimliche Einverständnis zwischen einer Mutter und ihrem Sohn kann am Anfang wichtig sein, zum Beispiel wenn sie sich weiter um seine Wäsche kümmert, obwohl er schon in einer Beziehung lebt (Kaufmann 1994). Aber danach werden in der Regel Schritt für Schritt neue Beziehungsprioritäten gesetzt. Dabei dient der Ärger als Werkzeug, um das neue System der Beziehungssozialisation zu regeln und weiterzuentwickeln. So tritt das Paar in die zweite, normalerweise sehr viel ruhigere Phase des Zyklus ein, nach den hitzigen Anpassungen in der Anfangsphase und bevor das starre Festhalten an ein paar ewig wiederkehrenden Ärgernissen manchmal schließlich zermürbend wirkt und den Druck wieder ansteigen lässt. Und genau in diesem eher kritischen Moment können die Schwiegerfamilien von neuem auf den Plan treten und Öl ins Feuer gießen. Daher folgende Regel: Wenn die Dissonanzen schwach sind oder in der Beziehung gut mit ihnen umgegangen wird, verursachen die Beziehungen zur Schwiegerfamilie wenig Ärger; wenn dagegen die Risse größer werden, verwandelt sich die Verwandtschaftssippe in die Nachhut des Gefechts, liefert den ehelichen Frontlinien Munition und verleiht dem Konflikt dadurch eine solche Dimension, dass es später ziemlich schwierig wird, wieder einen richtigen Frieden zu schließen.

Die glücklicherweise eher seltene Situation eines offenen Krieges ermöglicht ein besseres Verständnis, wie sich die Dissonanzen in normalen Zeiten verzahnen. Das Paar und die Verwandten auf beiden Seiten sind Tag für Tag damit beschäftigt, den Ärger zu verdrängen und ihn in ein paar Anekdoten zu kleiden; bestenfalls kann man bei dieser Gelegenheit sogar darüber lachen. Man lacht sogar oft in den Beziehungen zwischen Schwiegerfamilien, mit einem zweideutigen Humor, hinter dem sich diskrete Botschaften verbergen (Jonas 2006). Unter der ruhigen Oberfläche der guten Laune werden jedoch beständig Regelungen und Anpassungen unterschiedlichster Art vorgenommen. Allianzen und Mesalliancen, Nähe und Distanz, Anziehung und Abstoßung wechseln nämlich täglich. Und dies gleichzeitig im inneren Kreis der Paarbeziehung und im weiteren Kreis der Verwandtschaft auf beiden Seiten. Der innere und der weitere Kreis funktionieren in enger Interdependenz. Es genügt ein Vorkommnis irgendwo in diesem riesigen interaktiven Netz, und schon wird manchmal eine Kettenreaktion ausgelöst.

Nehmen wir den Fall von Herrn und Frau Tinsart.[2] Sie haben gerade ihren 21. Hochzeitstag gefeiert und ziehen eine eher positive Bilanz, obwohl die Last der Routine, wie bei vielen Paaren, das Band zwischen ihnen etwas brüchig gemacht hat (Duret 2007). Frau Tinsart muss ständig die kleinsten Risse kitten, weil sie sonst unter dem Druck, den ihre Schwiegermutter ausübt, tiefer zu werden drohen. Die Schwiegermutter ruft dauernd an und kontrolliert, was das Paar macht. »Ihr habt mir nicht gesagt, dass ihr dorthin geht. Ich habe angerufen, und ihr wart nicht da.« Es kam sogar schon vor, dass sie die 200 Kilometer, die sie von ihnen trennen, zurücklegte, um sich persönlich zu überzeugen. »Dass wir unsere Freizeit dazu verwenden, Freunde zu besuchen, gefiel ihr nicht, denn diese Zeit sollte ihr vorbehalten sein. Das war etwas, was ihr zustand.« Angesichts dieser Zudringlichkeiten lieferte sich das Paar heftige Diskussionen, und von seiner Frau dazu angetrieben, griff der Ehemann schließlich ein. »Mein Mann sagte zu ihr: ›Das wird so gemacht oder gar nicht!‹« Die Schwiegermutter wich zurück, aber nur vorübergehend. Sie übernahm die Prinzipien der Guerilla und bereitete einen diskreteren Gegenangriff vor, indem sie ihren Sohn zu sich lockte, um ihm heimlich zu sagen, was sie Schlechtes über ihre Schwiegertochter dachte. »Ich konnte dieses Muttersöhnchenbenehmen nur sehr schwer ertragen.«

---

2   Von Clotilde Lemarchant (1999, S. 154 f.) aufgezeichnete und zitierte Aussage.

Wie sich der Ärger ausweitet

Heimlichkeiten miteinander zu haben ist ein Hauptaspekt bei der Festlegung von affektiven Präferenzen: Das Getuschel mit seiner Mutter nahm die Form eines regelrechten Angriffs auf die Paarbeziehung an. Als die Schwiegermutter ihren Plan verkündete umzuziehen, um in ihrer Nähe zu leben, drohte Frau Tinsart ihrem Mann daher mit Scheidung, wenn er nicht standhaft bliebe. »O nein! Das wäre nicht zum Aushalten gewesen! Stellen Sie sich das einmal vor! Schon mit 200 Kilometern dazwischen ist es die Hölle ... Und dann nur zwei Straßen weiter, stellen Sie sich das einmal vor! O nein! Mir fällt das übrigens nicht schwer, mitunter beängstigt mich diese Vorstellung und nimmt mir den Atem. Das geht mir auf die Nerven! Das geht mir auf die Nerven! Ach! Ich sage nur: ›Sie wird mich noch in den Wahnsinn treiben!‹« Der unglückliche Herr Tinsart, der nun zwischen zwei Fronten steht, scheint sich trotzdem für das Lager seiner Frau und gegen seine Mutter entschieden zu haben. Als Letztere bei einem Besuch befand, dass das Ordnungssystem nicht gut sei, und alles in den Küchenschränken durcheinanderbrachte, bat die entnervte Frau Tinsart ihren Mann, die Aufrührerische zu zwingen, alles selbst wieder in Ordnung zu bringen. Was getan wurde.

Das Leben ist kein langer ruhiger Fluss bei den Tinsarts. Aber es gibt Schlimmeres, viel Schlimmeres. Wenn der Riss zwischen den beiden Partnern tiefer wird. Was es auch für Zudringlichkeiten vonseiten der Schwiegerfamilie geben mag, das Paar kann sich immer davor schützen, wenn es zusammenhält. Wenn dagegen die Diskrepanz zwischen den Partnern offen zutage liegt, kann der kleinste Schnipser der Umgebung die Probleme verschlimmern. Vor allem wenn der Mann sich absichtlich auf seine Angehörigen stützt, um seine Frau anzugreifen. Cindy geht es ein bisschen besser, seit sie umgezogen sind, ziemlich weit von ihren beiden Familien weg. Sie konnte nicht mehr. »Das hat mir ermöglicht, meine aufdringliche, neugierige, vereinnahmende Schwiegerfamilie zu verlassen. Sechs Jahre lang musste ich Zusammenkünfte mit ihr erdulden, bei denen mein Mann alles erzählte, was im Schoße meiner Familie so passierte, und bei denen ich mich erniedrigt fühlte (noch jetzt erzählt er seiner Mutter alles).« Leider hat er sich noch mehr von ihr entfernt, vor allem seit er das Motorrad gekauft hat. Eine extreme Einsamkeit (»Ich bin fern von allem, ich langweile mich, das ist tödlich«) ist an die Stelle der Spannungen mit der Schwiegerfamilie getreten, die ihr Mann von Zeit zu Zeit meist allein besucht. Wie beim Kauf des schon erwähnten Motorrads. »Mamas Liebling musste ihr sein neues Spielzeug vorführen. Er ist sonntagmorgens losgefahren, um seiner Mutter sein Motorrad zu zeigen. Nach dem Frühstück sagte er zu mir: ›Ich werde meiner Mutter das Motorrad vorführen, ich fahre schnell mal hin, kommst du mit? Ich bin gegen 13 Uhr wieder da.‹ Da ich meine Schwiegermutter, die bei allem, was neu ist, vor Vergnügen gluckst, nicht besonders mag, habe ich ihn nicht begleitet, und er ist den ganzen Tag weggeblieben und hat mich allein gelassen: am Morgen, Mittag und Abend, ohne mir Bescheid zu geben, dass er gut angekommen ist. Meine Schwägerin rief mich an, um mir zu sagen, dass er zum Essen bei ihr bleibt ... Sie haben es sich zusammen wohl gut schmecken lassen! Es ist verrückt, dass man sich wie ein Eindringling in diese Familie vorkommt!«

»DIE TUSSI«

Es ist an der Zeit, zum üblicheren Ärger zurückzukommen. Denn die offenen Krisen mit der Schwiegerfamilie, die zu einer Trennung des Paares führen können, sind glücklicherweise nicht die Regel. Der Normalfall zeichnet sich eher durch einen oberflächlichen Frieden aus, unter dem leise die unendlich vielen winzigen Reibereien und ständigen Angleichungen brodeln. Das Gespräch des Paares ist hier wesentlich. Der Kern der Vertraulichkeiten muss der Paarbeziehung vorbehalten bleiben; die (heimliche) Kritik an Freunden und der Familie ermöglicht es, die Modalitäten der Einheit des Paares genauer festzulegen. Die gemeinsame Welt wird Tag für Tag immer wieder neu konstruiert (Berger/Kellner 1965). Aber im Beisein von anderen ist die Handhabung dieses Präferenzsystems viel heikler. Sie sind ebenfalls Nahestehende, sie werden auch geliebt (zumindest von einem der beiden). »Worüber sich alle aufregen, ist, wenn man von einem Familienmitglied angegriffen wird und unser(e) Liebste(r) so tut, als hätte er oder sie nichts gemerkt, oder sogar seine Sippe in Schutz nimmt« (Isabelle). Man muss bei seiner Wahl also sehr geschickt und diplomatisch vorgehen, das Wesentliche (die Paarbeziehung) schützen und dabei seiner Familie gegenüber offen und aufmerksam bleiben. Was häufig bedeutet, dass man bei den wechselnden Bedingungen zur Herstellung einer gemeinsamen Front improvisieren muss. Und die Empfindlichkeiten der beiden Partner sind nicht identisch, die eigene Familie steht einem im Allgemeinen näher, was es auch immer vorher für Gespräche zur Einigung gegeben hat. Isabelle überwacht ihren Mann aus den Augenwinkeln, sie ist von seinen Bekundungen nicht völlig überzeugt. Obwohl er (in der Heimlichkeit der ehelichen Vertraulichkeiten) erklärt, dass er seine Schwester nicht besonders mag und sie in vielerlei Hinsicht für eine »Niete« hält, ändert sich sein Tonfall radikal, wenn Isabelle die rote Linie überschreitet und die Beleidigungen der »Tussi« zu bissig werden. Ein Ritual in Form eines Rededuells hat sich bei ihnen herausgebildet, manchmal mit einer gewissen Portion Humor, aber auch mit Spannungen, die aus dieser heiklen Regulierung von Nähe und Distanz zwischen den einen und den anderen resultieren. »Ich habe eine Schwägerin, die ich ausschließlich ›Tussi‹ nenne oder der ich noch blumigere Kosenamen verpasse, aber ich weiß, dass mein Herzallerliebster sie nicht gerade vergöttert und sie sogar in mancher Beziehung für eine ziemliche Niete hält. Im Grunde ist das wie ein *private joke:* Er tut so, als sei er darüber entrüstet, und ich setze noch eins obendrauf. Aber an Heiligabend begleite ich ihn doch zu der ›Tussi‹, und den ganzen Weg dorthin schimpfe ich, dass mir das stinkt, dass sie nicht einmal arbeiten geht, aber jeder etwas zu essen mitbringen muss, das ist eine Schande, so etwas habe ich noch nie gesehen und so weiter blablabla ... In Wirklichkeit lasse ich Dampf ab, damit ich bei ebendieser Tussi ein freundliches Gesicht aufsetzen kann und ihr nicht an den Kopf werfe, wie sehr sie mich nervt. Indem ich vorher brummele, kann ich den schönen Schein von Heuchelei wahren, dessen Vorzüge sehr verkannt werden. Wenn man allen alles sagte, was man denkt, endeten alle Familienfeiern in Raufereien. Es ist mir bislang gelungen, der Tussi die Backpfeifen, nach denen sie hartnäckig strebt, nicht zu verabreichen. Mein Liebster verschließt in gewissen Augenblicken seine Ohren sorgfältig. Er weiß, dass ich, wenn ich genug gebellt habe, nicht beißen werde.«

Die Anpassung ist umso heikler zu bewerkstelligen, als es sich dabei nicht um eine bloße Ausgleichsarbeit zwischen zwei deutlich voneinander abgegrenzten Welten handelt: das Paar und die beiden Familien. Die Familienbande lösen sich heute aus dem ihnen vorgegebenen institutionellen Rahmen, man erwählt sie sich immer mehr selbst: Bündnisse und Feindschaften zwischen Einzelnen werden in alle Richtungen geknüpft, Hass zwischen Verwandten oder besondere Zuneigung zur Schwiegerfamilie. Und das, was die frontalen Spannungen mildert, vervielfacht auch die Möglichkeiten und eröffnet die Aussicht auf komplexe und subtile Allianzen. Je weniger wohl geordnete große Schlachten, desto mehr vielgestaltiger, wechselnder Ärger. Es geht Zoé sehr auf die Nerven, wenn ihr Mann sein Messer vor ihren Augen ableckt und es dann wieder in die gemeinsame Butter versenkt. Sie hätte ihre Kritik auf die Schwiegerfamilie ausdehnen können, deren Tischmanieren sich von denen unterscheiden, die sie in ihrer Kindheit kennen gelernt hat. Aber überrascht von der Heftigkeit ihrer eigenen Reaktionen auf den Rüpel (aus Wut steckt sie seine Socken in seine Tasse), hinterfragt sie manchmal ihre eigene Erziehung und entwickelt eine selbstkritische Sicht. »Mein Vater hat mir bestimmte Prinzipien und gute Manieren so eingeimpft, dass es so ist, als hätte ich einen allgegenwärtigen kleinen Zensor über mir, der mir jedes Mal gegen den Kopf haut, wenn eine Regel übertreten wird. Es schaudert mich davor!« Und wenn die Wahrheit nun in der Mitte läge, so fragt sie sich, zwischen ihrer übermäßigen Strenge und Charles-Henris (gleichwohl unerträglichem) Schlendrian? Anders als ihre heftigen Reaktionen vermuten lassen, möchte sie kein besonderes Bündnis mit ihrem Vater eingehen, der daran schuld ist, dass sich der »kleine Zensor« in ihr eingenistet hat, der für ihr steifes Benehmen verantwortlich ist. Sie ist gespalten. Und jede Spaltung, ob sie den Einzelnen, das Paar oder die Familie betrifft, ist eine Quelle für Ärger.

Das Regeln der Präferenzen und Verbindungen von Paar und Familien erfolgt gleichzeitig auf mehreren Ebenen. Jeder arbeitet innerlich allein daran. Oft mit Kritik, die schärfer ist als diejenige, die er offen ausspricht. Aber manchmal ist es auch umgekehrt: Zoé sagt Charles-Henri nichts von ihren Zweifeln (an sich selbst und ihrem Vater), sie sagt ihm nicht, dass sie ihm nähersteht, als er denkt, wenn sie seine Socken in seine Tasse steckt. Auf der großen Ebene der unterschiedlichen Familienkreise wird die Verbindung der beiden Partner auch reichlich kommentiert, oft in einem kritischen Ton (nicht aus Spaß an der Kritik oder aus reiner Boshaftigkeit, sondern weil die Kritik an Nahestehenden notwendig ist für die Konstruktion einer gemeinsamen Welt). Im Zentrum dieses riesigen Systems der gegenseitigen Bewertung (von den geheimen persönlichen Gedanken bis zu den Kommentaren im größeren Familienkreis) bestimmt das Paar selbst, wie es Nähe und Distanz regelt. Das Gespräch des Paares bildet das Gewölbe der familiären Bindungsstruktur, es hält das Ganze durch die tägliche Schaffung von Einheit zusammen. Das Paar muss daher auf der Hut sein. Zwar lässt es dem Ausdruck der Gefühle freien Lauf, um die nötigen Anpassungen zu bewerkstelligen, die manchmal überraschende neue Allianzen begründen, dennoch muss es aufpassen, dass die jederzeit drohende Hauptgefahr nicht aufkommt: die Entstehung von gegensätzlichen familiären Lagern, die stärker sind als die Einheit des Paares, mitten im alltäglichen Gespräch. Clémentine und Félix haben die Gefahr nicht kommen sehen. Es wird für sie nun schwierig werden zu vergessen, was einmal laut und deutlich ausgesprochen wurde. »In letzter Zeit habe ich mich wirklich über ihn geärgert, denn ich kann nichts über seinen Vater oder seine Mutter sagen. Wenn meine Mutter ihm auf die Nerven geht, sagt er: ›Deine Mutter ist eine Nervensäge.‹ Aber wenn ich so ungeschickt bin zu sagen, sein Vater sei ›ermüdend‹, wenn er immer dasselbe wiederhole, sagt Félix sofort zu mir: ›Mein Vater ist vielleicht ermüdend, aber deine Mutter ist eine Nervensäge, siehst du ...‹ Und darüber ärgere ich mich wirklich, denn ich lasse es bei meiner Mutter gelten, er könnte es auch bei seinem Vater tun!!«

Diese Gefahr lauert in der dritten Phase des Paarzyklus in Bezug auf den Ärger. Nach den Reibereien am Anfang, die sich in der lustvollen Erregung schnell auflösen und in der immer wieder neuen Andersartigkeit des Lebens untergehen, und der darauffolgenden ruhigen Phase der Stabilisierung provoziert das obsessive Festhalten an ein paar Verhaltensweisen, von denen man kein Jota mehr abgehen zu können scheint, das Wiederaufkommen von punktuellem Ärger, der Risse öffnen kann. An diesem Punkt erscheint die Schwiegerfamilie im Allgemeinen als ein ideales Reservoir, um der Kritik Nahrung zu geben. Selten in Form einer frontalen Schlacht, wie sie sich zwischen Clémentine und Félix entwickelt, sondern eher auf indirekte Weise, durch Anspielungen, kleine Sticheleien und versteckte Verunglimpfungen. Dann kommt es zu einem kleinen tragischen Vorfall, der den Ärger, der einen auf die Palme bringt, ausweiten kann. Der Ehepartner ist alt geworden, ohne dass man es richtig gemerkt hat, seine Gesichtszüge haben sich verändert. Das Paar hat die Improvisationen der Anfänge hinter sich gelassen und sich nun in einer familiären Normalität eingerichtet. Dann kommt es häufig vor, dass plötzlich Ähnlichkeiten zwischen dem Partner und einem seiner Elternteile zum Vorschein kommen, die man umso deutlicher erkennt, als von deren Jugend viele Spuren in den Erinnerungen vorhanden sind (vor allem durch Fotos). Familien macht es übrigens Spaß, solche Ähnlichkeiten hervorzuheben. Ähnlichkeiten im Guten, öfter aber im Schlechten. Jenseits des Physischen treten kulturelle Charaktere, über Generationen hinweg fortbestehende Wesenszüge zutage, die neue Aussicht auf Ärger eröffnen. Clémentine bestürzt, was sie entdeckt hat. »Ich glaube, dass er am Anfang, als wir uns gerade kennen gelernt hatten, weniger nervte, wenigstens hörte er auf alles, was ich ihm sagte!! Aber ich glaube, er ist ein bisschen wie sein Vater, er übertreibt manchmal gerne ein bisschen, als würde ihm das unbändige Freude machen. Von daher zu sagen, dass das Nerven erblich ist, ich weiß nicht, aber manchmal sagt man: Wie der Vater so der Sohn!! Und weiß Gott nervt sein Vater bis zur Grenze der Intoleranz, wo nur das wahr ist, was er sagt. Supernervig! Und mein herzallerliebster Félix benimmt sich manchmal wie sein Vater und ist also nervig!! Ist es das Alter, das diese nervige Seite verstärkt, oder sind es die vielen Jahre, die wir miteinander verbracht haben?« Der in der gegnerischen Familie identifizierte Charakterzug wird zum Geschwür, auf das man sich fixiert, zum Vorwand für Simplifizierungen (alles Übel kommt daher) und zugleich für Vermischungen und übertriebene Verallgemeinerungen. Wie Erving Goffman (1975) bezüglich des Stigmas hervorhebt: Wer bloß ein entwertendes Zeichen trägt, kann jeder Schandtat verdächtigt werden. Und vor allem können Verschwommenheit und damit Unklarheit darüber aufkommen, wer tatsächlich kritisiert wird (Vater oder Sohn). Jean ist ein Meister in der Kunst, seine Schwiegermutter zu tadeln, um Agnès indirekt zu beeinflussen zu versuchen. Wir haben gesehen, dass er als Gefangener seiner Widersprüche ihr nicht direkt ihren Übereifer im Haushalt vorwerfen kann. Nun aber hat er bemerkt, dass sie kaum protestiert, wenn dieselben Vorwürfe an die Adresse ihrer Mutter gerichtet werden.[3] Er unterlässt sie daher nicht mehr und sagt über eine Mittelsperson alles frei heraus, was er ihr nicht ins Gesicht sagen könnte. So gelingt es ihm, etwas zu sagen, ohne es zu offen auszusprechen, und nach und nach seine Position zu stärken. Er hat keine Ahnung, dass er mit dieser kleinen Tat nur Erfolg hatte, weil Agnès ihn gewähren lassen hat. Was übrigens vielleicht das Beste ist. Denn so hat er sein Selbstwertgefühl wiedererlangt, das ernsthaft gelitten hat. Er fühlte sich völlig in die Ecke der Unterlegenheit gedrängt wegen der unverständlichen, idiotischen Krisen bezüglich der Hemden und Knöpfe. Diese Demütigungen unter dem gegnerischen Gelächter waren das, was für ihn am schlimmsten auszuhalten war, in der Hitze des Ärgers.

MISSACHTUNG UND DEMÜTIGUNGEN

Das Paar arbeitet täglich an der Schaffung seiner Einheit und stützt sich dabei auf Zuhören, Vertrauen und gegenseitiges Anerkennen. In unserer heutigen aggressiven und verunsichernden Welt der Konkurrenz ist die Beziehung ein Ort der Rückversicherung, des Trostes und der Wiederherstellung des Selbstwertgefühls. Weil der Partner grundsätzlich mitfühlend und parteiisch Position bezieht. Beim Essen zum Beispiel erzählt jeder am Tisch von den kleinen Missgeschicken, die ihm

---

3 Jean weiß nicht, dass Agnès in ihren Träumen ein anderes Leben lebt, in dem die Ordnung im Haushalt auf den Dachboden verbannt ist: Ihre Mutter verweist für sie daher auf das Bild ihrer derzeitigen Entfremdung.

tagsüber passiert sind, beklagt sich bei seinen mitfühlenden Zuhörern, die ihn bedingungslos unterstützen, über das, was ihm widerfahren ist. Der kleinste Verstoß gegen diese Pflicht wird als ein sehr schlimmer Verrat erlebt.

Die erste Stufe von Verrat ist die einfache Zerstreutheit: mangelnde Aufmerksamkeit oder die systematische Weigerung, die Meinung des Partners ernsthaft in Betracht zu ziehen. »Mein Mann hat keinerlei Orientierungssinn, und dennoch überhört er hartnäckig meine Anweisungen, wenn wir irgendwo hinfahren und er die Strecke nicht kennt. Was mich am meisten ärgert, ist, dass er sich taub stellt und genau in die andere Richtung fährt als die, die ich ihm sage.« Für Lamia ist dieses Verhalten Absicht und zielt auf sie persönlich, als ginge es darum, sie zu erniedrigen. Eine intime Aggression, die den Ärger anschwellen lässt, vor allem wenn sie richtige Katastrophen im Haus verursacht. »Wir sind in ein Haus mit einem weiß gefliesten Boden gezogen. Nach einer gewissen Zeit haben die Fliesen durch Abnutzung ihre makellose weiße Farbe verloren, woraufhin er darauf bestand, sie nahezu täglich ›mit Salzsäure zu putzen‹, was ich immer abgelehnt habe. Ich nahm mir jedoch vor, sie einer Reinigung nach allen Regeln der Kunst zu unterziehen, aber ohne Salzsäure. Als ich aus den Ferien bei meiner Schwester zurückkam, war mein Erstaunen groß, als ich alle metallischen Teile meines Hauses verätzt vorfand und Teile der Fliesen verschwunden waren. Mein Mann und die Salzsäure hatten gewütet ...« Es ist jedoch schwer zu sagen, ob ihr Mann mit seinem Verhalten wirklich darauf aus ist, sie herabzusetzen, oder ob es nicht ganz einfach aus dem normalen Zusammenprall der Verhaltensweisen resultiert. Ebenso ist das Benehmen des Zerstreuten nicht immer leicht zu entschlüsseln. »Mein Mann ist extrem zerstreut, und das geht mir furchtbar auf die Nerven.« Gally fragt sich, was sie davon halten soll. »Er vergisst systematisch immer dasselbe, und es fällt mir manchmal schwer zu glauben, dass er das nicht mit Absicht macht. (Aber warum mit Absicht? Doch nicht weil es ihm Spaß macht, mich auf die Palme zu bringen. Das heißt, er ist wirklich zerstreut.) Ein besonders schönes Beispiel: Vor dem Schlafengehen geht Akira immer noch einmal ins Wohnzimmer hinunter, um eine Zigarette zu rauchen. Wir sind übereingekommen, dass er das Fenster öffnet, während er raucht, damit es im Haus nicht so nach Tabak riecht. Vier von fünf Malen macht er das Fenster nicht zu, wenn er wieder nach oben kommt. Und am nächsten Morgen herrscht im Wohnzimmer eine eisige Kälte. Das Schlimme daran ist, dass er, wenn ich ihn frage, ob er das Fenster wieder zugemacht hat, Ja sagt und wirklich davon überzeugt ist, dass er es getan hat. Das ist entwaffnend: Ich könnte böse werden, wenn er mit Ja antwortet, um seine Ruhe zu haben, aber genau weiß, dass er es nicht wieder zugemacht hat. Aber er ist sicher, dass er dies getan hat. Es ist ein so alltäglicher Handgriff, dass er nicht weiß, ob er es eben gerade oder gestern gemacht hat. Was soll ich da zu ihm sagen??? Trotzdem habe ich, wenn ich dieses vermaledeite Fenster offen vorfinde, Lust, ihn wie einen kleinen Jungen zu schütteln.« Einerseits drängt es sie zu denken, dass er eben so ist, anders, ein vertrauter Fremder, der »in seiner eigenen Welt lebt«, ein Spezialist für die »höheren Sphären«, während sie sich um das Alltägliche kümmert. »Akira glaubt nicht, dass ihn diese kleinen Dinge, die ich als ›materielle Niederungen‹ bezeichne, etwas angehen.« Andererseits aber bietet diese willkommene Zerstreutheit Akira eine bequeme Machtposition und führt dazu, dass er Gally nicht anerkennt. »Wenn ich es wage, ihn darauf anzusprechen, dreht er sich auf dem Absatz um, um mir nicht zuhören zu müssen.« Ihre Bitten stoßen bei ihm auf taube Ohren. »Ich habe mich selbst verleugnet bei meinen persönlichen Plänen und als Alter Ego in der Paarbeziehung.« Sie verdächtigt ihn nämlich, dass er nicht so zerstreut ist, wie er vorzugeben bemüht ist, und dass er aus egoistischem Interesse heraus gegen seine Natur handelt.

Die Differenz ist bei Paaren nicht verwerflich. Im Gegenteil, sie ist beteiligt an der Konstruktion zweier komplementärer Rollen. Der Partner hat im Übrigen in seiner ererbten Kultur Charakterzüge, die so tief verwurzelt sind, dass es unrealistisch ist zu glauben, man könne sie eines Tages verändern. Jeder versucht also, den kleinen fruchtlosen Ärger unter Kontrolle zu bringen, der von diesen misstönenden Fatalitäten herrührt; die Paarbeziehung ist eine Schule der Toleranz. Wenn Gally sich sicher wäre, dass Akira sich nicht bessern könnte, auch wenn er es noch so sehr wollte, gelänge es ihr gewiss, ihren Ärger zu verdrängen. Gerade daran zweifelt sie jedoch und sammelt Indizien, die das Gegenteil beweisen. Auch Alice geht dieser Frage nach: Ist Aziz schlicht und einfach zerstreut? Seit er selbst diese Schwäche an sich festgestellt hat (oder übertreibt er sie absichtlich?), hat er es sich zur Gewohnheit gemacht, sich von ihr entlasten zu lassen, indem er sie bittet, ihn an Verschiedenes zu erinnern. »Er sagt in einem Tonfall, der ernster nicht sein könnte: ›Heute Abend musst du mich unbedingt daran erinnern, dass ich meinen Vater anrufe, den Computer mit dem Antivirenprogramm checke usw.‹« Alice kommt der Aufforderung nach. »Wenn er mich bittet, ihn an etwas Wichtiges zu erinnern, habe ich den Eindruck, als sei ich gewissermaßen mit einer Mission betraut, fühle mich verantwortlich dafür, dass er daran denkt, etwas zu tun oder nicht, fühle mich also wichtig, habe eine Rolle, die ich ernst nehme.« Leider ist Aziz in eine ruhige Bequemlichkeit versunken, die darin besteht, sich dieser zusätzlichen Erinnerung sehr freizügig zu bedienen. »Wenn ich ihn abends dann daran erinnere, sagt er zu mir: ›Ooch, das mache ich morgen.‹ So vergisst er systematisch (ich bin ein bisschen sein ›zweiter Kopf‹), und wenn er dann so reagiert, als sei das schließlich doch nicht so dringend, dann, das muss ich gestehen, würde ich ihm am liebsten ein paar Ohrfeigen verpassen, denn ich komme mir idiotisch vor, weil ich mich bemüht habe, daran zu denken, dass ich ihn an etwas erinnere, weil ich geglaubt habe, ich sei ein bisschen unentbehrlich in dem Sinne, dass er, wenn er mich darum bittet, ganz genau weiß, dass ich daran denken werde. Er wälzt das nämlich ein bisschen auf mich ab und bleibt selbst cool, er weiß, dass er sich auf mich verlassen kann. Ich fühle mich in der Tat gedemütigt, und ich hasse dieses Gefühl, daher bin ich ihm dann lange böse (das bedeutet bei mir ein paar Stunden!).« Die Ursachen für Ärger vermischen sich und eine addiert sich zur anderen, bis ein explosives Gefühl entsteht. Zur Zerstreutheit an sich, die schon einen dumpfen Ärger hervorruft, kommt noch hinzu, dass die Rollenverteilung nicht funktioniert (andernfalls wäre die Differenz akzeptabel); Aziz geht ganz freizügig mit der Erinnerung an das, was er tun soll, um, obwohl er selbst doch ausdrücklich darum gebeten hat. Er ist widersprüchlich. Und diese innere Gespaltenheit verursacht ihm keinerlei persönliche Dissonanz (er identifiziert sich in zwei Lebensphasen, zwischen denen es keinen Zusammenhang gibt), denn indem er sich mental von seiner Verpflichtung befreit hat, hat er die Wirkung dieser Dissonanz Alice zugeschoben, der wiederum die beiden nicht konkordanten Aziz auf die Nerven gehen. Aber ihr geht eine letzte Stufe des Ärgers noch mehr auf die Nerven. Sie hat seine Bitte ernst genommen und sich stark engagiert. Aziz erkennt diese Liebesgabe nicht, so ignoriert er sowohl ihre Bemühungen als auch sie selbst als Person. Eine Demütigung, die noch mehr weh tut. Gefangen in dieser Gabe ohne Gegengabe schwört sich Alice, dass sie nächstes Mal nicht mehr darauf hereinfallen wird …, und weiß doch intuitiv, dass nichts weniger sicher ist als dies. Eine neue innere Zerrissenheit, eine neue Quelle von Ärger.

Ärger entsteht immer aus einer Dissonanz zwischen konkurrierenden Schemata, seien es moralische Ideale, Handlungsmuster oder Persönlichkeitsstrukturen; bei einem Paar vervielfachen sich die möglichen Dissonanzen (1 + 1 = 4). Missachtung und Demütigung scheinen auf den ersten Blick nicht in dieses Register zu gehören, sondern eher auf die Seite von Lieblosigkeit und Unzufriedenheit. Gleichwohl nimmt auch das negative Gefühl, das dabei empfunden wird, und die Aussagen der Befragten zeigen dies, die charakteristische Form des Ärgers an, eines besonders schlimmen Ärgers. Denn es gibt tatsächlich eine Dissonanz. Zunächst, weil die verschiedenen Formen der Demütigung und der Zurückweisung einen dazu veranlassen, sich in sich selbst zurückzuziehen (André 2006), ein Rückzug, der Risse in der Beziehungssozialisaton entstehen lässt. Dann weil sich die Diskrepanz zwischen Ideal und Wirklichkeit vergrößert. Die Liebe und die Träume stoßen an die zähe Mittelmäßigkeit des Konkreten, die Stoßwellen gehen in ebenso viele unangenehme innere Schwingungen über. Vor allem ein besonderer Aspekt dieses Ideals: die Achtsamkeit sich selbst gegenüber und die Selbstanerkennung, ohne die es keine wahre Liebe gibt und deren Fehlen einen Hauptscheidungsgrund für Frauen darstellt (Francescato 1992). Deshalb gehen Gally und Alice der Frage nach: Sie möchten wissen, ob es sich um einen richtigen Verstoß gegen dieses unantastbare Prinzip des Liebespaktes handelt. Nun ist es aber nicht immer einfach, sich darüber Klarheit zu verschaffen. Carla zum Beispiel fällt es schwer, zu einem Schluss zu kommen. »J-P« ist aufmerksam und versteht es perfekt, sie wertzuschätzen und sie in wichtigen Momenten zu unterstützen. Aber warum dann diese plötzlichen lächerlichen Schikanen im Supermarkt? »Er fragt mich, ob ich das Obst und das Gemüse habe abwiegen lassen, ich antworte ihm: ›Ja, das habe ich gemacht‹, und er überprüft im Einkaufswagen, ob ich es tatsächlich gemacht habe. Das gleiche Getue, wenn es darum geht, ob der Gasherd ausgeschaltet, die Tür zugeschlossen ist usw. Ich hasse das Bild, das er in solchen Augenblicken von mir hat, das ist schrecklich. Genauso wie er mir vertraut, wenn es um etwas Wichtiges geht (das Bestehen meines Examens oder dass ich in einer Besprechung brillant war), genauso entwertet er mich völlig, wenn es um Kleinigkeiten des alltäglichen Lebens geht. Ich verstehe diese Diskrepanz nicht, denn ich sage mir, wenn er mir bei einer Lappalie, die keine großen Konsequenzen hat, nicht vertrauen kann, wie kann er es dann in Bezug auf wichtige Dinge? Wenn das passiert, halte ich es ihm immer vor. Und am meisten bin ich ihm böse, denke ich, weil er die Sachen vor meinen Augen überprüft! Er könnte warten, bis ich ihm den Rücken zugewandt habe, aber nein, in seinen Augen ist sein Verhalten nicht verletzend, während es mich doch verletzt, aber vor allem demütigt es mich!« Die Analyse, die Carla dann vorschlägt, ist ein bisschen zu eindeutig. Sie sagt: Ja, das kommt sicher vom Zusammenprall der Verhaltensweisen und nur daher, die Konfrontation mit seinen lächerlichen Marotten öffnet eine neue Quelle von Ärger (der die zuvor empfundene Demütigung ersetzt). »Ich muss dazu sagen, dass er ultraperfektionistisch ist und eher gestresst, und er hat mir zum Beispiel versichert, dass er, auch wenn er das Gemüse selbst gewogen hätte, es trotzdem überprüft hätte. Das ›tröstet‹ mich nur halb, denn dann kann ich sagen, dass mich seine Neigung, immer alles infrage zu stellen, zu überprüfen, über alle möglichen, auch die unwahrscheinlichsten Eventualitäten nachzudenken, bevor er etwas macht, furchtbar ärgert. Es gibt Situationen, die Spontaneität erfordern, und wenn man alles immer genau planen will, nimmt man den Dingen einen Großteil ihres Reizes.« In der Tat fragt sie sich weiter: Und wenn sich in dieser winzigen Szene nun eine ganze Reihe seiner geheimen Gedanken offenbarte, die ganz anders als seine schönen

Erklärungen wären? Und wenn der Supermarkt nun eine verborgene Wahrheit ans Licht brächte? Ein Indiz ist verwirrend: Die Szene spielt sich in der Öffentlichkeit ab, während er seine schönen Erklärungen in trauter Zweisamkeit abgibt. Abgesehen davon, dass er sich in einem anderen, halb öffentlichen Umfeld (in »J-Ps« Familie) spontan auf die Seite seiner Mutter schlägt und ihre Ansichten ignoriert. Carlas beide Quellen von Ärger (seine Marotten und dass er sich auf seine Mutter bezieht) verschmelzen im mangelnden Vertrauen in sie. Sie bringt dies übrigens sehr schön in folgender Tirade à la Cyrano de Bergerac zum Ausdruck, mit der sie eine meiner Fragen beantwortet: »Was den Ärger anbelangt, wenn er sich auf seine Mutter bezieht, ja, den habe ich schon artikuliert. Mit mehreren Gefühlen. Trotz: ›Aber das ist doch bescheuert, dass du dir jedes Mal die Bestätigung deiner Mutter holen musst!‹ Wut: ›Es ist schrecklich, dass du mir nicht vertrauen kannst!‹ Zynismus: ›Du hast Recht, man muss immer seine Mama nach ihrer Meinung fragen!‹ Oder es kommt auch vor, dass ich ganz einfach seufze.« Carlas Versuch, ihren verletzten Stolz und ihre Einheit wiederherzustellen, kreist um den Begriff des Vertrauens: »J-P« muss lernen, Vertrauen zu ihr zu haben, und er muss Vertrauen zu sich selbst, Vertrauen zum Leben haben. »Nehmen wir das Beispiel Obst: Wenn er fragt, ob ich es gewogen habe, antworte ich ihm: ›Ja, ich habe es gewogen.‹ Und wenn ich sehe, dass er das überprüft, sage ich zu ihm: ›Warum hast du bloß so wenig Vertrauen? Wenn ich dir doch sage, dass ich es gewogen habe.‹ Ich sage es in einem eher ruhigen Ton, vielleicht seufze ich dabei verzweifelt.« Sie hat beschlossen, den Kampf aufzunehmen, um gegen »J-Ps« Ängste und sein übertriebenes Kontrollieren anzugehen, die ihrer Ansicht nach dem mangelnden Vertrauen Nahrung geben. »Das erinnert mich an eine lustige Geschichte: Vor einer Woche haben wir bemerkt, dass wir einen Schlüsselbund mit zwei Schlüsseln verloren haben: dem Schlüssel, mit dem man in die Keller und in den Müllraum hineinkommt (wir wohnen in einem Appartement), und dem Schlüssel für unseren eigenen Keller. Als wir darüber nachdachten, wann wir sie zuletzt benutzt haben, sind wir zu dem Schluss gekommen, dass er sie in der Eingangstür zu den Kellern vergessen hat. Meine Reaktion: ›Das ist doch nicht schlimm, ich werde morgen früh

Zweiter Teil: Im Herzen des Sturms

zum Hausmeister gehen, ich bin sicher, dass er sie hat, derjenige, der sie gefunden hat, hat sie bestimmt bei ihm abgegeben.‹ Seine Reaktion: ›Du bist dir darüber wohl nicht im Klaren, der Schlüsseldienst wird uns teuer zu stehen kommen, was wir im Keller hatten, ist bestimmt gestohlen worden! Die Versicherung wird uns den Schaden nicht ersetzen, weil wir die Schlüssel im Türschloss vergessen haben ...‹ Ich habe zu ihm gesagt: ›Vertrau mir doch, es gibt keinen Grund zur Beunruhigung, morgen wirst du darüber lachen.‹ Er hat nicht geschlafen, und mich machte es ein bisschen traurig, ihn so zu sehen, aber vor allem ärgerte ich mich über diese Art zu übertreiben. Am nächsten Morgen habe ich unsere Schlüssel wiedergefunden, die immer noch in der Tür steckten! Ich habe zu ihm gesagt: ›Ich hoffe, das wird dir eine Lehre sein für das nächste Mal.‹ Zur Antwort bekam ich doch nur ein schüchternes, nicht sehr ermutigendes ›Mhm‹.« Der Kampf ist noch nicht gewonnen (aber es ist Carla immerhin gelungen, »J-P« daran zu hindern, noch am selben Abend in den Keller hinunterzugehen, um nachzuschauen). Sie hat nun eine Handlungslinie, die sie mit sich selbst in Einklang bringt und sie aufwertet.

Dass der Partner nicht zuhört, sogar mit Entwertung und Verunglimpfung reagiert, ist schon schlimm, wenn man mit ihm allein ist, in der Öffentlichkeit ist dies absolut unerträglich. Wie soll man sich weiter mit Hingabe der Arbeit an der Schaffung von Einheit widmen, wenn der (die) Geliebte einen vor den anderen so verrät? Lorenzo fühlt sich betrogen. »Bei einem Abendessen mit Freunden die Art und Weise, wie sie mit einer Handbewegung beiseitewischt, was ich gerade am Erklären bin (›Er übertreibt gern, das passiert ihm ständig‹). Was mir auf die Nerven geht, ist exakt die Tatsache, dass sie entwertet, was ich sage, unter dem Vorwand, dass sie mich nur ›zu‹ gut kennt. Im Einzelnen ist das zum Beispiel, wenn ich mich über irgendwelche Schmerzen beklage und sie mir das Wort abschneidet, indem sie erklärt: ›Ach, hör nicht auf Lorenzo, er ist ein Hypochonder erster Güte.‹ Oder über Musik oder Kino: ›Ach, Lorenzo interessiert sich doch nur für Sachen, die keiner kennt‹ (soll heißen: die niemanden außer ihn interessieren, also uninteressant sind).« Am meisten verwirrt es, wenn ein Beziehungsumfeld eine andere Facette des Partners zutage fördert, in der er sich einem anderen näher als einem selbst erweist, und er sich sogar die Freiheit nimmt, in einem sehr unangenehmen Ton zu sprechen und Sachen von sich zu geben, die ganz anders sind als das, was er unter vier Augen gesagt hat. Der Partner ist dann doppelt dissonant: wegen seiner offenkundigen Doppelzüngigkeit und weil er nicht dem gemeinsamen Ideal entspricht. Wenn er jedoch zudem noch diverse andere Bündnisse auf Kosten der Paarbeziehung eingeht und dabei denjenigen oder diejenige ignoriert, der oder die doch eigentlich seine liebevolle Aufmerksamkeit verdient hätte, dann kocht man innerlich über. »Regelmäßig erzählt mir mein Süßer von einem genialen, obercoolen und all das Supertypen: Er hat dies gesagt, er denkt das, er ist mit mir über dies oder jenes einer Meinung. Was geht mich das an? Bei jedem Neuen ist er ein paar Monate euphorisch. Und eine Zeit lang hat der Typ immer Recht, er wird gefragt, was er von bestimmten Sachen denkt, die ihn nichts angehen. Und das, das ärgert mich. Dass er vor den Typen auf der Arbeit den eingebildeten Affen spielt, was geht mir das auf die Nerven!« (Isabelle) Der Erstbeste kann nicht so einfach die Stelle des geliebten Partners einnehmen. Das Paar hat seine Regeln (gegenseitige Unterstützung, Vorrang beim Vertrauen), die nicht leichtfertig gebrochen werden können. Vor allem natürlich wenn der Freund oder die Freundin, die den Blick von dem oder der Geliebten ablenken, vom anderen Geschlecht sind. »Frage: Warum darf ich mir das blasse Gesicht am Morgen anschauen, und warum verbringt die Madame eine Stunde vor dem Spiegel, um sich zu schminken, bevor sie zu irgendeinem Herrn Soundso ins Büro geht? Ich sage nicht, dass da irgendwas passiert, nur der Kontrast zwischen den beiden Gesichtern ist schockierend. Die griesgrämige Visage für mich, die Farben und das Strahlen für die anderen. Das ist ein bisschen verkehrte Welt, das ist gigaärgerlich! Vor allem wenn zufällig ein gut aussehender Typ in der Gegend auftaucht. Ich habe gelesen, dass eher Männer so seien, durch und durch Verführer. Gut, ich kann Ihnen sagen, auch die Frauen sind das, und das ist sehr ärgerlich für den armen Ehemann.« (Markus) Sehr ärgerlich auch für die arme Ehefrau (in diesem Fall Zoé), wenn es der Mann ist, der Eindruck zu schinden versucht. »Sobald eine Frau dabei ist, verwandelt er sich in einen Gockel!« Oder wenn sein Blick auf die anderen Frauen den Vorrang der Geliebten nicht respektiert. »Was mich ärgert, ist sein Verhalten, das darin besteht, bei anderen – hauptsächlich Frauen – etwas zu bewundern, was er bei mir unerträglich findet, wie Dynamik, Enthusiasmus …« (Fidelia)

Die Unzufriedenheit

Mit der Missachtung und den Demütigungen betreten wir die Welt der Unzufriedenheit mit der Beziehung, die oft in engem Zusammenhang mit dem Ärger steht und doch deutliche Unterschiede zu ihm aufweist. Der Ärger ist ein präziser Mechanismus, der aus nicht verdrängten Dissonanzen resultiert, auch bei glücklichen und eng vertrauten Paaren. Caroline hatte mir gegenüber nichts mehr von sich hören lassen, weil sie sich inzwischen in einem Kokon aus Zärtlichkeit und Liebe befand, »auch wenn ich ihn manchmal am liebsten erwürgen würde, eben ganz normal!« Am heftigsten artikuliert sich Ärger in Form von plötzlichen emotionalen Entladungen. Die Unzufriedenheit zeichnet sich dagegen im Allgemeinen dadurch aus, dass insgeheim und auf schmerzliche Weise das Interesse am anderen erlischt und man innerlich zusammenbricht: Das Privatleben ist sinnlos geworden. Unzufriedenheit macht sich vor allem in den normalen Abnutzungserscheinungen des Zusammenlebens breit (Duret 2007), sie zerstört die Lust auf das Verschmelzen mit dem anderen und vergrößert den Abstand zwischen den beiden Partnern (Francescato 1992). Von diesem Standpunkt aus betrachtet bildet sie ein bevorzugtes Terrain, aus dem neuer Ärger hervorkommt. Ebenso wie einen die schlecht zu ertragende Wiederkehr des immer gleichen nicht behobenen Ärgers nach und nach in Unzufriedenheit versinken lassen kann. Die beiden Prozesse verbinden sich und geben sich gegenseitig Nahrung und ziehen die traurige Mannschaft in den schlimmen Abgrund aus Krisen und Vergehen der Liebe. Man sollte stets auf der Hut sein vor nur schlecht behobenem kleinem Ärger.

Malvina ist höchst verärgert. Alles oder fast alles, was Richard macht, ärgert sie und ist abscheulich. Sie hat den Moment des

Wie sich der Ärger ausweitet

Eingehens einer Beziehung lange hinausgezögert, weil sie Angst davor hatte, ihre Selbstständigkeit zu verlieren und in eine untergeordnete Hausfrauenrolle gedrängt zu werden. Richard hatte ihr das Blaue vom Himmel versprochen und es unglaublich schnell wieder vergessen. Sie erlebt nun genau den Alptraum, den sie befürchtet hatte. Sie sitzt in der Falle, ohne Aussicht auf Besserung, und verspürt eine Unzufriedenheit, die umso heftiger ist, als sie in ihrem Fall nicht aus den normalen Abnutzungserscheinungen resultiert; sie wurde manipuliert und getäuscht. Dennoch spricht sie mehr von Ärger als von Unzufriedenheit, und dies ist vielleicht ein kleiner Hoffnungsschimmer. Denn Ärger setzt Energie frei, auch wenn es sich dabei um eine negative Energie handelt (während die Unzufriedenheit eher deprimierend wirkt), er mobilisiert das Individuum, treibt es dazu, nach Antworten zu suchen. Obwohl der Kampf schwer ist, hofft Malvina immer noch, Veränderungen erreichen zu können.

Ärger ist ambivalent im Hinblick auf die Unzufriedenheit. Sicher hat er im Allgemeinen die Tendenz, diese langfristig zu verstärken. Aber er kann auch, für den Moment, die Möglichkeit eröffnen, der Unzufriedenheit Ausdruck zu verleihen, und so ein bisschen von dem angesammelten Groll befreien und bisweilen Lösungen herbeiführen. Bezüglich des Gebrauchs der Fernbedienung unterscheidet Caroline das Normale (Marc gibt sie niemals aus der Hand, wenn er vor dem Fernseher sitzt) von den inakzeptablen Übertreibungen (wenn Marc sie in seine Hosentasche steckt, wenn er auf die Toilette geht). Die erste Verhaltensweise »blockiert sie in ihrer Unzufriedenheit«. Sie hätte nämlich gern ausgewogenere Verhältnisse in ihrer Beziehung. Sie denkt jedoch nicht immer daran; sie hat sich daran gewöhnt, ihr Leben ist nun einmal so. Wenn er verwerflicherweise zu weit geht, löst sie das aus ihrer Beziehungsstarre, der Ärger weckt Ansprüche. Was zu viel ist, ist zu viel, Marc nimmt keinerlei Rücksicht auf ihre Bedürfnisse. Die Krise fördert verschüttete Gedanken und Worte wieder zutage. Die Paare spüren meistens, wenn Ärger mit einer unterschwelligen Unzufriedenheit verbunden ist, dann gehen sie vorsichtiger mit ihm um. Denn der Ärger hat zwar die Kraft, den Worten freien Lauf zu verschaffen, aber er kann auch die Unzufriedenheit verschlimmern. Sie spüren umgekehrt auch, wenn er nicht auf einer problembehafteten Basis ruht, sondern nur ein Ventil zum Abreagieren ist. Was nicht bedeutet, dass dies weniger ärgerlich ist. Denn die beiden Protagonisten können dann hemmungslos ihre Kleinkriege ausfechten. »Ich ärgere mich vor allem über die Unordnung meiner Lebensgefährtin. Sie lässt kleine Sachen auf dem Tisch herumliegen, während ich es gern habe, wenn nichts darauf herumsteht, lässt ihre Strümpfe mehrere Tage im Badezimmer liegen, bevor sie sie endlich wegräumt. Ich bin eher ordentlich, aber kein Ordnungsfanatiker, und sie ist auch nicht völlig unordentlich. Ich denke, dass das, was mir auf die Nerven geht, Kleinigkeiten sind, die leicht behoben werden könnten: Es erforderte keine übermenschliche Anstrengung, die Zeitungen immer an ihren Platz zu räumen oder einen Zettel, den man nicht mehr benötigt, gleich wegzuwerfen. Warum also tut man das nicht? Ansonsten möchte ich betonen, dass diese kleinen Ärgernisse nicht schlimm sind. Unsere Beziehung ist sehr gut, und falls sie einmal in Gefahr geriete, dann nicht deswegen, denke ich.« (Gautier)

Der Ekel

Der Ärger kann auch jene gefährliche Entwicklung nehmen, die dazu führt, dass er in den kritischen Tiefen der Unzufriedenheit Wurzeln schlägt. Er kann auch, durch Kristallisation, die spezielle und sehr problematische Form des Ekels annehmen. Nichts läuft der Logik der Liebe mehr zuwider als diese widerwärtige Empfindung. Sie kommt gleichwohl, häufig gut zu lokalisieren, in charakteristischen Situationen der unvermeidlichen und schlecht erträglichen Nähe der körperlichen Intimität auf. Im Bett, im Badezimmer, bei Tisch. Der Tisch, gewissermaßen eine unerwartete Prüfung der Beziehung, kommt unbestritten auf Platz eins der Hitparade des abscheulichen kleinen Ekels. Wir sind Erben einer langen Geschichte, die die Sitzordnung bei Tisch (wo man relativ lange Zeit einander gegenübersaß) in einer Zeit eingeführt hat, in der der Austausch zwischen Individuen nicht so war wie heute (Kaufmann 2006). Das Paar muss nun imstande sein, das Gegenübersitzen auszuhalten. Seine Hauptwaffe ist die Unterhaltung, die außerdem die Schaffung einer gemeinsamen Kultur ermöglicht. Aber sie ist nur selten lebhaft genug, um vor der peinlich genauen Beobachtung durch das Gegenüber zu schützen. Geräusche oder die Art und Weise, wie man etwas tut, die in anderen Kontexten eher klassischen Ärger entfacht hätten, verursachen dann sehr viel verstörendere Empfindungen des Ekels. Bisweilen sind sie sehr punktuell, was sie nicht daran hindert, heftige Reaktionen hervorzurufen, wie das leise »pfff« aus dem Mund ihres Mannes, das Nicole in die Luft gehen lässt. »Er macht zu laute Geräusche beim Essen. Obwohl er langsam isst, kaut er viel und atmet laut, und dabei kommt ein leises ›pfff‹ aus seinem Mund. Es ist schlimmer, wenn er müde ist, dann zuckt er mit dem Mund und den Augen. Das ist ein Tick. Wenn ich selbst auch esse, höre ich ihn kaum, wenn ich selbst nicht esse, dann macht mich das rasend, wenn ich genervt bin, verlasse ich meistens den Raum, damit er meinem Gesicht nicht ansieht, dass ich immer genervter werde.« Manchmal gehen die Ekelempfindungen sehr viel weiter und halten länger an. Seitdem sie diese Prüfung ertragen muss, hat Jade detaillierte Beobachtungen gesammelt, die es ihr ermöglichen, folgendes beeindruckende Krankheitsbild zu zeichnen. »Mein Freund isst sehr schnell, hebt kaum den Kopf zwischen den Bissen. Es kommt vor, dass er mit den Fingern ein bisschen nachschiebt, dass er seine Gabel hält, wie Kinder es tun, wenn sie anfangen zu lernen, damit zu essen, oder wie es noch viele Menschen auf dem Land tun. Er leckt oft das Messer ab, putzt es an der Serviette ab (bei einer Papierserviette geht das ja noch, aber bei einer Leinenserviette!!!): die Eleganz selbst! Er spießt mit dem Messer Käse auf und steckt es in den Mund. Dagegen isst er nie mit offenem Mund, und das SCHÄTZE ICH. Ein anderer sehr wichtiger Punkt: Er klappert laut mit dem Besteck, wenn er mit der Gabel ins Essen sticht, kommt es mir vor, als würde er den Teller durchlöchern. Er macht Geräusche beim Schlucken von Flüssigkeiten, er bläst systematisch auf warmes Essen, auch wenn es nicht mehr heiß ist. Er schlürft die Nahrung mehr ein, als dass er sie isst. Es fällt mir sehr schwer, mein Essen zu genießen, denn ich fühle seine Anwesenheit nicht, es ist, als wohnte er nicht in seinem Körper, ich fühle mich einsam. Das Essen sollte eigentlich ein Moment der Gastlichkeit sein, ich fürchte mich vor jeder Mahlzeit. Ich spreche mit ihm darüber, wir diskutieren, er sagt, er wird sich bemühen, dass das schon kommen wird. Aber seine Bemühungen halten nicht lange an, dann nervt es ihn. Jeden Tag denke ich darüber nach, versuche mich selbst infrage zu stellen. Trotz allem gelingt es mir nicht, über diesen Ärger hinwegzusehen. Wenn ich ihn so essen sehe, stößt mich das ab. Ich habe den Eindruck, dass er sich mit seinen Rülpsern und Hicksern auf seinen Teller übergeben wird. Mein Freund ist gleichwohl ein schöner Mann, er kleidet sich gut, er gefällt den Frauen, aber naja.«

Die Systematik der Beschreibung zeigt, dass ein Maß überschritten wurde. Wie beim Zusammenhang zwischen Ärger und Unzufriedenheit liegt das Problem nicht so sehr in einer lokalisierbaren Manifestation des Ekels als vielmehr in seiner Ausdehnung, die nach und nach die ganze Beziehung vergiftet. Jade fällt es im Übrigen sehr schwer, das Verhalten bei Tisch zu vergessen, wenn sie sich im Bett wiederfindet. »Der vom Ekel verursachte momentane Ärger strahlt auf meine Lust ab. Ich habe das Bedürfnis, von meinem Partner verführt zu werden. Daher fällt es mir sehr schwer, sein Benehmen zu vergessen, dem die Finesse vollkommen abgeht. Das verdrießt mich, und ich muss einen guten Moment lang warten, bis ich in Stimmung komme. Ich habe große Angst um diese Beziehung, offen gestanden weiß ich nicht, wie ich damit umgehen soll.« Eine solche Ausstrahlung des Ekels ist glücklicherweise nicht die Regel, sie ist sogar eher die Ausnahme. Denn auf diesem Gebiet ist die Verdrängung noch mehr als beim klassischen Ärger am Werk, sei es durch gewöhnliche Sozialisation durch die Beziehung oder durch die bezaubernden besonderen Moment der verliebten Vertrautheit. Der potenzielle kleine Ekel wird nur vage, von weitem wahrgenommen und vor allem in der darauffolgenden Sequenz des Lebens schnell vergessen. Ein Hauptaspekt der Kunst, eine gute Beziehung zu führen, besteht darin, die negativen Empfindungen einzugrenzen und zu isolieren. Erinnern wir uns zum Beispiel an Melody, die sich bei Tisch auch bis zum Ekel ärgert, wenn »ER« die Soße auf seinem Teller auftunkt und es ihr vorkommt, als ginge er »mit dem Scheuerlappen über den Teller«. »Ja«, sagt sie, dabei handelt es sich um etwas, das »abstoßend auf die Liebe wirkt«. Aber die negativen Auswirkungen der Szene »übersteigen selten zehn Minuten«. Sie verschwinden völlig, wenn Melody ihren Mann liebevoll anschaut. »Die beiden Zustände scheinen für mich klar voneinander abgegrenzt, es ist heiß oder kalt, aber niemals lauwarm. Ich weise meinen Mann zurück, oder ich bin von ihm angezogen.« Diese Abfolge von biografischen Sequenzen, in denen jeweils eine offene Atmosphäre herrscht, erklärt, warum das Bett so selten als Ort genannt wird, an dem sich Ekel manifestiert. Denn es ist zu sehr mit Liebe konnotiert, als dass dort Ekel zum Ausdruck kommen könnte; er wird verdrängt. Der Tisch dagegen vermittelt den Eindruck, als sei er ein banaler Kontext (während dort doch die Intimitäten frontal aufeinanderprallen). Der kleine Ekel manifestiert sich dort also mit größerer Freiheit.

KRANKHAFTE REIZBARKEIT

Der Ärger ist ein sehr präziser sozialer Mechanismus, der sich dort herausbildet, wo zwei individuelle Kulturen miteinander in Kontakt kommen, die die alltäglichsten Gesten strukturieren und bei denen sich die Protagonisten nicht darüber im Klaren sind, wie unterschiedlich sie sind. Das ist ganz normal im Leben eines Paares, auch wenn der Ärger sich jederzeit mit der schleichenden Unzufriedenheit verbinden kann, was bisweilen dazu führt, dass eine gefährlichere Situation entsteht. Es kommt übrigens vor, dass der gut beherrschte kleine Ärger zum Anlass genommen wird, sich abzureagieren, das seelische Gleichgewicht wiederzufinden und zu artikulieren, was man normalerweise für sich behält. Aber es stimmt auch, dass Gefühle, denen man freien Lauf lässt, unkontrollierbar werden können und in Geschrei, Zerschlagen von Gegenständen und schlimmstenfalls in Schlägen gipfeln können. In diesen extremen Gestaden, wo sich der einfache Ärger in Gewalt verwandelt, müssen wir uns etwas von unserem streng definierten Thema entfernen. Das Paar ist eine komplexe und empfindliche Maschinerie, die in sich die Dissonanzen erzeugt, die den Ärger verursachen. Aber die Paarbeziehung und ihre Funktionsweise erklären nicht alles. Denn manche Menschen bringen schon, wenn sie eine Beziehung eingehen, eine Ladung von Ärger mit, der eine ganze Reihe von Ursachen haben kann: soziale, psychologische, physiologische. Hier ein paar Beispiele, die lange nicht das ganze Problem erfassen können.

Es wäre von den Rauschgiftsüchtigen auf Entzug zu sprechen oder von Menschen mit Borderline-Sydrom. Hören wir uns einfach den kurzen Bericht von Cali an, die Gewalt gegen sich selbst richtet: »Ich bin zwanzig Jahre alt und lebe seit zwei Jahren in einer Beziehung. Ich habe ein Problem: Ich bin ständig genervt, und vor einiger Zeit (vor ungefähr einem Jahr) habe ich mich selbst verletzt, als es mir schlecht ging (vor allem wegen meiner Genervtheit). Ich habe es geschafft, damit aufzuhören, aber momentan überkommt mich wieder die Lust. Ich habe mich nur schwer unter Kontrolle, ich weiß nicht mehr, was ich tun soll, und mein Freund weiß es auch nicht.« Oder die Aussage von Jennifer: »Ich bin am Rande des emotionalen Clash mit meinem Freund, ich weiß nicht, wie lange er es noch mit mir aushalten wird. Ich schreie so sehr, dass ich dabei fast die Stimme verliere, und immer aus irgendeinem ganz blöden Grund! Ich mache Sachen kaputt und ritze mich, es ist die Hölle!« Es wäre auch von allen somatischen Krankheiten zu sprechen, die einen Zustand heftiger chronischer Gereiztheit verursachen.[4] Ich nenne nur die chronische Darmentzündung und vor allem die besonders unerträgliche hämorrhagische Rektokolitis. Die Kranken leiden so sehr darunter, dass sie die Kontrolle über sich verlieren und Anfälle übelster Reizbarkeit bekommen. Olivia versucht zu verstehen. »Ich möchte niemanden kränken, aber ich benötige Ihre Hilfe bzw. Antwort auf folgende Frage: Ist es mit allen Menschen, die an hämorrhagischer Rektokolitis leiden, schwierig? Ich lebe schon seit einigen Jahren mit meinem an hämorrhagischer Rektokolitis erkrankten Freund zusammen, und wiederholt schon waren seine durch Krankheitsschübe hervorgerufenen Anfälle von chronischer Reizbarkeit, Manie und Unduldsamkeit die Ursache von

---

4 Es ist sicher nützlich, an dieser Stelle darauf hinzuweisen, dass »agacement«, das französische Wort für »Ärger«, im 16. Jahrhundert in medizinischen Abhandlungen verwendet wurde, um den Zustand zu beschreiben, den ein entzündeter Zahn verursacht.

heftigen Auseinandersetzungen, sogar Trennungen ... Und es wird mit den Jahren nicht besser. Ich weiß nicht mehr, wie ich mich verhalten, was ich tun soll, wenn er einen ›Anfall‹ bekommt. Ich habe Verständnis für seine Krankheit, aber wenn diese Gewalt ihn dazu treibt, Geschirr zu zerschlagen, dann, muss ich gestehen, bin ich mir nicht mehr sicher, ob ich das aushalten kann.«

Diese (dramatischen) Extremfälle sind jedoch nicht ohne Zusammenhang mit unserem Thema. Sicher ist das Potenzial an cholerischer Energie unvergleichlich viel höher als im Durchschnitt, sie reagiert auf Ursachen, die nichts mit dem Zusammenleben des Paares zu tun haben, und richtet dabei beträchtliche Schäden an. Aber der Mechanismus an sich funktioniert auf dieselbe Weise. Winzige Differenzen, Konflikte zwischen Verhaltensweisen oder widerspenstige Gegenstände lösen ihn aus. »Ich gehe alle fünf Minuten in die Luft. Aber seit einiger Zeit merke ich ›endlich‹ und kapiere ich ›endlich‹, dass ich mich wegen nichts und wieder nichts aufrege ... Wenn ich sage ›nichts‹, dann ist das bloß ein Teller im Spülbecken, oder ich erreiche jemanden telefonisch nicht ... Ich habe die Nase voll!« (Alex) In zahlreichen Situationen, auch jenseits der pathologischen Fälle, bringt die Paarbeziehung in Wirklichkeit eine Reizbarkeit, manchmal sogar eine Brutalität, nur zum Vorschein, die zuvor schon existierte oder verstärkt sie (Séverac 2005). Sie ist ein Explosionsbeschleuniger.

ERSCHWERENDE SOZIALE UMSTÄNDE

Vor dem Ärger sind wir nicht alle gleich. Zwar ist der Mechanismus, der den Ärger auslöst, bei allen gleich, aber zwischen den Individuen, die sich ihm hingeben, können (biologisch, hinsichtlich ihrer Geschichte und ihres psychologischen Profils) Persönlichkeiten, die schneller reizbar sind, unterschieden werden von solchen, die weniger schnell reizbar sind. Zu der biopsychologischen Diversifikation kommen die Auswirkungen des Lebensumfeldes eines jeden Einzelnen hinzu. Für den Umgang mit Ärger gibt es eine ganze Reihe von Techniken, von denen sich viele erheblich verbessern lassen, wenn man über diverse kulturelle und finanzielle Ressourcen verfügt. So unterschiedliche Dinge wie Geld, Wohnort, Lebensstandard, Zugang zu hochwertigen Freizeitmöglichkeiten, berufliche Motivation, vielfältige Interessengebiete usw. können helfen, Wutausbrüche zu vermeiden oder zu mildern. Alles dagegen, was die Erschöpfung vergrößert und den Horizont einschränkt, verstärkt das Eingeschlossensein auf engem Raum, bedroht mit Verlust des Selbstwertgefühls und macht logischerweise anfälliger für Unzufriedenheit und Streit. Hier die traurige Geschichte von Raf und Dolorès, die darüber so viel sagt wie eine lange Abhandlung.

Bei Raf folgten Scheidung und Arbeitslosigkeit Schlag auf Schlag. Als es steil mit ihm bergab zu gehen begann, schien ein Märchen seinem Leben einen Hoffnungsschimmer zu geben. »Eine Zeit lang hatte ich kurze Affären mit Frauen (die ein, zwei Monate dauerten), und da merkte ich sehr schnell, dass diese Art von Beziehungen mir nicht gefallen. Denn ich habe schon immer die Vorstellung, eine gute, beständige Frau zu finden, um ganz einfach mein Leben mit ihr zu leben. Und da reckt sie ihre reizende kleine Nase hervor, endlich habe ich meine Seelenverwandte gefunden.« Leider bricht das soziale Schicksal der an Elend Gewöhnten über die Turteltäubchen herein. »Finanzielle Probleme oder Probleme wegen ihres Ex, der sich umbringen wollte (um als Opfer dazustehen). Dann wird auch sie arbeitslos, und als sie wieder einen Job findet, gerät sie an eine Scheißgesellschaft, was uns in eine furchtbare Geldnot bringt! Und ich versuche immer noch Arbeit zu finden, das dauert jetzt schon mehr als eineinhalb Jahre.« Raf fühlt sich »schwach, erschöpft und zerbrechlich. Früher sorgte ich wie zwei für die Moral der Truppe, heute fühle ich mich mit meiner Kraft am Ende.« Am schlimmsten ist, dass sich das Klima zwischen ihnen beiden verschlechtert. Am Anfang hatte sie der Kampf gegen die Widrigkeiten zusammengeschweißt. Inzwischen aber haben die immer gleichen leeren und schlechten Tage schließlich zerstört, was sie verband. »Zudem können wir fast nichts mehr machen, da unsere Finanzen es uns nicht erlauben, und ich fühle mich hilflos, weil wir nicht mehr ausgehen oder uns gegenseitig eine Freude machen oder uns überraschen können. Man ist also gezwungen, in der Hütte zu bleiben und diese schwierige Situation zu ertragen, ist am Wochenende eingesperrt. Was ich hasse, denn ich bin kein Stubenhocker, ich mag Entdeckungen, Überraschungen, ein Leben, bei dem man sich frei entfalten kann, und anderes, was wir nicht machen können. Was dazu führt, dass wir uns seit ein paar Monaten anschreien und uns nicht mehr verstehen.« Raf hat immer noch Träume, er stellt sich noch vor, was sie alles machen könnten, das Leben eines Traumpaars. Er weiß, dass Dolorès genau die gleichen Träume hat. Weit von ihren Träumen entfernt, geht unglücklicherweise nicht nur ihre Vertrautheit dahin, auch der Ton zwischen ihnen wird lauter, und es kommt zu immer mehr Krisen. Sie würden sich gern lieben. Stattdessen ärgern sie sich über alles. »Ich möchte hinzufügen, dass wir beide ein hitziges Gemüt haben, das wir im Zaum zu halten versuchen, aber in dieser Zeit ist das nicht einfach, und auch wenn wir uns beide anstrengen, ist es ziemlich schwer, alle unsere Ängste in die richtige Bahn zu lenken. Der Ton wird schnell lauter, und man gerät in Zorn, was noch ermüdender ist, und man hat die Nase voll, obwohl man sich sehr liebt. Man hat manchmal den Eindruck, dass es unsere Gesundheit kaputt macht, wir haben Angst um unsere Beziehung, denn sie hat ganz schön was abbekommen. Das haben wir nicht verdient.«

Dritter Teil
Kleine Racheakte und Liebestaktiken

6
Schwierige Kommunikation

Auge um Auge, Zahn um Zahn

Wenn der Ärger in einem hochkocht, möchte man sich am liebsten auf der Stelle schlagen und brüllen, um die schlechte Laune loszuwerden. »Man darf auch nicht bei allem die Klappe halten, sonst läuft man Gefahr, seinen Frust in sich hineinzufressen« (Isabelle). Vor allem manche besonders impulsiven Menschen wie Rosy. »Ich habe ein sehr gutes Alarmsystem. Es lässt einmal etwas durchgehen, und dann schalten alle Ampeln auf Rot. Ich lasse die Dinge nicht gern vor sich hinschwelen. Es knallt sofort. Ich bin ein instinktiver Mensch, kein Verstandesmensch.« Melody gehört nicht wirklich zu dieser Kategorie. Wir werden sogar noch sehen, welche höchst geschickten Liebestaktiken sie zu erfinden versteht. Aber sie bleibt unnachgiebig, wenn sie etwas nervtötend findet, vor allem wenn »ER« sich bei Tisch nicht so benimmt, wie sie es sich erträumt. »Es kommt nicht infrage, dass ich mich mit etwas abfinde, was mir im Grunde missfällt. Ich beherrsche mich dann überhaupt nicht, sondern werde je nach Laune ziemlich wild (je schlechter ich gelaunt bin, desto weniger tolerant bin ich). Mein Mann muss den ersten Schritt auf mich zu machen, da er die Ursache für meinen Unmut ist! Je nachdem, wie groß die Diskrepanzen sind und welche Anstrengungen er unternimmt, um mich zurückzuerobern und den Graben wieder zuzuschütten, steigt das Barometer für unser Verhältnis wieder auf schön oder nicht.« Leider »lässt er es sich nicht gefallen und ist höchst widerspenstig«, pocht auf sein Recht, er selbst zu sein und es sich bequem machen zu dürfen, und probiert alle möglichen Manöver. »Meistens tut er so, als hätte er meine spitze Bemerkung nicht gehört, läuft vor der Frage davon, geht in ein anderes Zimmer oder wechselt das Thema, wartet, bis es vorüber ist. Wenn ich in Form bin, gebe ich nicht so schnell klein bei, ich wiederhole meine Bemerkungen. Wenn er sich weiter hinter einer Mauer des Schweigens verschanzt, trete ich in den kalten Krieg ein und beschließe, ebenfalls zu schweigen. Ohne eine Szene zu machen. Ein Nebeneinanderherleben in reiner Höflichkeit, das er nicht mag. Dann argumentiert er ganz unaufrichtig (›Verzeih, ich habe es vergessen!‹, ›Ach ja, findest du?‹, ›Wie ist das nur möglich?‹), oder er geht zum Gegenangriff über (›Und du?‹), auf eigene Gefahr, denn der offene Konflikt kann noch schärfer werden, oder meistens versucht er abzulenken (mit einem Kompliment, einem Scherz), was meinen Ärger entschärft, ohne ihn natürlich zu beheben, aber es gelingt ihm, ein Gegengewicht zu seinen negativen Auswirkungen zu schaffen. Wenn die Kinder dabei sind, schauen sie sich die Szene amüsiert an und warten, wer den Sieg davontragen wird. Wenn die Stimmung vergnügt ist, äffen sie uns nach und machen sich über ihren Vater lustig. Andernfalls halten sie den Mund.« Sie halten den Mund, weil Melody beschlossen hat, einen lauteren Ton anzuschlagen und sich von ihrer Wut mitreißen zu lassen, um seinen Widerstand zu brechen und zu einem Ergebnis zu kommen. »Um die Explosion, die auf das Anstauen folgen kann, komme ich jedenfalls nicht herum. Ich benötige viel Energie und absolute Gewissheit, um zu argumentieren und die gewünschte Besserung einzufordern (die Unaufrichtigkeit, die er an den Tag legen kann, geht mir schnell auf die Nerven). Je wütender ich also bin, desto wirkungsvoller ist dies, um Bewegung in sein Verhalten zu bringen.«

Nicht so sicher und nicht immer: Die Wut ist zwar eine köstliche Befreiung, wirkt sich aber nur selten auf das Handeln aus. Zum einen, weil steigende Emotionalität nicht sehr zur Klärung der Argumentation beiträgt, die hinsichtlich der Hauptursachen der Unstimmigkeit schon schwierig ist. »Je mehr es einem stinkt, desto weniger offen ist man« (Marie).[1] Sie kann sogar dazu veranlassen, Dinge zu sagen, die weit über das hinausgehen, was man denkt.»In unserer Wohnung ist keine Tür mehr heil, die Wände haben Löcher, wir haben uns die schlimmsten Sachen gesagt, ohne dass sie uns vorher in den Sinn gekommen wären, haben um die Wette gebrüllt« (Mimie). Zum anderen, weil Wut Wut erzeugt und Ideen in der Flut der heftigen Gefühle untergehen. Sie katapultiert die empfindliche Mannschaft in die gefährliche Welt der verletzenden Aggressionen.»Er droht mir Schläge an (was er noch nie getan hat) und dass er an denselben Tagen ausgeht wie ich. Wir werden immer lauter, sagen Dinge, die sich nur schlecht vergessen lassen.« Cassiopée pariert.»Mir platzt der Kragen, ich schlage zu, ich schreie, ich drohe ihm an, aus dem Fenster zu springen, und zähle die Jahre, die ich noch aushalten muss. Es fällt mir sehr schwer, nicht zu explodieren.« Geschrei trägt kaum dazu bei, sich zu erklären, und noch weniger, sich zu verstehen. Yannis hat das gut erfasst. Er hat große Lust, alles zu sagen, was ihn ärgert, verkneift es sich aber, wenn er »ihren Augen ansieht, dass man keinen Streit mit ihr anfangen sollte«. Er hebt die Stimme nur kurz, wenn der Gegner besänftigt scheint. Lamia vermeidet inzwischen auch zu lebhafte Diskussionen, »die immer in Streit enden« und zu keinen konkreten Ergebnissen führen. Der Ärger kommt aus den Tiefen des Unaussprechlichen und entsteht, weil Schemata in Konflikt geraten, die den Streitenden größtenteils nicht bewusst sind. Wie sollte es also möglich sein, dass man sich klar über sie ausspricht, vor allem wenn die Argumente dabei auch noch in der Wut untergehen? Die emotionalen Explosionen haben einige Vorteile. Sie wirken auf denjenigen, der sich geärgert hat, befreiend; sie können sogar Unsagbares zum Ausdruck bringen und so zu weiterer Kommunikation beitragen. Aber nur selten münden sie in konkrete und dauerhafte Lösungen bezüglich der Ursachen des Ärgers, von denen sie ausgelöst werden. Das folgende Beispiel, das Melody liefert, ist daher eher eine Ausnahme. Gewiss war ihre Reaktion, die so überwältigend war, dass sie nicht einmal Zeit fand, sich zu ärgern, von Erfolg gekrönt. Einem winzigen Erfolg jedoch, hinsichtlich einer sehr präzisen Geste, die »ER« selbst sicher schon bedauerte, kaum dass er sie ausgeführt hatte. Melody hatte für

---

1 Von Céline Bouchat (2005, S. 80) aufgezeichnete und zitierte Aussage.

sich selbst etwas anderes als für den Rest der Familie zu essen gemacht. »Als ich gerade angefangen hatte, meine Rohkost zu essen, stibitzte ER sich überraschend noch im Stehen etwas mit seiner Gabel von meinem Teller. Da gab es überhaupt keinen Ärger, nur eine ganz gesunde Reaktion, ich hatte keinen Zweifel: Wenn er das Gleiche hätte haben wollen, hätte er es nur sagen brauchen, zumal das Essen köstlich war, ich habe hemmungslos losgeschrien, er musste sich entschuldigen. Der Frieden und das gute Verhältnis waren schnell wiederhergestellt.« In Wirklichkeit ein Pyrrhussieg. Der epische Ton und der hagiografische Stil sind offensichtlich eine Kompensation für alle ihre Niederlagen bezüglich der Tischmanieren.

Heiss und kalt

Eine x-beliebige Ursache löst den Ärger aus. Über den man sich dann schließlich an sich ärgert, weil er das Individuum spaltet und eine Reihe von Dissonanzen erzeugt: War meine Reaktion verglichen mit der Ursache nicht unangemessen? Soll ich Vernunft annehmen oder weitermachen? Soll ich einem Wunschtraum hinterherrennen oder mich mit dem Bestehenden zufriedengeben? Warum ändert sich der Gegner trotz seiner Versprechungen praktisch so wenig? Tausend Fragen kommen immer wieder auf und bleiben unbeantwortet. Man müsste darüber sprechen können. Das Geschrei wirkt zwar befreiend, trägt aber kaum zur Klärung bei. Also geht das Paar zu einer anderen Taktik über und versucht es mit nüchtern vorgebrachten Erklärungen. Eline hat lange an der Technik gearbeitet, nachdem sie die Bilanz der heißen Methode gezogen hatte und zu dem Schluss gekommen war, dass sie wirkungslos ist. »Ich reagiere in Konfliktsituationen ziemlich heftig, und in solchen Momenten bin ich nie in der Lage, Abstand zu wahren. Hitzig setze ich dann alles gleich, hole zu einem Rundumschlag aus, stelle in fruchtlosen und dramatischen Schlagabtauschen alles infrage.« Sie hat sich daher eine sehr kontrollierte Vorgehensweise zurechtgelegt. »Ich versuche, das Thema nicht anzuschneiden, wenn ich mich gerade darüber ärgere, weil das Anlass zu lebhaften und fruchtlosen Diskussionen geben würde. Später versuche ich es so vorzubringen, dass Jack mein Problem versteht, und beginne eine Diskussion, damit ich seinen Standpunkt verstehe. Gut, ich sage nicht, dass das jedes Mal funktioniert! Im Übrigen wirft er mir oft vor, dass ich ein Thema ›fix und fertig‹ vorbringe, bereits vorab bedacht und fast gelöst ... Immerhin ermöglicht uns dies oft, zu Kompromissen zu gelangen oder zusammen Lösungen für ein Problem zu finden.« Leider kommt es selten vor, dass solche vernünftigen Diskussionen wirklich funktionieren, wenn es um Ärger geht. Es ist nämlich so schwierig, sich zu erklären, dass das Abkühlen unweigerlich jeden (vor allem denjenigen, der den anderen ärgert) veranlasst, sich in sein Schneckenhaus zurückzuziehen und nur noch mit halbem Ohr zuzuhören. »Vorsicht dagegen bei den gedämpften Ausdrücken, das sind die gefährlichsten. Wenn man ein zivilisierter Mensch ist, sagt man dem anderen in ruhigem Ton, dass einem dieses oder jenes Verhalten, diese oder jene Marotte, Vorgehensweise etwas lästig ist, nicht wahr? ›Liebling, würdest du bitte dein Telefon nicht auf mein Lackmöbel legen? Es zerkratzt es. Danke, mein Täubchen.‹ Und da hört das Täubchen dann zerstreut hin. Das sollte es lieber nicht. Eines schönen Tages wird es mit ansehen, wie das Telefon ruhig, aber bestimmt in der Kloschüssel landet, weil man es ihm 2.347 Mal gesagt hat und man es nun aber wirklich satt hat. Verlassen Sie sich nicht auf die Geduld, sie ist keine unversiegbare Quelle, sie ist eines Tages ausgeschöpft, wenn man sie überstrapaziert, und dann tut es meist sehr weh, weil man es nicht hat kommen sehen.« (Isabelle)

Eline gelingt es mithilfe der kalten Methode, ein paar Ergebnisse zu erzielen, weil ihre Paarbeziehung (in der Anfangsphase der Einführung ihres häuslichen Systems) besonders offen für Diskussionen ist. Wenn man genauer hinschaut, stellt man fest, dass die Methode nur in einer Richtung wirkt. Jack, der weniger organisiert (oder machiavellistisch) ist, lässt sich jedes Mal überrumpeln und hat keine Zeit, einen Gegenangriff vorzubereiten. Was ihn ein bisschen ärgert. Obwohl er eher sanftmütig ist, ist er also gezwungen, Krisen zu benutzen, um sich zu artikulieren. »Jack ist viel ruhiger, er relativiert die Dinge noch mehr. Er sagt erst, dass er sich über mich ärgert, wenn ich explodiere. Bei der Hausarbeit zum Beispiel wartet er meine Reaktion ab, um seinen Standpunkt darzulegen und zu sagen, dass er sich über meinen furchtbar ärgert. Also ist es dann an mir, mich zu beruhigen, damit wir wieder zu einem konstruktiven Meinungsaustausch zurückgelangen.« Eline, deren Reaktionen prompter sind, beherrscht sich dann, um abzukühlen, was ihr ermöglicht, ihre Bitten zu präzisieren, während Jack, der friedfertiger (oder schlaffer) ist, das Feuer etwas anfacht, um loszuwerden, was er zu sagen hat. Sie manövrieren mit viel Fingerspitzengefühl zwischen heiß und kalt, jeder auf seine Weise, aber sie schaffen es mehr oder weniger, sich zu einigen. Das am häufigsten vorkommende Muster fasst Eline folgendermaßen zusammen: »Ich explodiere, Jack explodiert, wir beruhigen uns und diskutieren darüber.« Sie ist diejenige, die sich am meisten ärgert, und in der Regel geht von ihr die Initialzündung aus, die auf Jack übergreift und ihm ermöglicht, Dampf abzulassen. Eline kühlt danach sogleich ab und steckt den Verhandlungsrahmen ab. »Selbstverständlich hält jeder zunächst an seinen Vorstellungen fest. Aber da es unser Ziel ist, eine Lösung zu finden, bewegen wir uns aufeinander zu, um eine befriedigende Lösung zu finden. Die Lösungen sind aber niemals wirklich befriedigend: Entweder ist einer von uns beiden frustriert, oder wir gelangen zu einer für beide mehr oder weniger zufriedenstellenden Situation. Alles hängt davon ab, worum es bei dem Ärger oder der Krise geht. Wenn es um harmlose Dinge geht, kommen wir schnell zu einem Ergebnis. Wenn es sich um wichtige Dinge handelt, können mehrere Tage mit zahlreichen Diskussionen vergehen, bis wir zu einer Lösung kommen.« Sogar in Elines und Jacks besonders offener Situation ist die kühle Diskussion allein wirkungslos, sie muss von einer Emotion ausgelöst werden. Diese ist unkontrollierbar und hat nicht immer die erhofften Folgen. »Ich reagiere ziemlich heftig, also gibt es entweder eine Diskussion, die uns vielleicht nicht gefällt und heftig ist, oder eine offene Explosion voll bitterer und unfreundlicher Worte mit fruchtlosen und unheilvollen Auswirkungen.« Über das zu diskutieren, was einen ärgert, ist immer ein Tanz auf dem Vulkan.

Die Sprache der Gesten

Deshalb werden Techniken der indirekten Kommunikation bei weitem bevorzugt, alles, womit man etwas (ein bisschen) sagen kann, ohne es allzu deutlich aussprechen zu müssen. Besonders beliebt sind die mit Bedacht angewandten emotionalen Befreiungsschläge in Form von kleinen Sätzen, die die Gestalt explosiver Zwischenbemerkungen annehmen (Kaufmann 1994). Zwar kann ihr Inhalt brutal sein, ihre Wirkung wird jedoch von zwei Eigenschaften abgemildert, die den Gegner verunsichern. Die erste ist, dass der Sprecher oft sehr unbestimmt bleibt, die kleinen Sätze zugleich (in einer therapeutischen Funktion) zu sich selbst und in Richtung des Missetäters gesagt werden und zusätzlich noch zur ganzen Welt (die das jedoch nicht weiß). Der Ehepartner kann darauf reagieren oder nicht, zuhören oder nicht, halb reagieren oder halb zuhören. Die zweite Eigenschaft ist noch markanter: Die kritische Bemerkung ist sehr kurz und wird ganz schnell gemacht. Kaum ist der Satz ausgesprochen, gerät er auch schon wieder in Vergessenheit, derjenige, der ihn ausgesprochen hat, weigert sich sogar bisweilen, deutlicher zu werden, wenn er darum gebeten wird. Der Gegner hat also nicht die Zeit, gegenüber dem unerwarteten winzigen Angriff Stellung zu beziehen. Was ihm im Übrigen sehr oft gut zupasskommt. Daher ändert sich nichts, und alles geht schnell wieder seinen gewohnten Gang. Es bleibt möglicherweise nur eine dezente Spur in der Erinnerung desjenigen zurück, der den anderen verärgert hat, wenn er ein bisschen genauer hinhören mochte.

Dieser Umgang mit dem gesprochenen Wort erfordert eine gewisse Erfahrung in beiden Lagern. Die trotz allem ausgesprochenen Worte können jederzeit zu einer größeren Auseinandersetzung führen. Selbst wenn man sie kaum hörbar vor sich hin nuschelt. Marc brummelt jedes Mal vor sich hin, wenn er den Müll wegbringt, denn er ärgert sich ungemein darüber, dass er diese lästige Pflicht auferlegt bekommt.[2] Aber Marie-Agnès kann dieses Brummeln nicht ertragen und ärgert sich ihrerseits darüber (denn Marc tut sonst nichts Großartiges im Haus-

---

2 Von Johanne Mons (1998, S. 102) aufgezeichnete und zitierte Aussage.

halt). Sie spitzt die Ohren und reagiert auf das leiseste Nuscheln. Daher bevorzugen viele die noch radikalere Methode, etwas ohne Worte zu sagen, und vermeiden sogar die kurzen, widerwillig ausgesprochenen Bemerkungen. Sie artikulieren sich durch Mimik, Gestik, Körperhaltung. Wir werden uns weiter unten noch die kostbaren Geheimnisse des Schmollens anschauen, das in seiner passiven Form eine Verweigerung des spontanen Ausdrucks zur Schau stellt. Hier geht es darum, ganz explizite Äußerungen zu nennen: Körpersprache und Sprache der Dinge. Das Paradoxe ist, dass diese Modalität des Kommunikationsersatzes, die den Protagonisten weniger riskant erscheint, in Wirklichkeit so ungenau ist und Anlass zu so vielen Missverständnissen gibt, dass ihre Auswirkungen dem gewünschten (mäßigenden) Zweck abträglich sein können. Yannis zum Beispiel ärgert sich sehr, wenn seine Lebensgefährtin »das Handtuch zusammenknäult und auf den Badewannenrand wirft«. Er hat es ihr schon tausend Mal gesagt, nicht immer ruhig. Wie reagiert sie auf diese Gereiztheit? Sie streckt ihm die Zunge heraus! Als Yannis noch wütender wurde, hat sich seine Lebensgefährtin schließlich deutlicher ausgedrückt und zu ihm gesagt, »dass es das letzte Handtuch sei und dass ich schon nicht daran sterben würde« (Yannis). Eine alles in allem sehr maßvolle Antwort, die gleichwohl schärfer ist als das Zungeherausstrecken, das also sicher sehr viel weniger aggressiv konnotiert war (allerhöchstens freundlich spöttelnd), als Yannis glaubt. Die Interpretation der Sprache der Gesten variiert beträchtlich, je nachdem, ob man den anderen verärgert hat oder sich ärgert. Derjenige, der sich ärgert, glaubt oft, dass seine Kritik weniger schlimm ist, wenn er seinen Mund nicht aufmacht. Dabei kann seine Geste als eine noch brutalere Provokation aufgefasst werden und sehr verärgern. Aurore ärgert sich sehr darüber, dass Sonia Haare in der Dusche liegen lässt, die den Abfluss verstopfen.[3] Sie sagt nichts, sondern legt sie in einem kleinen Haufen auf den Rand, sozusagen als eine wortlose Botschaft, die sie für klar hält. Leider fühlt sich Sonia von dem kleinen Haufen nicht angesprochen. »Ich finde das schwachsinnig. Ich bin der Ansicht, dass man das, was man tut, konsequent zu Ende bringen

---

3   Von Céline Bouchat (2005, S. 82) aufgezeichnete und zitierte Aussage.

sollte«, das heißt, die Haare in den Mülleimer werfen sollte. Wenn sie wieder unter die Dusche geht, entdeckt die arme Aurore also wieder den Haufen Haare, den sie auf den Rand gelegt hat. Ärger mit tausendfacher Potenz.

Nach dem Frühstück, das er allein einnimmt, stellt Pedro seine Tasse meistens in die Spüle statt in die Spülmaschine, was Fidelia als Regel für die ganze Familie aufgestellt hat. »Ich bin sicher, dass er es zu neunzig Prozent mit Absicht macht.« Sie glaubt, die Botschaft zu verstehen. »Im Wesentlichen ist die nicht weggeräumte Tasse ein Zeichen für: ›Ich mache meinen Teil der Hausarbeit nicht, das ist Frauensache.‹« Was sie in höchstem Maße ärgert. Sie glaubt sogar, dass er diese demonstrative Geste benutzt, um sie noch mehr zu ärgern. »Ich bin wütend, weil ich den Eindruck habe, dass ich zum Aschenputtel des Haushalts werde, wo wir doch alle beide arbeiten, und ich oft weiß, dass Pedro es gemacht hat, um mich zu ärgern, und dass ihm das gelingt!« Die anfänglich wahrscheinlich bedeutungslose Geste hat sich allmählich zu einer deutlichen Botschaft von großer Tragweite herauskristallisiert. Bisweilen »Gegenstand von Scherzen, wenn die Stimmung heiter ist«, bisweilen »Gegenstand von Auseinandersetzungen, wenn die Stimmung angespannter ist; sogar die Kinder kennen das«. Das Ritual ist dasselbe; die Interpretationen sind widersprüchlich und wechseln. Die Kommunikation durch Gesten und über Gegenstände, die für ihren Urheber einfach und offensichtlich ist, ist im Allgemeinen nicht nur schwer zu entziffern (und bringt mehr neuen Ärger hervor, als alten zu verringern), sondern geht in bestimmten Fällen auch wirklich obskure Wege. Caroline ärgert sich sehr, wenn sie sieht, dass Marc, der die Angewohnheit hat, seine sauberen oder schmutzigen Kleider einfach irgendwo fallen zu lassen, »die Wäsche auf einen Haufen geworfen hat«. Sie rächt sich auf eine Art, die ihr Gleichgewicht wiederherstellt, denn sie hält ihre Rache für brutal. »Ich hebe sie auf und werfe sie, auch wenn sie sauber ist, in den Korb mit der schmutzigen Wäsche.« Marc findet seine sauberen Sachen nicht mehr; aber was soll's, er nimmt sich neue. Und Caroline steht vor einem beeindruckenden Wäscheberg. Der Ärger und der Umgang mit ihm sind weit entfernt von den Wegen der reinen Vernunft.

DAS LACHEN

Die Sprache der Gesten hat also ebenso wie die kleine Bemerkung ihre Grenzen. Sie kann nur marginal sein, und sie hat eher eine therapeutische Funktion für das Individuum als für die Beziehung oder die Kommunikation. Die abgemilderten oder indirekten Formen des gesprochenen Wortes haben eine größere Wirkung, besonders diejenigen, die die Experten »zweideutig« nennen, das heißt, die man auf zwei verschiedene Arten interpretieren kann. Die kleine Bemerkung kommt schon nahe an diese Kategorie heran. Der Sprecher sagt nämlich etwas, das er unmittelbar danach verdunkelt, indem er zwei verschiedene Bedeutungen aufeinander folgen lässt. Den Partnern stehen zahlreiche unterschiedliche Methoden dieser Art zur Verfügung. Ich habe schon etwas über die indirekte Kritik gesagt, die offiziell an die Adresse der Schwiegerfamilie gerichtet ist, indirekt aber auf den gegnerischen Partner abzielt. Wenn dieser sich angegriffen fühlt, kann der Ankläger sofort einen Rückzieher machen und hoch und heilig schwören, dass er wirklich nur die Schwiegerfamilie im Sinn hatte. Das ist der entscheidende taktische Vorzug, den zweideutige Formulierungen aufweisen. Eine geläufige Form stellen die getarnten, anspielungsreichen Angriffe dar. Ein bisschen wie die Sprache der Gesten sagen sie etwas, ohne es wirklich auszusprechen, und dies in unterschiedlichen Abstufungen, die es erlauben, Schritt für Schritt deutlicher zu werden.

Eine Methode überragt unter diesem Gesichtspunkt alle anderen: das Verwenden von Lachen, Witz und Spott. »Das ist wirklich die einzige Art, mit der man es schafft, etwas zu sagen, ohne den anderen zu verletzen und den dritten Weltkrieg anzuzetteln. Aber es muss einem gelingen, was nicht immer einfach ist.« (Markus) Es ist nämlich extrem schwierig, in der Hitze des Ärgers humorvoll auf Distanz zu gehen, wenn einer der beiden sich von den negativen Gefühlen fortreißen lässt. Diese Prozedur kann viel leichter bei kleinem Ärger angewendet werden (dessen erfolgreiche Behandlung durch Witz ermöglicht es, anderen, wichtigeren Ärger zu mildern), oder, zeitlich verschoben, indem man einen günstigen Moment abwartet. »Wenn sie mit ihren Paketen nach Hause kommt, dann schaffe

Schwierige Kommunikation

ich es nicht, einen Spaß zu machen, ich bin fertig und kurz davor zu explodieren, unmöglich. Aber zu einem anderen Zeitpunkt, im Urlaub, bei einem Aperitif, kommt es unversehens aus mir heraus, ich mache einen Scherz über uns, und das bringt sie zum Lachen, mich übrigens auch. Ich spiele zum Beispiel den Kauf des hundertsten Kleids, das nicht einmal mehr in den Schrank passt und niemals angezogen wird (sie lacht!!). Und ich spiele mich sogar selbst, wie ich fertig bin, ein verdrießliches Gesicht mache und sage: ›Och, nicht schlecht‹ (und wir lachen beide!!). Das ist surrealistisch, wenn ich daran denke!« (Markus) Surrealistisch ist genau der richtige Ausdruck. Denn die Szene legt sich über die Realität, als spielte sie in einer anderen, irrealen Welt, mit gleichwohl denselben Tatsachen und Gesten und denselben Akteuren. Hier bietet der Witz nicht nur Anlass zur Zweideutigkeit, sondern spiegelt das Leben an sich und zeigt eine andere Sicht auf den Zustand des Verhältnisses der beiden Partner zueinander. Ebenso wie manche Ursachen von Ärger sich an Kristallisationen festmachen, mit denen man sich abreagieren kann, knüpft die Methode, sich über sich selbst und den Partner lustig zu machen, an ein paar Begebenheiten aus dem Alltag an, die sich nach und nach in Rituale verwandelt haben. Im Übrigen werden die Kinder oft in dieses kleine Theater mit einbezogen, bei dem die Familie ihren Spaß daran hat, sich von ihrem Ärger (der ihr zu anderen Zeitpunkten auf die Nerven geht) zu distanzieren. Die Kinder oder aber auch ein größeres Publikum: Martine und ihr Mann streiten sich regelmäßig spaßeshalber.»Unsere Freunde lachen sich krumm und bucklig, ziemlich fasziniert schauen sie diesem Spiel zu. Wenn wir etwas getrunken haben, ist es ziemlich wirr, und sie haben Mühe zu folgen.«

Eine solche Methode hat viele positive Wirkungen. Sie bringt die Akteure dazu, etwas zu Themen zu sagen, , über die sie sich ärgern, ohne zu viel darüber zu sagen. Sie lehrt, sich dem Abgrund zu nähern, ohne jemals in ihn hineinzustürzen, und erlaubt es, an Techniken der Selbstbeherrschung und der Distanzierung zu den Quellen des Ärgers zu arbeiten. Markus beginnt, seine Geschichten zu erzählen, in der Absicht, seine Frau durch das Lachen hindurch zu kritisieren (da er es nicht direkt und ernsthaft tun kann). Aber im Laufe der Erzählung geht er dazu über, über sich selbst zu spotten, sich ein wenig über die Person lustig zu machen, die sagt: »Och, nicht schlecht.« In der leicht fiktionalen Welt des Lachens schenken Markus' Geschichten dem Paar eine Einheit, die dem Ärger die Stirn bietet und an die es später anknüpfen kann, wenn es ihm gelingt, sie in einer Ecke des Gedächtnisses als Reserve aufzubewahren.

Leider hält das Lachen nur eine Weile an, und die Protagonisten haben nur wenig Lust, sich an die Friedenswaffen zu erinnern, wenn sie sich ärgern und plötzlich einen Krieg anzetteln. Leider ist das Lachen auch nicht eindeutig. Wie angenehm und wohltuend es im Allgemeinen auch sein mag, kommt es doch häufig vor, dass es sich umkehrt, gegenteilige Wirkungen zeitigt und Ärger hervorruft, anstatt ihn zu beruhigen. Man darf es also nur mit größter Vorsicht anwenden. Nehmen wir Pedro, von dem Fidelia sicher ist, dass er das mit seiner Tasse zu neunzig Prozent absichtlich macht. Noch über etwas anderes ärgert sie sich: Er verheddert sich häufig in einem Grammatikfehler, indem er Futur und Konditional verwechselt, »wo er doch weiß, dass das für mich wirklich die Musik der Sprache verletzt«. Denn Pedro übertreibt absichtlich, da ist sie sich hundertprozentig sicher. Er findet es nämlich lächerlich, dass sie sich über so etwas ärgert, und er hat außerdem noch die Entschuldigung, dass er Ausländer ist. Er schlägt daher in der Tat vor, seine Fehler ins Lächerliche zu ziehen, indem er sie komisch übertreibt. Aber Fidelia kann ihm nicht folgen, sie lacht nicht, überhaupt nicht, sie ärgert sich über diese Späße noch mehr. Da Fehler auf diesem schwierigen Gebiet häufig sind, konnte Pedro am Anfang logischerweise irrtümlich glauben, sein persönliches Lachen in ein gemeinsames Lachen verwandeln zu können. Dadurch, dass er weiter darauf beharrt, signalisiert er jedoch, dass er das Lachen nicht mehr in dieser friedlichen Absicht verwendet, sondern in kriegerischer. Das Lachen gleitet unmerklich von einem ins andere. Estelle und Julien haben in ihrer Beziehung komplementäre Rollen verteilt: Sie ist die Verfechterin der Unbekümmertheit, vergisst sogar in schöner Regelmäßigkeit, die Türen abzuschließen; er ist Wächter über die Gefahren. Sie hat es sich zur Gewohnheit gemacht, ihn freundlich zu verspotten, das ist Teil ihrer Rolle. Er akzeptierte das daher bis zu einem bestimmten Punkt, lachte ein bisschen mit, wenn sie aus vollem Halse lachte. Bis bei ihnen eingebrochen wurde und Estelle sich immer noch über seine manischen Vorsichtsmaßnahmen lustig machte. Julien weigert sich seitdem zu lachen.

Das Lachen bedeutet Krieg, wenn derjenige, der den anderen ärgert, es benutzt, um diesen noch mehr zu ärgern. In den weniger schlimmen Fällen verbirgt es sich hinter der Maske des Spottes über sich selbst und den Partner, und es wird (mehr oder weniger aufrichtig) bedauert, dass der Partner nicht mitlacht. Aber wenn es jede Scheu und Vorsicht aufgibt, kann es auch als einzigen Zweck haben, Ärger hervorzurufen. Wie ein kleiner Racheakt, gegen den anzugehen umso schwieriger ist, als dem Lachen gewöhnlich nur gute Eigenschaften nachgesagt werden. Alice ist gern pünktlich, wenn sie mit der Bahn fährt, und Aziz, der sie begleitet, kommt immer in letzter Sekunde zum Bahnhof. Er ist nicht nur absichtlich noch langsamer, sondern macht sich auch über ihre Angst, den Zug zu verpassen, lustig, indem er ihre Worte und Gesten nachahmt. Witz kann ziemlich unerträglich werden. Jean ärgerte sich sehr über die ungebügelten Hemden und die losen Knöpfe. Agnès lachte aus vollem Halse darüber. Je mehr er sich aufregte, desto mehr lachte sie; obwohl sie nun eine Haushaltshilfe zum Bügeln haben, lacht sie immer noch darüber. Nichts ist grausamer und ärgerlicher für Jean als dieses unentzifferbare, unverständliche, grundlose Lachen. Hinter dem Lachen verbergen sich oft Geheimnisse.

IM KOPF DESSEN, DER DEN ÄRGER VERURSACHT

Eine der Lieblingswaffen des (männlichen) Verursachers von Ärger, um den Gegenschlag abzuschwächen, ist etwas, das in der Mitte zwischen dem Lachen, mit dem beide einverstanden sind (der Selbstverspottung des Paares), und dem aggressiven Lachen liegt: der ablenkende Scherz. Die Technik ähnelt derjenigen der kleinen Bemerkung, die der Verärgerte verwendet, jedoch in einer ganz anderen Atmosphäre (Humor tritt an die Stelle von Gereiztheit). Denn in beiden Fällen besteht das Prinzip darin, einen Bruch herbeizuführen und biografische Sequenzen gegensätzlichen Inhalts aufeinander folgen zu lassen. Die kleine Bemerkung bringt eine Kritik zum Ausdruck, man vergisst sie sogleich wieder und kehrt zur Normalität der Beziehung zurück. Das humorvolle Ablenkungsmanöver verfolgt dasselbe Ziel (die Zwischenphase zu beenden) auf andere Weise. Der große Unterschied ist, dass hier die Taktik nicht von demjenigen angewandt wird, der den Ärger empfindet. Er weiß daher nicht, ob sein Versuch von Erfolg gekrönt sein wird. Er versucht es auf gut Glück, murmelt übrigens seinen Scherz oft halblaut vor sich hin, legt sich nur zögernd fest, fürchtet sogar, dass sein Witz als Aggression verstanden werden könnte. Er testet den Gegner, um zu erfahren, ob er versuchen kann, die Zwischenphase entschiedener mit einem deutlicheren Witz zu beenden.

Ob er sich nun des Witzes bedient oder nicht, derjenige, der den Ärger verursacht, wird schnell zu einem Meister des Ablenkungs- oder Ausweichmanövers. Manchmal, weil es ihm Spaß macht, meistens aber infolge der Rolle, die er in der Beziehung innehat. Er verärgert, das spürt er und weiß er (ohne sich jedoch vorstellen zu können wie sehr). Er verärgert, es fällt ihm aber schwer, herauszufinden warum und vor allem es zu verstehen. Insgeheim ist er ganz anderer Meinung über die Ursachen des Ärgers. Auch wenn er versucht, sein Verhalten zu ändern, weil er dazu genötigt wird und um dem anderen einen Gefallen zu tun oder um des lieben Friedens willen, gelingt ihm dies nur sehr unvollkommen. Denn das implizite Gedächtnis des Individuums ist oft stärker als seine bewussten Gedanken, wenn es um alltägliche Taten und Gesten geht. Derjenige, der den Ärger verursacht, stellt eine offenkundige Diskrepanz zwischen dem Geschrei seines Gegners und der Realität tief in sich fest. Intuitiv fühlt er flüchtig, dass die Krise zu keinem konkreten Ergebnis führen wird, und daher hält er es – und dies entbehrt nicht der Logik – für das Einfachste, so zu tun, als habe er nichts gehört. Oder, wenn dies nicht möglich ist, macht er (falsche) Versprechungen oder unternimmt ein Ablenkungsmanöver. Dann hat er manchmal Glück. »Meistens versucht er abzulenken (mit einem Kompliment, einem Scherz)« (Melody). Pech hat er, wenn das Schweigen, das Ausweichen, das Ablenken, der misslungene Witz oder die tausendmal wiederholten falschen Versprechungen noch mehr verärgern als die ursprüngliche Ursache. »Wenn ich ihm Vorwürfe mache, verteidigt er sich nicht, sondern sagt wörtlich zu mir: ›Es stimmt, du hast Recht.‹ GGGRRRR! Ich kann diesen Satz nicht mehr hören! Ich würde manchmal gern nicht Recht haben.« (Viràg)

Derjenige, der den anderen ärgert, tut dies meistens unabsichtlich, es tut ihm (mehr oder weniger) aufrichtig leid, dass er den anderen so sehr ärgert. Aber auf Dauer kann dieser Ärger (den er unbegründet findet) ihn selbst auch ärgern. Das haben wir beim Lachen gesehen, das manchmal kaum merklich in ein konfliktträchtigeres Verhalten abgleitet, bei dem derjenige, der den anderen ärgert, schließlich seinen Rhythmus und seine individuellen Verhaltensweisen durchsetzt. Die Verteilung gegensätzlicher Rollen, die die Beziehung strukturiert, kann dann explosiv werden, die funktionale Komplementarität wird dann zu einem Thema der Auseinandersetzung. Vor allem wenn derjenige, der den anderen ärgert, zugibt, dass er dies absichtlich tut, und überhaupt nicht versucht, den Ärger zu verringern. Kehren wir zu Alice und Aziz zurück, die mit der Bahn fahren. »Ich hasse es, zu spät zu kommen, ich komme sogar lieber zu früh, er ist eher cool, mit ihm hat man immer Zeit, man braucht sich keinen Stress zu machen und aufs Tempo zu drücken, daher klappt es zwangsläufig nicht, wenn wir zusammen den Zug nehmen müssen. Er weiß außerdem sehr gut, dass mich das stresst, wenn es vorkommt, und er übertreibt dann noch, macht absichtlich langsam und sagt zu mir: ›Ich glaube, wir verpassen den Zug.‹ Kurz, er tut alles, damit ich mich noch mehr aufrege, er macht mich fertig und genießt das. Weil, das muss man dazu sagen, ich eine eher leichte und in dieser Beziehung nette Beute bin, ich falle nicht nur auf seine Provokationen herein, sondern stürze mich hinein. Er ist sich dessen bewusst und ich auch, aber ich kann nicht anders, ich gehe ihm auf den Leim. Das Schlimme an der Geschichte ist, dass wir den Zug noch nie verpasst haben. Natürlich habe ich nie Zeit, mir eine Illustrierte oder etwas zu essen zu kaufen, wir finden nicht immer gute Plätze, aber wir verpassen den Zug nicht, und das ist für ihn das Wichtigste. Meine kleinen Sorgen und ›materiellen‹ und ›oberflächlichen‹ Ansprüche sind also sehr viel weniger wichtig. Auf dem Weg zum Bahnhof bin ich ein Nervenbündel, bis wir im Zug sitzen, während er die ganze Zeit über meinen Zustand lacht, den er ungerechtfertigt findet. Wenn wir uns dann hingesetzt haben, bin ich erleichtert und sage ihm, dass er unerträglich ist, dass.ich manchmal wirklich Lust habe, ihn umzubringen, dass er ein Kindskopf ist (ich möchte klarstellen, dass diese Vorhaltungen für ihn Komplimente sind!). Aber er ist so süß und kann mich so leicht um den Finger wickeln (ohne dass er sich im Geringsten anstrengen müsste), dass ich sehr schnell vergesse, was vorgefallen ist. Jedes Mal sage ich mir, dass wir das nächste Mal getrennt von zu Hause losgehen und uns erst im Zug treffen, aber natürlich tue ich das nie.« Aziz schlägt vor, sich zusammen über sich lustig zu machen (das ist offenkundig sehr auf seine Sicht des Problems hin orientiert), Alice macht ein bisschen mit. Und er entscheidet sich dabei für seine eigenen Optionen (statt eine Kompromisslösung zu suchen), er ist jedoch nicht boshaft, versucht nicht, sie anzugreifen oder sich zu rächen. Die spielerische Dimension ist im Übrigen immer präsent; Aziz spielt leidenschaftlich gern. »Für ihn ist es ein Spiel, und ich bin eine ideale Beute, weil ich sofort anspringe, weil ich nicht unterscheiden kann, das heißt, nicht weiß, ob er mich an der Nase herumführt oder nicht, und weil außerdem meine Reaktion nicht wirklich unangenehm für ihn ist, ich werde nicht wütend und rege mich nicht lange auf, ich mache keine Szenen. Also genießt er es, vor allem weil es zu seinem Temperament gehört, andere auf nette Art zu reizen, das liebt er.« Noch etwas anderes beweist, dass sich das Ritual schließlich durchgesetzt hat: Alice ist sich nicht mehr sicher, ob sie Recht hat. Die Dissonanz, die anfangs die Beziehung betraf, tendiert dazu, sich in einen inneren Konflikt zu verwandeln, vor allem in Bezug auf ihre Reaktionen auf den Ärger. »Ich finde in der Tat, dass es sich nicht lohnt, über Aziz' Treiben ernsthaft wütend zu werden, und manchmal frage ich mich sogar, ob ich mich schließlich nicht mehr über meine eigene Reaktion ärgere als über den Vorfall an sich [...]. Ich bin wütend auf mich selbst, weil ich ihm auf den Leim gegangen bin, weil ich es nicht geschafft habe, entspannt zu bleiben, und das ärgert mich natürlich am meisten bei der ganzen Geschichte.« In Anbetracht von Alices Zögern und dessen, dass sie ihren Ärger gegen sich selbst wendet, sieht Aziz, wie sich vor ihm ein Königsweg öffnet, auf dem er weiter seinen Spaß haben kann. Und wenn sich zufällig (was ich den beiden selbstverständlich keineswegs wünsche) ihr Verhältnis ein wenig verschlechtern sollte, dann hielte er eine Waffe in Händen, die beträchtliches Unheil anrichten könnte.

Denn derjenige, der den anderen mit seinen Taten ärgert, begnügt sich nicht immer damit, freundliche Späße mit seinem Opfer zu treiben. Er kann sich zu allen möglichen boshaften und sadistischen Entgleisungen hinreißen lassen, die es ihm erlauben, sich für seinen eigenen Ärger und seine Unzufriedenheit mit der Beziehung, sogar für etwas, das ihm anderswo in der Gesellschaft widerfahren ist, zu rächen. Die Grenze ist überschritten, sobald er das Leid, das er hervorruft, zu genießen beginnt, sogar bei winzigen Kleinigkeiten. Isabelle hatte den Rüpel entlarvt, und sie wusste, dass er es wusste. »Das war sein Lieblingsspiel: dem anderen auf die Nerven gehen, ihn in die Enge treiben.« Sie geriet in »finstern Zorn«, und ihre Schreie zahlten sich schließlich aus. »Er hat seine leicht sadistische Seite zugegeben: Wenn er eine Schwäche spürt, eine verwundbare Stelle, dann legt er seinen Finger darauf.« Clémentine ist auch nahe daran, Félix zu entlarven. »Da er ein ziemlich schlechter Schauspieler ist, merke ich sofort, wenn er übertreibt«, das heißt, wenn er sie absichtlich ärgert, bloß aus dem boshaften Vergnügen heraus, sie zu ärgern. Bei diesem Grad der Nichtkommunikation und der Feindseligkeit beginnen die Gegner, ein ganzes Arsenal an miesen Tricks zusammenzutragen. Unter der Oberfläche des langen, ruhigen Flusses, im tiefsten Inneren der geheimen Gedanken schlagen die kleinen Racheakte Wellen.

Die heimliche Rache

Zusammenzuleben heißt nicht, dass man sich gegenseitig den Krieg erklärt. Konflikte sind die Ausnahme und weiten sich nur in Extremsituationen aus. Wenn ich gelegentlich militärische Begriffe verwendet oder vom Gegner gesprochen habe, wenn ich den Partner meinte, dann bezog sich dieses Vokabular in der Regel auf punktuelle, schnell wieder vergessene Situationen. Denn im alltäglichen Leben von Paaren dominiert in der Regel das friedliche Bemühen um Einigkeit, sogar Vertrautheit. Diese Eintracht, die gleichwohl aufrichtig und wahrhaftig ist, hindert die beiden Partner jedoch nicht daran, eine Menge winziger Ärgernisse und vorübergehender kleiner Unzufriedenheiten mehr oder weniger deutlich wahrzunehmen. Nichts ist normaler als dies. Manche spüren sie kaum oder gar nicht, vielleicht weil sie so verliebt sind, dass sie die Grenzen der Realität hinter sich gelassen haben, mit höherer Wahrscheinlichkeit weil sie verdrängen, was Dissonanzen hervorrufen könnte. Das Wesentliche besteht in der Tat darin: Die Beziehung baut auf unendlich vielen Differenzen auf und tendiert sogar dazu, sie durch die Dynamik der Organisation (komplementäre Rollen) noch zu verstärken. Die Dissonanzen sind unvermeidlich; allein die Art und Weise, wie mit ihnen umgegangen wird, variiert. Wir haben uns die Ausbrüche angesehen, die nur selten zu einer Lösung verhelfen; wir haben uns die bedächtigeren Versuche, darüber zu sprechen, und deren Grenzen angesehen; wir haben uns die Sprache der Gesten und ihre Zweideutigkeit angesehen; wir haben uns das Lachen angesehen, das manchmal sinnvoll ist, sich aber in eine Angriffswaffe verwandeln kann. Lauter im Allgemeinen indirekte und verkappte Kommunikationsversuche. Hier nun implizitere und persönlichere Modalitäten. Eine wurde schon in einem früheren Buch (Kaufmann 1994) untersucht, in Bezug auf den Umgang mit Unzufriedenheit (die in diesem Punkt dem Umgang mit Ärger sehr nahekommt). Ich hob die Methode des »stillschweigenden Rückzugs« hervor und bezog mich dabei auf die klassische These von Albert Hirschman (1974), der drei Haltungen angesichts einer Verärgerung unterscheidet: den offenen Widerspruch, die Beibehaltung der Loyalität und den Rückzug, die stillschweigende Flucht. Der Partner, der verärgert, genervt oder unzufrieden ist, kann dies entweder sagen (und damit riskieren, dass ein offener Konflikt ausbricht), oder er kann es verdrängen und sich einreden, dass seine Reaktion unangebracht ist (und damit riskieren, dass er ein wenig später erneut verstört wird), oder er kann schließlich die Unannehmlichkeit insgeheim kompensieren, um sein seelisches Gleichgewicht wiederherzustellen. Das ist der heimliche Rückzug, der selbst zweigeteilt ist: Auf einer ersten Stufe begnügt sich derjenige, der sich ärgert, damit, ein paar Negativpunkte seines Partners zu registrieren und sie in einem sehr flexiblen Puffergedächtnis zu speichern, das vom weiteren Fortgang der Ereignisse abhängt (es kann sich in der Tat sehr schnell wieder auslöschen, vor allem wenn der Partner netter auftritt: Das Positive löscht das Negative aus, und das Negative löscht sich von allein aus, wenn es nicht eine bestimmte Intensität erreicht). Erst wenn die Ursachen des Ärgers oder der Unzufriedenheit durch wiederholtes Auftreten ermüden, wenn sich die unangenehmen Zusammenstöße, die absichtlichen Angriffe des Gegners häufen, dann verliert dieses ganz spezielle Gedächtnis seine Fähigkeit, sich auszulöschen. Der heimliche Rückzug erreicht dann durch die Einführung von realen Kompensationen, an denen insgeheim gearbeitet wird, eine zweite Stufe. Der Angegriffene denkt sich ein paar egoistische Verhaltensweisen aus, rückt seine eigenen Wünsche und Interessen auf Kosten der Beziehung in den Vordergrund. Er lässt sich die kleinen Unannehmlichkeiten, die er verspürt hat, in gemeinsamer Münze bezahlen, indem er auf Distanz geht und weniger großzügig ist. Denn in der Beziehung, in der ganz Unterschiedliches (Geld, Arbeit, Gefühle, Worte, Aggressionen, Zärtlichkeiten usw.) zusammenfließt, wird alles intuitiv und spontan je nach der Zufriedenheit oder Unzufriedenheit bewertet, die es auslöst. Oft genügt ganz wenig, um die Laune wieder ins Lot zu bringen, eine Kleinigkeit gibt Anlass, die innere Ruhe wiederherzustellen und den Verärgerten oder Unzufriedenen wieder auf den gemeinsamen rechten Weg zurückzuführen. Der heimliche Rückzug ist auch auf dieser zweiten Stufe keine Kriegserklärung an die Beziehung.

Mit Ärger wird anders umgegangen als mit Unzufriedenheit. Letztere geht tiefer und wirkt länger nach, sie vergrößert unmerklich die Distanz zwischen den Partnern, schlimmstenfalls führt sie zum Bruch. Ärger dagegen ist kein Mechanismus, der anzeigt, dass die Bindung schwächer geworden ist; anzuerkennen, dass man sich ärgert, und dies zu artikulieren kann ein Beweis für eine lebendige Kommunikation zwischen den Partnern sein. Auf den Ärger wird aber oft brüsker und heftiger als auf die Unzufriedenheit reagiert, denn er manifestiert sich sehr schnell in emotionalen Entladungen. Die von einer Unzufriedenheit hervorgerufenen kleinen Racheakte sammeln sich unerbittlich und dauerhaft an. Die kleinen Racheakte, die auf einen Ärger reagieren, sind so impulsiv, dass sie manchmal nur schwer im Verborgenen bleiben können, sie finden dann ihren Ausdruck in der Sprache der Gesten oder in Handgriffen, mit denen man sich abreagiert. Wenn zum Beispiel Zoé Charles-Henris Socken in die Frühstückstasse steckt. Oder wenn Rosy Charlys Briefkasten mit den Kleidern verstopft, die er nach einer allzu kurzen Nacht nachlässig zurückgelassen hat (hoffte er, dass Rosy sein Hemd waschen und bügeln würde?). Es kommt übrigens vor, dass derjenige, der sich ärgert, zwischen heimlicher Rache und Sprache der Gesten schwankt, ein und dasselbe Benehmen kann Anlass zu diesen beiden Taktiken bieten, die sich in ihrem Ausdruck unterscheiden. Pat ärgert sich sehr, wenn Anaïs nicht bei 60 Grad wäscht. An manchen Tagen, wenn er besonders erbittert darüber ist, gelingt es ihm dennoch, seine Gefühle zu beherrschen, indem er einen Racheplan aushecktl. Er sagt nichts, lässt es geschehen und wartet, bis Anaïs seine Kleider getrocknet, gebügelt und weggeräumt hat. Dann nimmt er sie heimlich aus dem Schrank, zerknittert sie ein bisschen und steckt sie wieder in die Waschmaschine. Je nachdem, um wie viele Wäschestücke es sich handelt und welche Methode er anwendet (ob er sie richtig zerknittert und in die Waschmaschine hineinsteckt oder noch ziemlich schön zusammengefaltete Wäschestücke ostentativ obendrauf platziert), wählt Pat eher die kleine Rache oder die Sprache der Gesten. Letztere, die aggressiv ist, schafft ihm eine sofortige Befriedigung; aber sie eröffnet eine gefährliche und mühsame Konfliktphase. Die hinterlistige Rache wirkt zwar momentan weniger befreiend, ermöglicht ihm aber eher, in aller Ruhe zu einer ausgeglichenen Laune zurückzufinden.

Wenn die kleine Rache absolut geheim gehalten wird, verwandelt sie sich in ein seltsames Werkzeug. Alle Techniken, die wir uns bisher angeschaut haben, führten zu einer Auseinandersetzung zwischen zwei Individuen, die zugleich auf individuelle Distanzierung und Bindung zum Partner setzen. Selbst die schlimmsten Aggressionen bedeuteten noch einen Austausch. Bei der heimlichen Rache dagegen bestimmt ein Individuum allein komplett das Prozedere. Aber ohne selbst genau zu wissen, welchen Gebrauch es davon machen wird. Die heimliche Rache ist nämlich strukturell ambivalent. Derjenige, der sich ärgert, benutzt sie, um den Ausbruch einer Krise zu verhindern, mit dem Ziel, ein inneres Gleichgewicht wiederzufinden, das ihm erlaubt, zur Normalität des Beziehungsalltags zurückzukehren. Mit anderen Worten: Das Vorgehen macht zwar keinen gewinnenden Eindruck, doch heiligt der (um Konsens und Frieden bemühte) Zweck die Mittel. Leider können diese Mittel, indem sie hämische Befriedigung verschaffen, jederzeit zum Selbstzweck werden. Derjenige, der sich ärgert, macht sich ein Vergnügen daraus, ohne weiter über die Konsequenzen seines Tuns nachzudenken. Allein mit seinem Geheimnis, ohne den Zwang (aber auch die Sicherheit), es mit dem Partner zu regeln, kann es leicht zu Entgleisungen kommen. Die kleinen Racheakte werden zu unmotivierten Handlungen, die nicht mehr zur Arbeit an der Einigung des Paares beitragen, sondern ganz im Gegenteil: Die Manipulation des Partners kann sogar richtig Freude machen (Picard/Marc 2006). Denken Sie nur an die Schere, um die Bernard und Géraldine sich streiten. Die Befragung hat gezeigt, dass es sich in Wirklichkeit um eine bewusste Geste handelt, eine üble Rache von Bernard, der sich sehr über Géraldines konfusen Umgang mit der Wäsche ärgert. Das Paar hat sich inzwischen getrennt. Denken Sie nur an Agnès' seltsame Angewohnheit, die Hemden in letzter Minute zu bügeln, obwohl sich Jean darüber ärgerte. Auch dort hat die Befragung schließlich gezeigt, dass es sich um eine Rache für eine tiefe Unzufriedenheit handelt. Aus Liebe und weil er sie darum gebeten hatte, hatte Agnès ihre beruflichen Pläne ad acta gelegt, nachdem sie Jean kennen gelernt hatte; sie war Hausfrau und Mutter geworden. Eine Vorstellung, bei der sie Freude empfand, aber auch das Gefühl, etwas verpasst zu haben, durchzog ihre Träume: die Vorstellung von dem anderen Leben, das sie hätte haben können, aber nicht gehabt hat. Sie hatte vorher nicht gründlich darüber nachgedacht. Es kam anfangs zufällig über sie. Trotzdem hatte sie sogleich diesen lächerlichen Ärger bemerkt, der sie schon zum Lachen gebracht hatte. Ein Lachen, das ihr aus Gründen, die ihr nicht richtig klar waren, sehr gut tat. Mehr oder weniger bewusst sorgte sie dafür, dass sich dieses Ritual wiederholte. Sie hatte ihre kleine Rache zur Hand, die ihr genügte, um ihr Gleichgewicht wiederherzustellen. Bei Jean jedoch hatte das Rätsel des Lachens, der Hemden und Knöpfe nicht diese besänftigende Wirkung! Der Ton wäre sicher lauter geworden, wenn sie keine Lösung gefunden hätten (die Haushaltshilfe, die bügelt).

Ein häufiges Prinzip der heimlichen Rache ist, dass sie auf einem völlig anderen Gebiet stattfindet (Schere gegen Wäsche, ein rätselhaftes Lachen gegen das Gefühl des Eingesperrtseins). Das Ziel ist nämlich nicht, (Auge um Auge, Zahn um Zahn) auf das Problem zu reagieren oder es zu lösen, sondern es innerlich zu kompensieren. Malvina macht sich über ihre Beziehung lustig, um sich zu beruhigen. Sie tut das nicht unter vier Augen mit ihrem Mann oder in ihren geheimen Gedanken: Sie schüttet öffentlich ihr Herz aus, indem sie die Geschichte ihrer Zweisamkeit lang und breit und voller Komik erzählt. Die schlimmsten Aggressionen von Richard werden in einen neuen Kontext gebracht und stilistisch bearbeitet, um das Lächerliche daran hervortreten zu lassen. Die Freundinnen lachen schallend, und es drängt Malvina, jedes Mal noch mehr zu übertreiben, noch dicker aufzutragen (natürlich auf Kosten des armen Richard) und noch mehr aus ihrem Privatleben zu enthüllen. Sie neigt derzeit sogar dazu, ein noch größeres Publikum zu suchen. »Ich neige dazu, viel nach außen zu tragen, sobald ich aus dem familiären Rahmen draußen bin, zum großen Vergnügen meiner Kollegen. Denn wenn ich ins Lehrerzimmer für Raucher (wo die Nettesten sind!!) komme, lasse ich Dampf ab und spiele den Clown, indem ich meine Alltagsabenteuer auf pittoreske Weise erzähle. Sie wissen, dass ich übertreibe, und das bringt sie zum Lachen, und von mir nimmt das den Druck, den die Tatsache darstellt, dass ich still sein muss, um das Gewitter vorüberziehen zu lassen, denn wenn ich auch alle Strategien anwende, von denen ich Ihnen schon erzählt habe, ist es doch manchmal hart, sich zurückzuhalten.« Es gelingt ihr nicht, sich in der Beziehung auszusprechen, sie tut es außerhalb auf eine so demonstrative und für Richard (der das sicher verdient hat) so verletzende Weise, dass sie danach nicht um ein paar Gewissensbisse herumkommt, wenn der Schwung erlahmt und sie in ihr tristes trautes Heim zurückkehrt. Was ihr aber ermöglicht, ihren mühseligen Alltag etwas besser zu akzeptieren. In diesem Beispiel besteht trotz allem eine Verbindung zwischen der Intimität und den öffentlichen Erzählungen: Es handelt sich um dieselben Tatsachen. Aber heimliche Rache kann auch auf einem völlig anderen Gebiet genommen werden, das keinerlei Verbindung mit der ursprünglichen Ursache des Ärgers hat. Ein ganz klassisches Thema ist die »sexuelle Selbstsabotage«, die Helen Kaplan (2006) an zahlreichen Fallbeispielen analysiert hat. Das Bedürfnis nach irgendeiner Art von Kompensation treibt dazu, ein ziemlich unfreundliches Gesicht aufzusetzen, wenn der Partner sein Verlangen zum Ausdruck bringt (Ausreden diverser Art, Vorschieben von Müdigkeit, absichtlich nicht verführerische Selbstdarstellung, spröde Reaktionen), vor allem wenn sich kein besonderes persönliches körperliches Begehren einstellt. »Ich kann nicht mit jemandem schlafen, der mir vorwirft, dass ich den Salat schlecht gewürzt habe, als hätte ich ein Verbrechen gegen die Menschlichkeit begangen, und der jedes zweite Mal vergisst, den Müll wegzubringen«, ruft Nathalie aus.[4] Das unterschiedliche sexuelle Verlangen von Männern und Frauen – im Durchschnitt legen bei Paaren, die länger zusammen sind, die Männer mehr Wert darauf (Bozon 2002) – verleiht dieser Art von heimlicher Rache seitens der Frauen noch mehr Gewicht. Die Kälte im Bett tröstet über alle möglichen Desillusionierungen und kleinen Sorgen hinweg.

Dem unglücklichen Ehemann sind die Gründe dafür oft unbekannt; er weiß nicht einmal, dass es sich um eine bewusste Vergeltungsmaßnahme handelt. Er begnügt sich damit, heimlich seine Unzufriedenheit festzuhalten, denkt sich sogar auch eine kleine kompensatorische Rache aus. Wenn ein Paar dieses Stadium der hinterlistigen Angriffe und Gegenangriffe erreicht hat, sollte es sich besser aussprechen, selbst auf die Gefahr von Geschrei und Krisen hin. Denn die heimliche Rache, die anfangs eine sanfte Therapie ist, hat verheerende Folgen, wenn es zur Eskalation kommt. Isabelle erinnert sich an Extremsituationen, in denen »man dahin gelangt, dass man Gelegenheiten sucht, um den anderen zu ärgern«. Und Sarah sagt: »Ich habe

---

4   Von Pascal Duret (2007) aufgezeichnete und zitierte Aussage.

Angst, dass ich böse mit ihm werden könnte, bloß weil ich mich über ihn ärgere.« Auch wenn es nicht einfach ist, sich auszusprechen, sollte man es im Allgemeinen doch besser tun. Voraussetzung dafür ist, dass man sich große Mühe gibt, dem anderen gegenüber tolerant und offen zu sein. Yannis zum Beispiel hat noch einen weiten Weg vor sich, bis er verstehen wird, dass er nicht allein im Besitz der Wahrheit ist. »Was mich am meisten an meiner Lebensgefährtin ärgert, ist, dass sie ›vergisst‹, das Licht – oder die Heizung – auszuschalten, wenn sie ein Zimmer verlässt. Und daher bedenke ich sie mit einem ›He, wir sind hier nicht in Versailles!‹ oder: ›Die nächste Stromrechnung bezahlst du aus deiner Tasche!‹ Sie antwortet mir dann: ›Und du, du lässt deine Socken einfach irgendwo herumliegen!‹ Und da bin ich dann verdutzt, ich sage ihr, dass das in keinem Zusammenhang mit der Tatsache steht, dass sie das Licht ausschalten soll, und dass die Tatsache, dass ich meine Socken herumliegen lasse, keine Auswirkungen auf irgendeine Rechnung haben wird.«

Am Ende dieses Kapitels muss ich zugeben, dass das Bild, das ich von der Paarbeziehung gezeichnet habe, ziemlich düster erscheinen mag, denn die Kriege, sogar die kleinen, sind nicht der Normalfall und die Gewalt noch viel weniger. Dieser Punkt musste jedoch ausführlich behandelt werden, um zu zeigen, wie schwer es ist, über den Ärger zu reden. Nun ist es jedoch an der Zeit, dieses düstere Kapitel zu verlassen, um das vergnüglichere Schauspiel zu genießen, das die konstruktiven Verhaltensweisen bieten. Sie können aus der banalen und sich wiederholenden Sozialisation hervorgehen, in die sich die Partner bewusst hineinbegeben, um die emotionalen Erschütterungen abzufedern. Sie können auch aus den zauberhaften verliebten Zwischenphasen hervorgehen. Aber auch hier gibt es erstaunliche Techniken, die (jedoch zum Besten) die geheimen und sehr persönlichen Gedanken bevorzugen. Ihre Analyse wird auf den folgenden Seiten im Vordergrund stehen. Die Liebe wird manchmal still und heimlich hergestellt.

7
Heimliche Liebe

DIE WINZIGEN SIEGE

Wenn das Leben des Paares wieder seinen ruhigen Gang geht, was glücklicherweise meistens der Fall ist, vergessen die beiden Partner ihren Ärger. Sie profitieren also nicht von dieser der Reflexion und Analyse eher förderlichen emotionalen Abkühlung, um sich wirksame Taktiken auszudenken oder die verschiedenen Methoden zu bewerten und zu vergleichen. Wenn sie es doch einmal tun, stellen sie im Allgemeinen fest, dass das Geschrei und die Krisen nur selten zu konkreten Ergebnissen führen. Was sie im Übrigen nicht davon abhält, sich von neuem wütendem Ärger hinzugeben. »Weil mir das Erleichterung verschafft« (Fidelia). Da Melody immer ungehaltener wird, wenn sie den Eindruck hat, ER würde »mit einem Scheuerlappen über den Teller gehen«, wenn er sein Brot in die Soße tunkt, hat sie sogar bewusst beschlossen, offensiver das Wort zu ergreifen. »Ich mache ihm deshalb regelmäßig Vorhaltungen. Lange Zeit habe ich mich zurückgehalten und nur eine diskrete Bemerkung gemacht: ›Das tut man nicht.‹ Aber mit zunehmendem Alter (und Niedergang der allgemeinen Ästhetik) habe ich den höchsten Gang eingelegt und zudem noch eine Schlankheitsdiät gefordert. Gegenwärtig also rufe ich, wenn er mit seinem Theater beginnt, laut und deutlich: ›O nein, nicht das!‹ Dann seufze ich: ›Könntest du nicht versuchen, wieder etwas verführerischer zu sein?‹ ER fügt sich sofort (infolge einer langen Entwicklung unserer Beziehung): ›Oh,

Verzeihung.‹ Aber ich weiß, dass er bald wieder damit anfangen wird, dass die Gefräßigkeit ihn wieder überkommen wird.« Verglichen mit den Kosten zulasten der Beziehung, die der Beginn einer offenen Auseinandersetzung immer verursacht, kann der erzielte Gewinn ziemlich lächerlich (und vorübergehend) erscheinen. Wenn es demjenigen, der sich ärgert, jedoch gelingt zu verstehen, dass die Verhaltensweisen des Partners resistent und schwer zu verändern sind, kann er zu der Einsicht kommen, dass dieser Gewinn in Wirklichkeit nicht so gering ist, wie es scheinen mag. Und wenn es ihm außerdem noch gelingt, die kleinsten Anstrengungen seines Gegenübers schätzen zu lernen, dann können die winzigen Siege seinen Ärger verringern. Zahlreiche Menschen, die sich ärgern, schaffen es, sich so zu beruhigen, durch Überzeugungsarbeit an sich selbst, die auf mikroskopisch kleinen Errungenschaften im Kampf beruht. Bei Melody ist es die Leistung, dass ihr Mann ihr zum Geburtstag Blumen schenkt. »Jahrelang habe ich vorher angekündigt, dass ich bald Geburtstag habe und mir Blumen wünsche. ER denkt jetzt daran, und darüber bin ich ganz begeistert, vielleicht sogar noch mehr, weil ich weiß, wie schwer es ihm gefallen ist, zu diesem Verhalten zu gelangen.« Eine weitere Leistung: die Mayonnaisetube (statt der Zahnpastatube) bei Isabelle. »Ich bin gerade dabei, meinen liebsten Tubenzerknautscher dazu zu bekehren, dass es eine Freude ist, wenn man sieht, wie die Mayonnaise in einem angenehmen, flüssigen Strahl beim ersten Drücken aus der Tube kommt. Mir persönlich ist es wurst, ich hasse Mayonnaise. Er hat es bei der Zahnpasta nicht kapiert, er versteht es besser bei der Mayonnaise. Man muss eben flexibel sein.«

Gally ist gerade dabei, einen winzigen Sieg zu erringen, ohne es auch nur darauf angelegt zu haben. Sie ärgert sich darüber, dass Akira nicht die geringste Anstrengung in Bezug auf die Hausarbeit unternimmt. Nun unterrichtet er seit kurzem kleine Kinder und schaut Gally interessiert beim Backen zu. Er interessiert sich in Wirklichkeit einzig für die pädagogische Wirkung dieser Tätigkeit, aber Gally findet diese Verhaltensänderung vielversprechend. »Das ist bestimmt ein gutes Zeichen.« Wenn sie die Bilanz mehrerer Jahre des Kampfes zieht, muss sie sich den Tatsachen beugen: Ihre Ausbrüche haben zu nichts geführt, und sie hat den Eindruck, als hätte sie gegen eine Mauer gekämpft. Deshalb tendiert sie inzwischen zu anderen, friedlicheren und heimlicheren Taktiken. »Was den Umgang mit meinem Ärger anbelangt, ist es immer noch am einfachsten, ihm nicht zu viel Bedeutung beizumessen. Denn ich kann noch so sehr herumwettern, böse werden, das führt zu nichts. Es verwirrt ihn, er will es wiedergutmachen, gibt aber keine Erklärung für sein Betragen. Und verspricht nicht, dass er demnächst besser aufpassen wird (wenigstens lügt er nicht). Ich versuche, die Dinge mit Humor zu nehmen und zu relativieren (natürlich ist es ganz normal, dass du nicht weißt, wie man eine Vinaigrette macht, wo ich dir doch zweimal die Woche erkläre, wie man's macht). Und weil von seiner Seite keine heftigen Reaktionen kommen, können wir auch die Konflikte entschärfen: Ganz allein wie gegen eine Mauer anzuschreien, das bringt nicht viel, außer dass man Ärger ablässt. Manchmal sage ich mir, dass er sich ändern würde, wenn ich ihm ständig im Nacken säße und ihm nichts durchgehen ließe. Aber was wäre das für eine Energie- und Zeitverschwendung, wo es doch so viel konstruktivere Dinge zu tun gibt. Und ich fürchte mich davor, dass man mich für eine Xanthippe halten könnte. Kurz, ich versuche, nicht wegen Kleinigkeiten sauer zu werden.« Sie versucht, sich zu beherrschen und zu relativieren, indem sie eine selbstkritische Sicht auf ihr Betragen entwickelt, humorvoll reagiert und sich auf Akiras Gelassenheit verlässt. Oder indem sie sich einredet, dass er nicht mit Absicht so handelt. »Zumal sich seine Zerstreutheit nicht nur gegen mich richtet: Er muss auch dafür bezahlen. Heute Morgen war er besonders wütend, weil er Orangensaft statt Milch in seine Müslischale gegossen hat. Und ich muss sagen, dass er in solchen Fällen nur bei sich selbst die Schuld sucht. Niemals würde er mir vorwerfen, dass ich die Flasche woanders hingestellt habe oder so etwas.«

Alle diese von Gally angesprochenen unterschiedlichen Taktiken und das, was wir uns nun anschauen werden, haben eine Gemeinsamkeit: Der Kampf gegen den Gegner wird aufgegeben, um ihn gegen sich selbst zu wenden oder zumindest gegen das spezielle Selbst, das sich ärgert, von seiner Wut mitgerissen wird und in der kleinen egoistischen Welt seiner eigenen Selbstverständlichkeiten gefangen ist. Man muss gegen sich selbst ankämpfen, wenn man sein Verhalten ändern will und sogar noch viel mehr: die Art, wie man seine Identität einbringt. Obwohl die Taktiken ziemlich passiv und nicht gerade ausgefeilt erscheinen, handelt es sich dabei nicht um kleine Veränderungen, sondern um richtige Kehrtwenden.

Die Kehrtwende

Der Ärger katapultiert in eine enge Welt der Gewissheiten, die eine klare Vision von der ehelichen Welt schaffen: Der andere hat Unrecht, hoffnungslos Unrecht. »So erlange ich auch meine Autonomie wieder, kann mich vom anderen distanzieren, was mir ermöglicht, meine Lebenslust wiederzufinden« (Melody). Wenn der Initialschock überwunden ist, kann der tröstende und stabilisierende Charakter dieser plötzlichen Evidenzen sogar einen seltsamen Genuss bereiten, zumal man in ihnen etwas Vertrautes wiederfindet. Denn das Individuum schottet sich in sich ab und knüpft wieder an etwas in Vergessenheit geratene, vergangene Bezugspunkte an. Die strikt individuelle Identifikation ist kompakter und leichter zu ertragen als das komplexe und bewegliche Spiel, das sich innerhalb der Paarbeziehung entwickelt. Die meisten Taktiken, die wir uns ansehen werden, bestehen daher darin, Mittel zu finden, aus diesem doch so verlockenden individuellen Eingeschlossensein herauszukommen; das Individuum selbst muss die Initiative zur Umkehr ergreifen (indem es diverse Vorwände benutzt, die ihm der Partner geliefert hat).

Die sichtbarste Identifikationsarbeit besteht darin, sich ein einheitliches, flüssiges Selbstbild zu schaffen: Das Leben läuft wie eine Geschichte ab, die man sich erzählen kann. Hinter diesem glatten Anschein gehen die punktuellen (unmittelbaren, kontextualisierten, operativen) Identifikationen dagegen in sehr ausgeprägten ständigen Brüchen vonstatten, die unterschiedliche Selbstbilder und biografische Sequenzen aufeinander folgen lassen (Kaufmann 2005). Das Individuum lässt sich nacheinander auf vielfältige Handlungsordnungen ein (Thévenot 2006) und präsentiert unterschiedliche Identitätsfacetten. Und genau diese sequenzielle Modalität ist es, die es demjenigen, der sich ärgert, erlaubt, der autistischen Sackgasse zu entkommen. Während er sich an seinen wiedergefundenen Gewissheiten festhält, die ihm bombenfest verankert scheinen, kehrt er zur Normalität der Beziehung zurück, als sei nichts geschehen. Der Prozess nimmt bei demjenigen, der den Ärger verursacht, denselben Verlauf (und setzt so eine positive Spirale in Gang). Mit seinem Verhalten verursacht er oft unabsichtlich Ärger und nimmt intuitiv wahr, dass er im gegnerischen Lager Aufregung hervorgerufen hat. Er empfindet hinterher vage Schuldgefühle und versucht, seinen Fehler (ein bisschen) wiedergutzumachen, indem er ein netteres Gesicht aufsetzt. Wenn er diese Erfahrung wiederholt macht, lernt er im Übrigen, dass es sich dabei um eine sehr wirkungsvolle Methode handelt, um der Logik des Konflikts zu entkommen und Repressalien zu vermeiden. Manche werden so zu Meistern in der Kunst, »goldene Brücken zu bauen« (Melody). Charly zum Beispiel. »Wenn er mich wieder anruft, löst sich alles auf« (Rosy). Oder Marc. »Ich habe ein wahnsinniges Glück, ich habe einen Mann, dessen Blick mehr als tausend Worte sagt und der sich zu entschuldigen versteht, wenn er ein bisschen zu weit gegangen ist. Wenn er dann sagt: ›Du hast Recht, ich werde mich bemühen‹, dann schmelze ich dahin.« (Caroline) Und sogar Richard, über den sich seine Frau furchtbar ärgert. »Er versteht es, seine Schuld anzuerkennen, und in der Regel macht er den ersten Schritt zur Versöhnung (sicher sind wir deshalb immer noch zusammen). Auf einmal ist alles weg, was mir auf die Nerven gegangen ist.« (Malvina)

Wenn der Höhepunkt der Krise überstanden ist, beobachten sich die beiden Partner heimlich, um das Detail zu finden, das ihnen helfen kann, ihren Sinneswandel zu rechtfertigen. Mangels eines spektakulären Umschwungs bei demjenigen, der den Ärger verursacht, wie bei Charly, Marc oder Richard, kann derjenige, der sich ärgert, sich mit ein paar Lappalien begnügen, um selbst eine unmerkliche Veränderung seines Verhaltens einzuleiten, die wiederum den Gegner milder stimmt und so weiter. Die Krise lässt sich positiv bewältigen mithilfe dieser geschickten Interaktion, bei der jeder dem anderen hilft, seinen individualistischen Rückzug nach und nach aufzugeben. Leider ist der andere manchmal störrisch oder zieht ein undurchdringliches verstocktes Gesicht (was kaum besser ist). Dann ist derjenige, der sich ärgert, dazu verurteilt, allein zu handeln.

WENN DER ÄRGER SICH IN LUFT AUFLÖST

Die einfachste Taktik besteht darin, das (innere) Gewitter vorüberziehen zu lassen und darauf zu warten, dass die Erregung von selbst wieder abklingt. Es ist sehr schwer zu sagen, inwiefern diese Wahrnehmung einer ganz natürlichen physischen Reaktion etwas Realem entspricht. Sicher, die Erregung erreicht zum Zeitpunkt des Initialschocks eine Spitze und klingt dann logischerweise in der Folge ab. Melody hat den Eindruck, dass sie keine besondere Anstrengung unternimmt. »Ich habe nicht den Eindruck, dass ich mich zusammenreiße, sondern eher, dass ich den unangenehmen Moment von selbst vergehen, sich ›in Luft auflösen‹ lasse.« In welche Richtung sich die Gefühle entwickeln, hängt in dieser zweiten Phase jedoch stark von der eigenen Wahrnehmung ab. Eine äußerst kritische Sicht auf den Partner hält den Ärger auf einem hohen Niveau. Risse in den autistischen Evidenzen oder eine bloß flexiblere oder distanziertere Sicht vermindern dagegen die Verärgerung. Das ist übrigens sicher eine Erklärung dafür, warum man den Eindruck haben kann, dass der Ärger sich von selbst in Luft auflöst, denn derjenige, der sich ärgert, handelt, ohne sich darüber bewusst zu werden. Passiv und wenig kreativ begnügt er sich damit, die Vorfälle mit größerem Abstand zu betrachten. Er hat immer noch im Kopf, was ihn geärgert hat, aber er stellt es sich aus größerer Ferne vor, und diese Entfernung verringert seine emotionalen Reaktionen. Dieser Mechanismus ist aber keineswegs etwas Natürliches; der Effekt der Entfernung wird von der Vorstellung erzeugt. Der beste Beweis dafür ist, dass der Ärger bestehen bleibt, wenn derjenige, der sich ärgert, seine höchst kritische Sicht auf den Partner beibehält, also eine andere Vorstellung hat. Man darf daraus nicht den vereinfachenden Umkehrschluss ziehen, dass alles von der individuellen Vorstellung abhängt und diese die Emotion steuert. Beide überkreuzen sich und sind eng miteinander verkettet. Der Ausgangspunkt ist unbestritten emotional. Der Ärger an sich reißt das Individuum plötzlich aus seiner gewöhnlichen, auf Frieden und Konsens bedachten Sicht heraus. Emotion und kritische Sicht verbinden sich dann, um eine alternative, individuelle, wenn nicht gar autistische Identifikation zu schmieden. Wenn dann das Gewitter weitgehend vorüber ist, erfolgt das »In-Luft-Auflösen« des Ärgers schrittweise in einem Mechanismus, bei dem sich nach und nach abnehmende Emotionalität und distanziertere oder mildere Sicht verbinden. Derjenige, der sich ärgert, ist sich daher nur schwach bewusst, dass er eine Anstrengung unternimmt, und noch weniger, dass er eine Taktik entwickelt: Er begnügt sich damit, seinen Identitätsschwenk ganz allmählich zu vollziehen. Diese unmerklichen kleinen Schritte führen dennoch dazu, dass er seine Position völlig umkehrt.

Schauen wir uns folgende düstere Geschichte von den Schuhen unter einem Heizkörper an.[1]

Die Küche von Daniel und Christine befindet sich im Obergeschoss, und da beide es eilig haben, in ihr gemütliches Zuhause zu kommen, gehen sie mit Schuhen hinauf. Die sie dann unter den Heizkörper stellen (wo sollte man sie auch sonst hinstellen?), um sich mit Pantoffeln an den Füßen zu entspannen. Schließlich häufen sich die Schuhe an diesem nicht dafür vorgesehenen Ort, was zur Folge hat, dass sich beide darüber ärgern. Sie haben daher in beiderseitigem Einvernehmen offiziell festgesetzt: Jeder soll nun seine Schuhe in der Garage im Erdgeschoss ausziehen, wo ein angemessener Platz für sie geschaffen wird. Leider gehen sie nach wie vor mit Schuhen nach oben, wie sie es schon immer getan haben, und der Anblick des Schuhhaufens unter dem Heizkörper ärgert sie immer mehr, vor allem Daniel, der am Ende der Woche explodiert. »Wir lagern die Schuhe unter dem Heizkörper in der Küche. Und jeden Samstag schimpfe ich, weil das kein Platz für Schuhe ist unter dem Heizkörper in der Küche. Ich bitte darum, dass man die Schuhe in die Garage bringt.« Christine, die sich genauso sehr wie Daniel ärgert (und gewiss noch mehr, wenn er seine Bitte, »man« solle die Schuhe hinunterbringen, ganz offensichtlich an sie richtet), hat eine ganz andere Taktik gewählt: Sie schweigt und verdrängt. Das ist die Frucht der Erfahrung.

---

1 Von Johanne Mons (1998, S. 105) aufgezeichnete und zitierte Aussage.

Sie hat nämlich festgestellt, dass das Geschrei nichts änderte (die Schuhe landeten genauso unter dem Heizkörper wie vorher); daher vermeidet sie es. Sie geht im Übrigen in ihrer Selbstverleugnung noch weiter, indem sie die Schuhe, ohne ein Wort darüber zu verlieren, in die Garage hinunterbringt. Die Interviewerin fragt sie daher, ob es ihr nicht vielleicht doch gut täte zu schreien. Sie bejaht das, fügt aber sogleich hinzu: »Ich hebe mir das für wichtigere Dinge auf.« Der Ärger über die Schuhe erreicht bei ihr nicht das Maximum an Intensität, sie zieht es vor, ihn so schnell wie möglich mit Unterordnung und Schweigen zu behandeln, um sich mehr davon für andere verbale Auseinandersetzungen mit Daniel aufzusparen. Mit dieser Vorgehensweise löst sie sogar den mehr persönlichen Ärger in Luft auf, den ihr ihre eigenen Schuhe verursachen. Die verliebte Selbsthingabe wird auf eine gewisse Weise also belohnt.

Derjenige, der sich ärgert, entwickelt Taktiken, ohne es zu wissen. Besonders um das Vorgefallene aus größerer Distanz betrachten zu können. Zum Beispiel, indem er sich körperlich wegbewegt, um sich von allem zu entfernen, was ihn an die ursprüngliche Ursache seiner Verärgerung erinnern könnte. »Wenn ich mich ärgere, gehe ich meistens aus dem Zimmer, damit er meinem Gesicht nicht ansieht, dass ich immer genervter werde« (Nicole). Außer dass es das, was den Ärger verursacht hat, den Blicken entzieht, hat das Weggehen noch einen anderen Vorzug. Es ermöglicht dem verärgerten Individuum, einen kleinen Identitätsbruch zu vollziehen, indem es für einen Moment in einen Kokon persönlicher Autonomie flüchtet. Mehrere Befragte haben von einem »Atemholen« gesprochen, das sie dann spürten und das ihnen oft erlaubte, das Vorgefallene ziemlich schnell zu vergessen und den Ärger zu besänftigen. »Ich erhole mich erst einmal«, wie Melody so schön sagt. Das ist auch die Methode, die Fidelia anwendet, und zwar in längeren Zeiträumen. »Ich brauche Pausen und neuen Sauerstoff.« Zum Beispiel eine Reise (ohne Pedro) mit ihren Freundinnen, »um wieder zur Frau zu werden«. Oder von Yannis, der das individuelle Atemholen offiziell zum Prinzip der funktionierenden Partnerschaft erhoben hat, um den Ärger zu verringern. »Allgemein lassen wir uns gegenseitig ›örtliche und zeitliche‹ Freiräume: Ich gehe mit Freunden in ein Konzert oder zu einem Fußballspiel, sie geht mit ihren Freundinnen essen oder shoppen; sie fährt zwei, drei Tage geschäftlich weg, und ich bleibe bei unserer Tochter zu Hause, und umgekehrt, wenn ich auch geschäftlich wegmuss. Das funktioniert sehr gut so, und wir freuen uns, wenn wir nach diesen kleinen vorübergehenden Trennungen wieder zusammen sind. Wir sind beide der Meinung, dass dieses Weggehen und Wiederkommen unabdingbar für den Fortbestand und die positive Entwicklung unserer Beziehung ist.« Ob diese Sequenz kurz und improvisiert oder länger und geplant ist, der Mechanismus ist derselbe: Der individualistische Bruch veranlasst (zweifach) zu einer Rückkehr zur Normalität der Beziehung. Er schafft zunächst Distanz zum Vorgefallenen und trägt so dazu bei, den Ärger »in Luft aufzulösen«. Dann, vor allem wenn er länger dauert (das ist ein Fall, wo eine heimliche, maßvolle kleine Rache eine positive Rolle spielen kann), kann er Gewissensbisse verursachen, der Ex-Verärgerer versucht, die Bezugspunkte seiner partnerschaftlichen Identifikation wiederzufinden, um sich von neuem dort wieder hineinzubegeben. Dieser Moment des Hin und Her zwischen zwei Identitäten ist auch sehr günstig für eine kühlere Argumentation – starke Identifikation und kritisches Denken sind nicht besonders kompatibel (Kaufmann 2005) –, die in der Regel hilft, die kriegerische Haltung aufzugeben. Drei Dinge kommen dann zusammen, um den Ärger aus dem Weg zu schaffen: körperliches Distanzieren, abnehmende Emotionalität, aufkommendes analytisches Denken. Der Ärger löst sich nicht von allein in Luft auf.

DIE KÖRPERTHERAPIE

»Wie ich von einem Gefühl zum anderen übergehe: Ich glaube, dass ich, nachdem ich meine den Umständen entsprechend mehr oder weniger diskrete Bemerkung gemacht habe, meinen Blick abwende und beginne, etwas zu tun, das mich ›erleichtert‹ und ihn dazu veranlassen kann, sein Verhalten zu ändern (im genannten Fall räume ich den Tisch ab).« Melody kombiniert drei Techniken: eine (widerwillige) kurze kritische Äußerung, ein Abwenden des Blicks, das dagegen das Ende der kritischen Phase signalisiert, schließlich eine Konzentration ihrer Gedanken auf mechanische Handgriffe, die ihr Erleichterung verschaffen. Letztere (körperliche Bewegung zur Beseitigung einer emotionalen Unruhe) sind keine Besonderheit des Ärgers. Sie sind viel weiter verbreitet (sie funktionieren auch bei Angst, Scham usw.) und ermöglichen es auch, mit kognitiven Störungen wie mentaler Überlastung fertig zu werden. In meiner Befragung über das Kochen (Kaufmann 2006) zum Beispiel haben mir viele von dieser manuellen Therapie erzählt. Ob die Tätigkeit komplex ist und daher Konzentration erfordert oder ob sie im Gegenteil gut beherrscht und routiniert erledigt wird, das Ergebnis ist dasselbe: Sie »leert den Kopf« (Candy) von schlechter Laune und schlechten Gedanken. »Ich denke an nichts, ich denke an das Kochen, ich denke an den Geschmack, ich denke wirklich an nichts, deshalb entspannt mich das, ich bin konzentriert« (Tony). An nichts denken und konzentriert sein (zwei von einem strikt kognitiven Standpunkt aus gegensätzliche Modalitäten) sind für ihn gleichbedeutend. Denn das eine wie das andere befreit ihn von anderen, beängstigenden oder anstrengenden existenziellen Gedanken. »Kochen ist mein Anti-Stress-Mittel, ich habe sonst nichts gefunden, was mich vom Stress befreit. Wenn ich von der Arbeit nach Hause komme, kann ich dabei Atem schöpfen.« (Tony)

Das Kochen wird jedoch selten benutzt, um Ärger abzubauen. Denn es ist eine zu regelmäßige Tätigkeit, die zu bestimmten Zeiten erledigt wird (während der Ärger einen überrascht, wenn man nicht darauf gefasst ist, man muss sofort auf ihn reagieren), und seine Komplexität erfordert eine zu große intellektuelle Mobilisierung. Die ideale therapeutische Geste zur Linderung von Ärger ist ganz im Gegenteil etwas höchst Einfaches, Automatisches, bei dem Dinge benutzt werden, die einem gerade in die Hände fallen. Man muss einfach irgendetwas tun und macht eine ganz rudimentäre körperliche Bewegung. Diese extreme Einfachheit der adäquaten Geste vermittelt den Eindruck (wie wenn der Ärger sich in Luft auflöst), als sei der Mechanismus etwas ganz Natürliches; die Bewegung des Körpers vertreibt die negativen Gedanken. Und auch hier ist die allmähliche Verkettung von abnehmender Emotionalität und Entwicklung des Repräsentationsrahmens entscheidend. Der Ärger löst sich in Luft auf, weil man das Vorgefallene aus der Distanz betrachtet. Die Handbewegung spielt ebenfalls mit der Distanz, aber auf eine andere Art. Man betrachtet nicht das Vorgefallene aus der Distanz, sondern sich selbst. Die Vorstellung, die sich jeder zu einem bestimmten Zeitpunkt von sich selbst macht, nimmt sehr unterschiedliche Formen an und beruht auf sehr unterschiedlichen Elementen. Manchmal auf einem Gedanken analytischer Art, manchmal auf einer eher narrativen Erzählung oder einer visuellen Vorstellung: lauter Formen der Selbstbetrachtung, die man heute »Reflexivität« zu nennen geneigt ist (Giddens 1991). Aber diese Selbstbetrachtung kann sich auflösen zugunsten einer bloßen Empfindung, dass man existiert, zum Beispiel durch starke Emotionen (Le Breton 2002) oder auf diffusere Weise durch ein Aufgehen im Rhythmus der Körperbewegungen (Laplantin 2005; Sauvageot 2003). Die Körpertherapie kombiniert übrigens zwei Arten der Distanzierung, denn wenn sich die Selbstbetrachtung auflöst, vergeht gleichzeitig das Betrachten des Vorgefallenen, da der reflexive Überbau insgesamt verschwimmt. Diese zweifache Bewegung entreißt außerdem das Individuum der Beziehungssozialisation, weil es sich dann nur noch auf seinen Körper beschränkt. Zahlreiche Personen haben die Techniken aufgezählt, deren Kombination es ermöglicht, sich zugleich aus dem Kontext des Ärgers zurückzuziehen und durch Aktivität wieder mit sich eins zu werden. Wie Melody, die nach einer großen Wut brandheiß berichtet: »Ich habe also woanders hingeschaut, bin aufgestanden, um einen Topf zu spülen, habe geschwiegen, eine Art, mich sanft aus einem Gespräch zurückzuziehen. ER hat es bemerkt, hat nicht insistiert, hat zu mir gesagt: ›Ich erwarte dich beim Mittagsschlaf‹ (er macht fast jeden Tag einen). Ich habe gesagt: ›Ich weiß nicht‹, und dann ist er ins Schlafzimmer gegangen. Als sich mein Ärger gelegt hatte, der Topf sauber war, bin ich zu ihm gegangen (denn mittags im Bett ist er, so oder so, sehr gut!).« Radikale Umkehrung der Situation, schnelle Auflösung und Überleitung zu einer Körpertherapie ganz anderer Art.

Es ist jedoch nicht immer einfach, sich mit einer ablenkenden Bewegung Erleichterung zu verschaffen. Denn jede Bewegung kann eine Botschaft an denjenigen aussenden, der einen geärgert hat, also als Geste wirken, obwohl sie gar nicht so gemeint ist. Die therapeutische Handbewegung versucht, Verbindungen zu kappen, zum Vorgefallenen und zum Partner, und eine undurchlässige Barriere zur Außenwelt zu errichten, die es demjenigen, der sich ärgert, ermöglicht, sich in sich selbst zurückzuziehen. Das kleinste von einer Bewegung des Körpers ausgesendete Signal dagegen führt wieder zu Austausch. Und denjenigen, der sich ärgert, packt auch die Streitlust, und es fällt ihm schwer, sich nur für sich allein zu bewegen. Melody zum Beispiel verlässt sofort den Tisch, um sich zu beruhigen, wenn ER sein Brot in die Soße tunkt. Sie tut dies auf eine sehr heftige Weise, die Teller stoßen aneinander, das Geschirr klirrt. Einzig für sie selbst? Oder um IHM eine Botschaft zu senden? Sie navigiert sicher zwischen beidem. Mit der Schwierigkeit, dass, da die beiden Logiken gegensätzlich sind, das kleinste ausgesendete Signal die Wirkung der therapeutischen Bewegung zunichte machen kann. Glücklicherweise besteht die Lieblingstaktik desjenigen, der den Ärger verursacht hat, darin, so zu tun, als hätte er weder etwas gesehen noch etwas gehört, und so haben die kleinen Kontrollverluste keine besonderen Konsequenzen. Und Melody kann weiter mit den Tellern klappern. Aber deswegen ist noch nicht alles gelöst. Idealerweise verfügt man über eine kleine, oft ritualisierte und rein dem Abreagieren dienende Geste. Benutzt man dazu eine sinnvolle Alltagsverrichtung wie die Hausarbeit, kann das in der Tat Fragen aufwerfen, sogar neuen Ärger verursachen. Wenn Pedro seine Tasse in die Spüle statt in die Spülmaschine stellt, reagiert Fidelia bisweilen mit einem unmittelbaren Wutausbruch. Wenn dies nicht der Fall ist, schwankt sie zwischen einem ganzen Arsenal an Reaktionen. Ihre bevorzugte Reaktion: »innerlich lächeln«, die Tasse in die Spülmaschine stellen, »und ich gehe zu etwas anderem über«. Diese innerliche Losgelöstheit gelingt ihr jedoch nicht oft. Sie lässt daher die Tasse ostentativ in der Spüle stehen und tobt sich dann aus, indem sie nervös im Haushalt herumwerkelt, was ihr Erleichterung verschafft. Wenn der Ärger sich gelegt hat, schleichen sich bei ihr Zweifel ein, ob ihre Entscheidung, dies zu tun, so gut war: Sie tut gerade genau das, was ihr Mann, über den sie sich so ärgert, von ihr verlangt und worüber sie sich so aufregt, und erzielt durch ihre Hyperaktivität ein noch besseres Ergebnis darin. Abgesehen davon, dass die Tasse so lange in der Spüle bleiben und sie verhöhnen wird, bis sie sie weggeräumt hat. An anderen Tagen sattelt sie daher völlig um: Sie lässt die Tasse stehen, räumt überhaupt nichts auf und tritt in eine Art stummen Hausfrauenstreik. Grübelt dabei aber über ihren Ärger nach ohne die Hilfe des Herumhantierens, das ihr Erleichterung verschafft. Die gegensätzlichen Taktiken geistern unablässig wirr durch ihren Kopf und geben so ihrem Ärger Nahrung. Ein erneuter Beweis, falls es eines solchen noch bedarf, dafür, dass diese Bewegung (wie das Sich-in-Luft-Auflösen des Ärgers) kein rein physischer und natürlicher Mechanismus ist.

Vom rechten Gebrauch des Schmollens

Das Abwenden des Blicks oder die Konzentration auf Gesten, die Erleichterung verschaffen, zielen darauf ab, die Szene, die den Ärger hervorgebracht hat, zu isolieren, sich in eine persönliche Identität zu flüchten, die der ehelichen Welt gegenüber hermetisch abgeschlossen ist, und sich vor allem jede Kommunikation mit dem Gegner zu versagen. Mehrere Befragte haben von der Notwendigkeit gesprochen, aus diesem Grund eine momentane »Kälte« zur Schau zu tragen. »Meine Kälte ist eine Konsequenz des Ärgers (ich bin nicht mehr verliebt); das ist eine spontane Reaktion, die dem entspricht, was ich in diesem Moment empfinde.« Melody trägt diese Kälte zur Schau, selbst wenn die Kommunikation nicht unterbrochen ist. »Das kann auch die Kommunikation verändern, sie auf ein anderes Gebiet führen, aber immer kühl.« Wie das meiste, was den Ärger berührt, ist auch die »Kälte« ambivalent und kann Anlass zu gegensätzlichen Interpretationen bieten. Erste Version: Sie ist eine kritische Botschaft, die dem Gegner logischerweise nach der emotionalen Spitze gesendet wird. »Gleich nach meinen kleinen scharfen Bemerkungen wieder nett zu ihm zu sein, das hieße, mich zu etwas zu zwingen, wozu ich keine Lust habe. Nachdem ich mich geärgert und über meinen Ärger nachgedacht habe, habe ich keine Lust mehr, auf ihn zuzugehen.« (Melody) Die Botschaft kommt manchmal an, es kommt sogar vor, dass sie Wirkung zeitigt.»Wenn er es merkt, benutzt ER es als Signal, und wenn er guter Laune ist (oder im Unrecht?), macht ER einen Schritt in Richtung Versöhnung (Scherz, Gefallen, zärtliche Geste).« Im weiteren Verlauf ihrer Erklärung gleitet Melody unmerklich in Richtung der zweiten Version ab: Die Kälte ist keine Botschaft mehr, sondern stellt eine vorübergehende Neutralität zur Schau und bildet einen Schutzschild gegen die Kommunikation.»Das wäre, als würde ich die andere Wange auch noch hinhalten, das reicht nun aber! Ich werde nicht riskieren, mich sofort noch einmal ärgern zu lassen. Ich erhole mich erst einmal. Ich glaube nicht, dass das ein Zeichen ist oder eine Bestrafung gegen ihn, denn: Erstens merkt er es nicht immer! Zweitens, vergessen wir nicht, dass ich Zweifel daran habe, ob der Ärger begründet ist (Ist ER es? Bin ich es?)« Die Kälte ist eine bewusst ausdruckslose Haltung, die eine Pause in der Kommunikation markiert. Was Fidelia auf andere Weise ausdrückt: »Ich gehe auf Distanz, ohne herumzupalavern.« Oder Lamia, die ihr »verkniffenes Schweigen« zur Schau trägt, bis »es vorüber ist«.

Für viele, die sich ärgern, ist die reine Kälte jedoch nicht ausreichend. Sie haben das Bedürfnis, sie auf ein höheres Niveau zu heben: das Schmollen. Auch das Schmollen ist ambivalent und entwickelt sich unterschiedlich, je nachdem, wie es benutzt wird. Es gibt aggressives und höchst engstirniges Schmollen, das ziemlich unverständliche, aber sehr starke Botschaften aussendet. Das ist nicht das Schmollen, das uns hier interessiert. Im Hinblick auf eine Lösung der Krise kann ein maßvolles Schmollen in der Tat ein Mittel sein, die biografische Sequenz, die den Ärger verursacht hat, zu unterbrechen. Es muss zu diesem Zweck eine emotionale Neutralität zur Schau stellen. Ein solches Resultat kann nur erzielt werden, wenn derjenige, der sich ärgert, sich von den starken Evidenzen löst, an die er sich festgeklammert hat, als die Emotionalität ihren Höchststand erreichte. Das Zurschautragen eines ausdruckslosen Gesichts zeigt dann an, dass das Individuum mit einer innerlichen Arbeit beschäftigt ist, die darauf abzielt, das Gleichgewicht wiederherzustellen. Eine unsichtbare, heimliche Arbeit, über die es nichts sagen will und darf.»Manche sagen nicht, was ihnen auf die Nerven geht, aber man sieht ihrem Gesicht an, dass etwas nicht in Ordnung ist. Man weiß aber nicht was, zwangsläufig, weil man nicht ihre Gedanken lesen kann. Also fragt man denjenigen, der schmollt, aber er will eben nur schmollen, keine Fragen beantworten.« (Isabelle) Das Schmollen ist unverständlich, wenn nicht lächerlich für denjenigen, der es von außen beobachtet. Dennoch muss derjenige, der schmollt, oft zu dieser seltsamen Methode greifen, die in ihrer gemäßigten Version paradoxerweise versucht, die Bedingungen für eine Rückkehr in die Paarbeziehung zu schaffen. Der Schmollende kann dies aber nicht sagen und muss ein griesgrämiges Gesicht machen. Es handelt sich um eine Technik, die bei Kindern sehr verbreitet ist, die auch in der Falle stecken, dass sie ihre Unzufriedenheit und ihr kleines Leid nicht artikulieren können. (Aus anderen Gründen: Derjenige, der sich über seinen Partner ärgert, kann nichts sagen, weil er sonst der Quelle seines Ärgers neue Nahrung geben würde; das Kind kann es schlicht und einfach nicht, weil es nicht über die Worte verfügt und eine unterlegene Position hat). Gegenüber der bösen Welt, die es nicht versteht und der es nichts sagen kann, schließt sich das Kind in seiner Welt ein, indem es schmollt. Zum Beispiel auf dem Dachboden, sagt uns Gaston Bachelard (1948), findet das absolute Schmollen statt, das Schmollen ohne Zeugen. Auch derjenige, der sich über seinen Partner ärgert, isoliert sich durch sein Schmollen (wie er es tut, indem er den Blick abwendet und indem er in hektische Aktivität verfällt). Er verbietet sich, rachsüchtig zu erscheinen, ebenso wie er sich die Signale verbietet, die anzeigen könnten, dass er zur Normalität der Beziehung zurückkehrt. Er befindet sich in einem unfassbaren Dazwischen, als hinge er zwischen zwei möglichen Identitäten. Deshalb neutralisiert er alle sprachlichen oder körperlichen Äußerungen. »Ich schmolle ein bisschen, ich lächle nicht, bin nicht so fröhlich, zärtlich, gesprächig, an ihm interessiert wie sonst. Und das Schlimmste an der Geschichte ist, dass er es nicht einmal merkt und es ihn also nicht stört: Die einzige Leidtragende bei der Geschichte bin also ich!« (Alice) Aziz merkt es nicht oder eher: will es nicht merken, die Erfahrung hat ihn sicher gelehrt, dass diese gegnerische Eiszeit keine großen Konsequenzen hat und vorübergeht. Alles hängt offensichtlich von der Art des Schmollens ab, denn es gibt solches und solches Schmollen. Wenn Aziz sich einen Spaß daraus macht, in letzter Minute in den Zug zu steigen, weiß er, dass Alice schlimmstenfalls ein klein bisschen schmollen wird und dass er sie leicht wieder herumkriegen kann. Bezüglich dessen, was sie als einen Mangel an Wertschätzung ihr gegenüber empfindet (wenn er sie darum bittet, ihn daran zu erinnern, dass er verschiedene Dinge tun soll, und ihr, wenn sie dieser Bitte nachkommt, erklärt, dass er es später machen wird), gelingt es Alice nicht, sich auf ein Schmollen zu beschränken, das eine reine Neutralität zur Schau stellt. »Es stimmt, da schaffe ich es dann, eine Wut ganz nach meiner Art zu kriegen, das heißt, indem ich ein Gesicht ziehe. Ich erlaube mir zu zeigen, dass ich nicht zufrieden bin, ich gestatte mir in der Tat zu schmollen. Ich hätte gern, dass er versteht, was ich in einem solchen Moment empfinde. Aber gleichzeitig schmolle ich nicht gern, das liegt nicht in meiner Natur, denke ich, ich fühle mich unwohl, wenn ich wütend bin, und ich hasse dieses Gefühl. Es fällt mir sehr schwer, jemandem, den ich liebe, auf Dauer böse zu sein, wenigstens wenn es sich um Dinge handelt, die nicht so schlimm sind.« Auch wenn sie nicht anders kann, als in ein vielsagendes Schmollen zu verfallen, versucht Alice sehr schnell, wieder damit aufzuhören. Hier sind es nicht das Auf-Distanz-Gehen und die zur Schau gestellte Neutralität des diskreten Schmollens, die es ihr ermöglichen, sich weniger zu ärgern, sondern die Ökonomie der gegensätzlichen Gefühle und Gedanken. Die Gewissensbisse und die Zweifel wirken unterminierend. Wie die heimliche Rache stellt auch der momentane, vernünftige Kontrollverlust wieder ein Gleichgewicht her.

Indem es die radikale Neutralität aufgibt, bedeutet das offensive Schmollen, mit der Dialektik der gegensätzlichen Gefühle zu spielen, um zur Normalität der Beziehung zurückzukehren. Durch einen Kompensationseffekt: Je böser das Schmollen ist, desto schuldiger fühlt sich der schmollende Verärgerte und desto mehr drängt es ihn, damit aufzuhören. Andere Techniken des Umgangs mit Ärger kommen dem nahe. Auch sie verwenden die Dialektik der gegensätzlichen Gefühle, aber eher simultan als sukzessiv. Wie der Witz geben sie Anlass zu zweideutigen Interpretationen, dies aber in einer sehr viel weniger angenehmen, wenn nicht geradezu mühsamen Version. Es handelt sich um verschiedenerlei Grummeln, Brummeln und

Knurren jeder Art, das es demjenigen, der sich ärgert, ermöglicht, einen Gegenangriff vorzutäuschen, der in Wirklichkeit rein imaginär bleibt. »Ich habe einen charmanten Mann (andernfalls hätte ich mir schon lange einen anderen gesucht), der mit mir ausgeht, wohin ich möchte, der sich an der Hausarbeit beteiligt und alle möglichen Qualitäten hat. Und manchmal muss er einfach brummeln. So hat er den ganzen Weg von Marseille bis nach Andorra gemeckert, dass er die Schnauze voll habe von dieser Strecke und von diesem blöden Wetter und umkehren werde. Eine meiner Freundinnen, die uns begleitete, und ich baten ihn inständig, es nicht zu tun, es sei nicht mehr so weit, und dass wir doch nicht diese ganze Strecke gefahren wären, um dann nicht anzukommen. Das war am Anfang,[2] und da ich an einen schwierigeren Charakter gewöhnt war,[3] war ich davon überzeugt, dass der Kerl es tun würde. Nein, er würde es nicht tun, das wusste er, ich aber nicht. Er ärgerte sich bloß und hätte das sagen sollen. Wir sind schließlich in Andorra angekommen, alle äußerst angespannt, vor allem die beiden Damen, die die ganze Strecke die Finger gekreuzt hatten. Jetzt lasse ich ihn in seiner Ecke meckern, ich weiß, dass das vorbeigeht.« (Isabelle) Das Brummeln, das momentan erleichternd wirken kann, erweist sich, gemessen am Gewinn, den man damit erzielen kann, in der Tat als jämmerlich. Vor allem wenn der Gegner seine Erfahrungen bilanziert und ganz genau weiß, dass nur so vor sich hingebrummt wird. Isabelle dreht dieses Vorgehen sogar zu ihren Gunsten. »Wenn wir angekommen sind, halte ich ihm vor, dass er etwas ekelhaft war und dass der reumütige Herr mir eine kleine Wiedergutmachung schuldet, etwas Süßes oder einen kleinen Umweg, damit wir uns etwas ansehen können, das mir gefällt. Ich bin machiavellistisch.«

Vernunft annehmen

Den Blick abzuwenden, wild herumzuhantieren oder mit einem undurchdringlichen Gesichtsausdruck zu schmollen

---

2 Ihres gemeinsamen Lebenswegs.
3 Ihren vorherigen Ehemann, den absichtlichen Tubenzerknautscher.

lohnt sich für denjenigen, der sich ärgert, dagegen doppelt: Die Last der negativen Gefühle verringert sich, und er bekommt den Kopf frei, um die Lage kühler und distanzierter analysieren zu können. Gewiss kommt diese Fähigkeit zur Reflexion nicht ohne Anstrengungen aus. Caroline spricht von einer wahren »Unterminierungsarbeit«, die es nach und nach ermöglicht, »die Bombe zu entschärfen«. Gewiss ist auch die Analyse, die daraus resultiert, nicht eindeutig. Die Vor- und Nachteile der beiden alternativen Identitäten (der individualistische Widerstand und die Kapitulation vor der Beziehung) werden abgewogen und verglichen. Obwohl sie am Ende immer in dieselbe Richtung neigt, zweifelt Alice jedes Mal, und es ist nicht gesagt, dass sie eines Tages nicht einmal anders entscheidet. »Was den Zug anbelangt, stimmt es, dass der Ärger, den ich verspüren kann, bevor ich darin Platz genommen habe, ziemlich schnell verfliegt, wenn der Zug einmal abgefahren ist, und ich denke, dass dies sich zum Teil dadurch erklären lässt, dass ich erleichtert bin, weil wir ihn nicht verpasst haben, aber auch weil ich es nicht schaffe, deutlich und überzeugend genug zu sagen, dass ich mich über ihn aufgeregt habe. Er nimmt mich nicht richtig ernst und macht sich liebevoll über meine Gestresstheit lustig, und schließlich entspannt er mich mit seinen idiotischen Späßen (er ist ein sehr amüsanter, lustiger Mensch). Ich bin zu schwach und schaffe es nicht, auf meiner Position zu beharren, ich verzeihe sehr schnell, ganz gewiss zu schnell, sogar verglichen damit, wie ich gern wäre. Ich hätte gern genügend Charakterstärke, um ihm zu verstehen zu geben, dass ich ihm wirklich böse bin, dass er mir in diesem Augenblick wirklich auf die Nerven geht, aber ich schaffe es nicht, und am Ende bin ich ganz froh, dass es so vorbeigeht, auch wenn ich mich andererseits über mich selbst ärgere. Ist das kompliziert!! Ich weiche dem Konflikt aus, weil ich das hasse, weil es so einfacher ist und weil ich keine ›Nervensäge‹ spielen will, die wegen einer lächerlichen Kleinigkeit schmollt.«

Trotz häufigen Zögerns begünstigt die kühle Reflexion in der Regel die Kapitulation vor der Beziehung, und dies aus mehreren Gründen, die auf dasselbe hinauslaufen. Zunächst einmal das Sichbewusstmachen der sehr problematischen materiellen und sozialen Konsequenzen einer lange andauernden individualistischen Revolte. Was Nicole auf den Gedanken bringt, dass sie sich »mehr als zuträglich aufgeregt« habe. Wenn die von heftigen Emotionen genährten Träume vorbei sind, kommt die Realität mit ihrem ganzen Gewicht wieder. Man müsste Berge versetzen. Und die dafür nötigen Gewissheiten – die auf dem Höhepunkt der emotionalen Spitze gleichwohl sehr stark sind – bekommen schnell Risse infolge der Reflexion und reduzieren sich auf eine einfache kleine Spur (die man in einer Ecke des Gedächtnisses behält und sich für eine andere mögliche Krise dort aufbewahrt). Dann, ganz einfach, das Bedürfnis nach Ruhe nach dem Sturm, während in Opposition verharren stressige Anstrengungen bedeuten würde. Aber am interessantesten ist sicher etwas anderes: der Umschwung im Selbstbild. Wenn die Emotionen abklingen, kommen schnell Zweifel auf; da, wo einen Augenblick zuvor alles klar war, wird nun alles verworrener. Hatte er es wirklich absichtlich gemacht, um einen noch mehr zu ärgern? Ist er nicht eher einer, der unabsichtlich verärgert, der sich manchmal sogar zu ändern versucht? Derjenige, der sich ärgert, ist weniger sicher, und in dem Maße, wie er schwankt, kommt ein neues Selbstbild bei ihm auf, das auch Zweifeln unterliegt. Ist nicht sein eigenes Verhalten ebenso kritisierbar? War er in dem, was er vorbrachte, nicht sehr unangenehm, gar heftig oder in seinem Schmollen beklagenswert schwer von Begriff? An diesem kritischen Moment des Gedankengangs kommen die während des Wutausbruchs begangenen Exzesse unter einem anderen Licht wieder ins Gedächtnis und können der Dialektik der Gegensätze Nahrung geben. Hier zum Beispiel kann sich die hinterhältige kleine Rache, gerade weil sie hinterhältig war (wenn derjenige, der sie begangen hat, sich dessen bewusst ist), in eine Ressource verwandeln, die zur Wiederherstellung der Einigkeit des Paares beiträgt. Nachdem Melody herumgebrüllt und die Teller hat klirren lassen, um ihn zu zwingen, sein Brot aus der Soße herauszunehmen, kommt sie sich unangenehm berührt wie eine »steife, zänkische Person, wie ein autoritärer Hausdrachen« vor. »Du hast den Eindruck, du bist eine Nervensäge«, sagt Elise.[4] Und Rosy, die sich im Nachhinein darüber sorgt, dass ihre

---

4   Von Céline Bouchat (2005, S. 71) aufgezeichnete und zitierte Aussage.

Erregung übertrieben war, gelangt zu der traurigen Feststellung: »Ich finde mich lächerlich.« Erinnern wir uns daran, dass die Kristallisation sich an Lappalien festmacht. Auf dem Höhepunkt der Krise spürt derjenige, der sich ärgert, intuitiv, dass sich darunter noch viele andere Dinge verbergen. Aber wenn es an der Zeit für eine genauere Analyse ist, wird er ganz kleinlaut, wenn er entdeckt, dass das, was er für einen grandiosen Sturm hielt, in Wirklichkeit in einem Wasserglas entfacht wurde. Diese schmerzliche Offenbarung ist oft nicht umsonst, wenn er plötzlich Lust bekommt, eine neue Seite aufzuschlagen.

DIE SZENE AUS EINEM ANDEREN BLICKWINKEL BETRACHTEN

Wenn die Emotionen abgeklungen sind, man den Partner mit weniger kritischen Augen betrachtet, man sogar versucht ist, Selbstkritik zu üben, bleibt oft nur abzuwarten, dass der Lebensgefährte eine kleine Geste macht oder ein Signal aussendet, die es ermöglichen, zusammen die positive Spirale in Gang zu setzen. Leider kann es passieren, dass nichts kommt. Der Verursacher des Ärgers bleibt seinerseits beharrlich und dickköpfig, dem Herumhantieren und Schmollen gegenüber gleichgültig, dem Geschrei gegenüber taub. Derjenige, der sich ärgert, muss dann Kreativität entfalten, fantasiereich Listen ersinnen. Eine der einfachsten besteht darin, die Szene, die dem Ärger zugrunde liegt, aus einem anderen Blickwinkel zu betrachten. Ich erinnere daran, dass der Ärger aus einer intimen Konfrontation von zwei Kulturen resultiert, die sich ihrer Unterschiede nicht bewusst sind. Die Definition komplementärer Rollen innerhalb der Paarbeziehung ist eine Art unter anderen, ihn zu beheben, da der Unterschied dann operativ wirkt und das Paargefüge strukturiert. Eine andere Art besteht darin, Konfrontationen zu vermeiden, indem die individuelle Distanz vergrößert wird, in der Regel, indem man sich vielerlei Bereiche schafft, in denen man allein seinen Aktivitäten nachgeht, die der Partner und der Rest der Familie als legitim anerkennen. Frédéric Hardy (2005) führt den Fall eines sehr genervten Vaters und Musikliebhabers an. »Er wird böse, er hat genug davon, dass seine CDs überall herumliegen; das ist ein bisschen wie ein Krieg.« Und der, um seinen Frieden zu finden, beschlossen hat, sich auf dem Dachboden einen kleinen persönlichen Konzertsaal einzurichten. Was Rosy und Charly anbelangt, so ermöglicht die Tatsache, dass sie in zwei getrennten Wohnungen leben, Rosy es, »die Tür hinter sich zuzuknallen«, wenn sie sich ärgert (und sich anschließend per E-Mail auszusprechen). »Wir haben viele Notausgänge, um den Zusammenstoß zu vermeiden.« Meistens aber sind die Grenzen zwischen dem, was als etwas Persönliches betrachtet werden kann, und dem, was die Beziehung betrifft, fließend, und was als legitimer persönlicher Freiraum anerkannt wird, ist nicht eindeutig festgelegt.

Jede Situation befindet sich im Zentrum eines Spiels von Kräften, die daran teilhaben, wie man sie definiert (Goffman 1991). Wir sind nicht Herr über die Erfahrungen, die wir machen. Die Autonomiesphären veranschaulichen dies gut: Wer glaubt, sein persönlicher Raum werde respektiert, wird oft schon bald merken, dass er ihm streitig gemacht wird. Das Besondere am Beziehungsärger ist, dass er sich mal zwischen zwei Menschen abspielt (in verbissenen Interaktionen), mal in der Einsamkeit der Innerlichkeit diese Erfahrung gemacht wird. Derjenige, der sich ärgert und sich in sich selbst zurückzieht, arbeitet wesentlich auf eine virtuelle Art daran, die Situationen, die er soeben erlebt hat, aus unterschiedlichen Blickwinkeln zu betrachten. Er bastelt an den Grenzen, die seine Wahrnehmung verändern könnten. Vor allem, indem er die Grenzen, die das Individuum vom Kollektiven trennen, verschiebt. Viele Szenen, über die man sich geärgert hat, hatten nämlich dieses traurige Ende, weil es eine Konfrontation von Intimsphären gegeben hat, die jeweils auf ihrem Territorium hätten bleiben können. Die Szene im Nachhinein wieder zu erleben, nachdem man den Blickwinkel verändert hat, ermöglicht eine tief greifende Veränderung der Ökonomie der Gefühle. Und wenn man immer wieder daran arbeitet, kann dies schließlich pädagogische Wirkung entfalten und die Wahrnehmung der Tatsachen im Herzen des Sturms verändern. Nehmen wir Lamia, der es seit ewigen Zeiten auf die Nerven geht, dass ihrem Mann kleine Dinge aus der Hemdtasche fallen: »Ein anderes regelmäßig auftretendes Ärgernis, das ich nicht verstehen kann: Er benutzt seine Hemdtasche, um dort Geld, sein Handy oder seine Kreditkarte hineinzustecken. Er muss sich nur nach vorne beugen, und schon fällt alles heraus (und er hat alles, was ich aufgezählt habe, schon mehrmals verloren), benutzt sie aber immer weiter. Seit Jahren sage ich ihm immer wieder, wenn ich das sehe, dass er seine Sachen woanders hinstecken soll.« Aber es hilft nichts, er ist von seinen Gewohnheiten kein Jota abgewichen. Was Lamia am meisten ärgert, ist das laute »Scheiße!!!«, das er jedes Mal hervorstößt und ihr beweist, dass sie mit ihren Erziehungsversuchen Recht hat, denn er wäre der Erste, der froh über eine Änderung wäre. Nach vielen vergeblichen zähen Versuchen (und noch mehr Ärger wegen der Dissonanz mit diesem doch so einleuchtenden unerreichbaren Ideal) hat Lamia die Taktik gewechselt. »Wenn ich jetzt morgens höre, wie die Sachen aus seiner Tasche fallen und sein ›Scheiße‹ das Herunterfallen beschließt, ärgert es mich zutiefst, aber ich lächle auch innerlich darüber.« Zwar ist die Umkehrung noch nicht perfekt, aber es ist ihr gelungen, den Ärger so weit zu verringern, dass sie humorvoll auf Distanz gehen kann. Sie schafft es, zu der Überzeugung zu gelangen, dass das schließlich seine Angelegenheit ist und dass sie sich absolut nicht darum kümmern muss, sondern seinem Verhalten gegenüber taub und blind, gleichgültig sein muss. Oder besser noch: über dieses etwas lächerliche Ritual lachen sollte.

Es ist frappierend, dass das, worüber man sich am meisten ärgert, wenn zwei dissonante Intimitäten gezwungenermaßen vermischt werden, sich in eine Quelle des Spaßes verwandelt, wenn man die Szene wie ein Unbeteiligter von außen beobachtet. Der ehemals Verärgerte verwandelt sich in einen besänftigten, gerührt lächelnden Zuschauer. Die Differenz, die die Aufregung auslöste, ist zu einem Objekt der Neugier und der Unterhaltung geworden, zu etwas Exotischem, über das man sich amüsieren kann. Isabelle war zunächst verblüfft, als sie entdeckte, dass die Autoreinigungssitten ihres neuen Mannes mit ihren eigenen unvereinbar waren. Sie hat sehr schnell gelernt, sich zu beherrschen, um nicht unnötig Streit zu verursachen. »Meinerseits weiß ich, dass das Auto heilig ist und nicht befleckt werden darf: Im Auto wird nichts gegessen, und bevor ich einsteige, prüfe ich, ob meine Schuhe sauber sind.« Im Laufe der Zeit stelle sie fest, dass »sich zu bemühen, daran zu denken« auch eine Quelle persönlicher Freude sein kann, die zur Logik der Liebe gehört. Ein Bemühen also, das belohnt wird und vor allem endlose Streitereien vermeidet. »An dem Tag, an dem ich Dreck in das Auto meines Süßen schmieren werde und mich das nicht nur völlig kalt lassen wird, sondern ich ihn auch noch abblitzen lassen werde, wenn er mir Vorwürfe macht, wird es unsere Beziehung nicht mehr lange machen.« Seitdem hat sie, Gipfel der Zufriedenheit, sogar gelernt, darüber zu lachen. »Und dann ist er rührend, wenn er die Fußmatten ausschüttelt, das ist ganz er, und außerdem bringt es meine Mutter zum Lachen.« Mit dem Zauber des neuen Blickwinkels werden die ärgerlichsten Charakterzüge aufgegriffen, um eine unreife, ungeschickte, komische Figur zu zeichnen, die Gelächter, Zärtlichkeit und Mitleid erregt. Häufig stellen sich Frauen ihre Männer dann wie Kinder vor. Wenn sie gut in Form ist, denkt Fidelia, dass Pedro »kindisch« ist, wenn er sich weigert, seine Tasse in die Spülmaschine zu stellen. »Und das bringt mich zum Lächeln.« Dieses Bild von einem Kind-Mann (das unter anderen Umständen sehr ärgerlich sein kann, wie wir gesehen haben) erlaubt es Lamia, noch mehr auf besänftigende Distanz zu gehen. »Bezüglich der Gefühle, die entstehen, wenn meinem Mann die Sachen aus der Hemdtasche fallen: Was mich zum Lächeln bringt, ist, dass ich den Eindruck habe, einen kleinen Jungen vor mir zu haben, der die gleiche Dummheit immer wieder macht, und das ist ein Gefühl, das der Zärtlichkeit ähnelt, die ich bei den immer wiederkehrenden Dummheiten meiner Söhne empfinde.«

KLEINES KINO UND OFF-STIMME

Die Träumereien sind mehr als Träume, sie bereiten auf ihre Weise auch die künftige Realität vor. Von der reinen, willkürlichen Träumerei bis zu dem, was schlussendlich ein Handlungsplan wird, können verschiedene Stadien unterschieden werden. Hazel Markus (1977) hebt besonders das Zwischenstadium des »möglichen Selbsts« hervor, das eine virtuelle Identität bleibt und dabei alle Kriterien einer realisierbaren Konkretisierung auf sich vereint. Sie spricht auch von »Arbeitsschemata«: Das träumende Individuum vermengt Virtuelles mit Realitätsfragmenten, um daraus glaubwürdige Szenarien entstehen zu lassen. Die Szenen immer wieder aus einem anderen Blickwinkel zu betrachten ist also nichts Unnormales. Es ist Teil des sehr viel umfassenderen Prozesses, der verlangt, dass die (vergangene, gegenwärtige und kommende) Realität den Filter der Subjektivität passiert, die ihr ihren ganzen Sinn verleiht (Kaufmann 2005). Das Individuum, das aus reinem Vergnügen frei vor sich hinträumt, und derjenige, der den Details eines »Arbeitsschemas«, das er zu konkretisieren versuchen wird, den letzten Schliff gibt, scheinen weit voneinander entfernt. Gleichwohl ist ihnen eines gemeinsam: Sie bringen sich in ihre Bilder ein, selbst in die virtuellsten und verrücktesten Szenarien. Dieses Prinzip bildet übrigens die Grundlage der persönlichen Identifikation, die nun auf dem Sinn basiert, den das Individuum selbst verliehen hat, wie auch immer die Realität der Tatsachen sein mag. Tatsachen, die natürlich bald sehr schnell auftauchen und mit voller Wucht durchschlagen, um die verstiegenen Fantasien zu zerstören. Man kann nur an den Traum glauben, während man träumt, aber während man träumt, glaubt man wirklich daran.

Die wenigen Zeilen scheinen mir nützlich, denn die imaginäre Spaltung, die wir uns nun ansehen werden, ist eine erstklassige Waffe im Arsenal desjenigen, der sich ärgert und zu schöneren Gefühlen zurückfinden möchte. Manche Formen sind sehr fiktional und spielerisch (Caroline stellt sich Marc als einen Außerirdischen vor) und können einen zu dem Schluss verleiten, dass es sich um eine rein kompensatorische Träumerei handelt. Aber auch in diesem allerersten Stadium ist dieses Vorgehen nur wirksam, weil es eine reale Identifikation gibt. Natürlich glaubt Caroline nicht wirklich, rational und dauerhaft, dass Marc ein Marsmensch ist. Aber während der Geschichte geht sie in ihren Figuren auf, wie man es tut, wenn man einen Roman liest. Wenn sie sich morgens sehr über »den trüben Blick, die verstrubbelten Haare, das abwesende Lächeln und die ebenfalls abwesende Höflichkeit« ihres Mannes ärgert, dann wirft sie ihr salvatorisches kleines Kino an. »Also, ein bisschen wie die Kinder, die dazu neigen, sich einzureden, dass ihre Eltern nachts ausgetauscht wurden, wenn sie ausgeschimpft worden sind, sage ich mir, dass Marc morgens nicht Marc ist, sondern ein Außerirdischer, der an seine Stelle getreten ist. Der wirkliche Marc wird im Laufe des Tages zurückkommen. Ich schaffe in meinem Kopf ein Sciencefiction-Szenario und lache darüber.« Die Wirksamkeit der Technik überrascht sie übrigens. »Und da, wenn ich so freimütig lächle, ärgert sich dann Marc.« Das Prinzip ist immer das gleiche: Man muss es schaffen, mehr an das kleine innere Kino zu glauben als an die ungeschminkte Realität, die man vor Augen hat. Ob das Kino nun die gleiche Szene neu interpretiert (Marc wird zum Marsmenschen) oder ob es einen in eine ganz andere Welt trägt. Alice, die doch so sanftmütig ist, stellt sich (zwei Sekunden lang) vor, dass sie Aziz eine Ohrfeige verpasst (oder ihn sogar umbringt!). Niemals würde sie zur Tat schreiten. Eben weil sie (einen Augenblick lang) daran glaubt, verschafft ihr diese Vorstellung Erleichterung.

Auf diesem Gebiet der imaginären Spaltung gibt es wahre Künstler: Malvina gelangt darin zu höchster Meisterschaft. Ich erinnere daran, dass der unerträgliche Richard ihr Ärger in rauen Mengen verursacht. Wenn sie es trotzdem schafft, damit klarzukommen, dann ist dies zu einem großen Teil ihrer hervorragenden fiktionalen Arbeit zu verdanken. Für sie hat die Stimme eine große Bedeutung, daher spricht sie weniger von Bildern als von ihrer Technik der »Off-Stimme«. »Wir verbringen jedes dritte Wochenende bei seinen Eltern. Auf seinem ›Territorium‹ ist er ein anderer: Nur die Meinungen seiner Mutter und seiner Freunde zählen. Das ärgert mich, denn ich muss ständig aufpassen, was ich sage, und das liegt nicht in meiner Natur. Um durchzuhalten, habe ich mir eine Off-Stimme erfunden. Wenn er herumschwadroniert oder ihrem dummen Zeug Glauben schenkt, kommentiere ich das in mir drin, oder ich feile an Erwiderungen herum, die ich vielleicht niemals aussprechen werde (manchmal bin ich so konzentriert auf dieses kleine Spiel, dass ich nicht merke, wie das Essen vorbeigeht!!!).« Für den Alltag der Paarbeziehung hat sich Malvina auf noch beeindruckendere Weise organisiert. Die Spaltung geht über die rein fiktionale Arbeit hinaus, da sie regelmäßig und sehr gewissenhaft Notizen in ihrem geheimen Heft macht. »Schließlich gebrauche ich noch zwei andere Mittel. Das erste habe ich bei Freundinnen ›patentiert‹: Es besteht darin, die Dinge, die weh getan haben, seine Sticheleien oder sein Benehmen, in einem Heft zu notieren, um sie ihm später an den Kopf werfen zu können, als stützende Beweise in einem Streit, bei dem die gleiche Art von Situation sich wiederholt. Aber da ich in der Hitze des Gefechts mein Notizheft nicht bei mir habe, notiere ich sie später in einem ruhigen Augenblick. Das hat den Vorteil, dass ich relativieren kann: Während ich meine Vorwürfe niederschreibe, erscheinen mir manche davon ziemlich belanglos, manchmal vergesse ich sogar, etwas aufzuschreiben, aber die Vorstellung, dass ich sie niederschreiben können werde, tut mir sofort gut.« In der Hitze des Gefechts, wenn sie an das denkt, was sie in ihr Heft schreiben wird, glaubt sie am meisten daran. Während sie schreibt, ist sie schon eine andere, schwankt mehr. Diese beiden miteinander verbundenen Etappen spielen unterschiedliche Rollen. Sich vorzustellen, was sie in das Heft schreiben wird, und sich vorzustellen, dass das, was sie schreiben wird, Realität (in Gestalt kraftvoller Rache) werden wird, verschafft ihr Erleichterung. Es ermöglicht ihr, ruhig nachzudenken, zu einer Entscheidung zu gelangen und eine Rückkehr zur Normalität vorzubereiten. Eine immer schmerzhafte und problematische Rückkehr, die impliziert, dass sie andere Munition in Reserve behalten muss, immer auf der Grundlage imaginärer Inszenierungen. »Das letzte Mittel ist sehr viel weniger ruhmreich: Ich stelle mir vor, dass ich ihn verlasse. Dann male ich mir die Wohnung aus, in der ich wohnen werde (sie ist nicht aufgeräumt, denn das ist einer der Hauptstreitpunkte zwischen uns: meine Unordentlichkeit), und wie ich mich dann anziehen werde (er ist eifersüchtig, und ich ärgere mich darüber, dass ich dabei, wie ich mich anziehe, auf seine Empfindlichkeit Rücksicht nehme). Dagegen stelle ich mir niemals vor, wie ich es ihm sage, denn in der Regel beruhigen mich schon die beiden vorangehenden Etappen genug.« Selbst wenn sie träumt, dass sie ihn verlässt, arbeitet Malvina paradoxerweise an der Wiedervereinigung des Paares. Eine intensive heimliche Arbeit. »Sie sehen, alle diese Mittel laufen ›intern‹ ab. ›Extern‹ nimmt mein Gesicht einen schmollenden und ziemlich griesgrämigen Ausdruck an (worüber er sich ärgert, denn er duelliert sich lieber).«

Das Gute auswählen

Im Schmerz seiner negativen Gefühle lauert der arme Mensch, der sich ärgert, auf ein Zeichen, das ihn zur Identitätswandlung einlädt. Wenn nichts kommt, ist er dazu verurteilt, allein, beharrlich und mit Kompetenz und Kreativität an der Wiedervereinigung zu arbeiten. Er muss heimlich ganze Schätze aufbieten, oft ohne ein Wort darüber zu verlieren, sogar wenn er auf Distanz geht oder eine eisige Miene aufsetzt. Man sollte sich jedoch nicht von Äußerlichkeiten trügen lasen. Denn er arbeitet wirklich an der Erneuerung der Liebe, die mit einer Rückkehr zur Normalität der Beziehung beginnt, für die die Bedingungen geschaffen werden müssen. In einer Ecke seiner Gedanken ist er immer noch erregt, brummelt immer noch ein bisschen vor sich hin oder schmollt, insgeheim hat er sich jedoch schon in Bewegung gesetzt, um nach einem Weg zu suchen, dabei benutzt er seinen Körper, Dinge, seinen kritischen Verstand, seine Träume. Zwischen Verstand und Traum angesiedelt, gehört die letzte Technik, die wir untersuchen werden, zu den interessantesten. Wir haben uns bereits die imaginäre Spaltung angesehen und die erstaunliche Kraft, die sie entfaltet, wenn sie gut beherrscht wird. Aber sie erfordert eine Kunst, die nicht immer leicht ins Werk zu setzen ist. Sogar Malvina misslingt dies manchmal. »Wenn die Batterien leer sind, stoße ich schnell an die Grenzen meiner Methode, denn ich finde keinen Anknüpfungspunkt für einen Traum, in den ich mich versenken könnte.« Dann muss man mit der Realität der Beziehung, wie sie sich darbietet, vorliebnehmen. Ohne deshalb gleich zu kapitulieren. Das Reale kann auf eine andere Weise in den Blick genommen werden, zum Beispiel indem man sich in dem Bereich, in dem man geärgert worden ist, eine Autonomie schafft. Es kann auch umgemodelt werden, indem man die Kategorien der Wahrnehmung manipuliert. Der Partner ist nicht aus einem Guss. Das ist besonders deutlich beim Ärger, bei dem man sich nur über ein paar kleine Dinge erregt. Auf dem Höhepunkt der Emotionalität werden diese zu Bäumen, hinter denen man den Wald nicht sieht; der Partner wird auf die Details reduziert, über die man sich ärgert. Das emotionale Abkühlen und die reflexive Distanzierung ermöglichen es schon, zu einer ausgeglicheneren Sichtweise zurückzugelangen. Viel besser noch ist es, wenn derjenige, der sich ärgert, nicht nur relativiert, sondern seine Aufmerksamkeit auf den hellen Teil richtet, den er verdunkelt hatte. Dies geschieht so, als würde er sein Gegenüber auf detaillierte und ermutigende Weise wiederentdecken. Diskretes Glück und diskreter Charme, die in Vergessenheit geraten waren, kommen ihm wieder in den Sinn und vertreiben auf sanfte Art die Bitterkeit. Wenn die Kehrtwende in diesem Moment geschieht, können plötzlich zauberhafte Momente auf das Drama folgen. Weil übermäßige Emotionen in die gegensätzliche Richtung umschlagen. Aber auch weil der Boden bereitet war von dieser sorgfältigen Analyse, die die guten Seiten des anderen herausgearbeitet hatte (eine Analyse, die oft kaum objektiver ist als die kritische Vermischung im Zentrum des Ärgers war). Nach dem Schlimmsten kommt das Beste.

Es handelt sich um eine regelrechte Arbeit des Auswählens, das in einem ersten Stadium noch von kalter, technischer Natur sein kann. »Man muss unterscheiden können. Ich sage mir, dass er andere Qualitäten hat, dass es die seltene Perle nicht gibt«, sagt Jade mit einer gewissen Zurückhaltung. Melody ist nicht so zurückhaltend. »Ich bin gern verliebt, ich bleibe seinetwegen und wegen der Kinder zu Hause. Wenn ich dies nicht mehr aus Liebe tue, was bringt das dann?« Nachdem ER sie dazu gebracht hat, zu schreien und mit den Tellern zu klappern, möchte sie sehr schnell wieder aus dieser unerquicklichen Sequenz herauskommen, sobald sich das negative Gefühl ein bisschen gelegt hat. Daher sucht sie das Beste aus, führt sich seine anziehendsten und liebevollsten Verhaltensweisen vor Augen. Sie versucht, ihn in die Lage zu versetzen, dass er diese reaktivieren und sich in einem anderen Licht zeigen kann. Die Auswahl beschränkt sich also nicht auf das Gebiet der insgeheimen, individuellen Wahrnehmung: Sie hilft dabei, eine neue Interaktion in Gang zu setzen, vom Besten der beiden auszugehen. »Instinktiv glaube ich, dass ich versuche, die Sache zu neutralisieren, dann eine Situation zu schaffen, die ihn aufwertet, in der ER mir gefallen und mir geben wird, was ich an ihm liebe. Ich gebe ihm gewissermaßen seine Chance.« Melody wählt noch genauer aus zwischen den unmittelbarsten physischen Aspekten, die sich ihrem Gesichtsfeld darbieten, und versucht, sich an das (vor allem seinem Blick) zu halten, von dem sie weiß, dass es elektrisierend auf sie wirkt wie am ersten Tag. »Wenn ich ihn dann wieder ansehe, suche ich seine Augen, um das Strahlen darin zu finden. Als würde das den Zähler wieder auf null stellen. Und ›ich vergesse‹, bis zum nächsten Mal.«

Manche Leser könnten mir vorwerfen, dass ich die im Titel dieses dritten Teils des Buches enthaltenen Versprechungen nicht eingelöst habe, und sich getäuscht fühlen, weil es kaum um die Liebe ging. Eher um alle möglichen Taktiken und Tricks, während man doch annimmt, dass die Liebe etwas ganz anderes ist, etwas Reines, Lauteres, Göttliches, das aus einem undefinierbaren Anderswo kommt, das weit entfernt ist von der schäbigen Gewöhnlichkeit der menschlichen Welt. Bisweilen trägt die Liebe diese erhabenen Züge, wenn man auf einer zauberhaften rosaroten Wolke (vorübergehend) der Realität entschwebt. Aber für das Wichtigste im Leben müssen sich die Partner eben leider genau mit dieser Realität herumschlagen, wie sie sich ihnen präsentiert. Sie gehen daher vom Konkreten im Rohzustand aus und bearbeiten es mit Feuereifer und Intelligenz Tag für Tag. Die Liebe ist ein lebendiges Gefühl, das sich ständig weiterentwickelt, in jeder Sekunde; es ist absolut notwendig, dass man in jeder Situation daran arbeitet. Das geschieht oft heimlich und im Dunkeln, manchmal ist es sogar mühsam, wenn man sich dazu zwingen muss, auf seine egoistischen Gewissheiten zu verzichten. Die scheinbare Mittelmäßigkeit dieser Techniken verbirgt, dass sie in Wirklichkeit Teil des großen Werks der Identitätswandlung sind; sie stellen die Grundlagen für ein anderes Selbst her, das wieder an den Austausch mit dem Partner anknüpft. Von da an ist der Weg offen für deutlichere und dem üblichen Kanon entsprechende Liebesbekundungen jeglicher Art. Sie hätten ohne diese vorangegangenen verborgenen Basteleien nicht das Licht der Welt erblicken können. Aus diesem Grund können wir der Ansicht sein, dass nach so vielen in diesem Buch beobachteten Arten von Groll und Wut, so vielen Schlichen und Heucheleien unsere Geschichte mit einem richtigen Happy End aufhört.

Schluss

Jedes neue Befragungsthema ist in eine besondere Atmosphäre eingebettet. Zur Überraschung des Forschers, der davon beeinflusst wird, zu seinem Glück oder auf seine Kosten. Der Ärger erwies sich sogleich als sehr elektrisierend, er rief Reaktionen hervor, kaum dass man ihn angesprochen hatte. Offenkundig berührte diese kleine Emotion eine empfindliche Saite, sie traf den Nerv der Zeit. Muss man daraus den Schluss ziehen, dass die vorangegangenen Generationen sich weniger ärgerten? Dies darf bezweifelt werden. Warum sollten Heloise und Abaelard keinen diskreten, aber nervenaufreibenden häuslichen Ärger erlebt haben? Es ist unmöglich, dies zu überprüfen, die Archive schweigen sich über das Thema aus; es ist unmöglich, dies einzuschätzen und Vergleiche anzustellen. Wir sind auf Hypothesen angewiesen.

Ich wage es, folgende Hypothese aufzustellen: Wenn es Ärger aller Wahrscheinlichkeit nach schon immer gegeben hat, so ist der Mechanismus, der ihn erzeugt, doch einem tiefen historischen Wandel unterworfen, der sich dadurch auszeichnet, dass zum einen die Ursachen für Ärger zunehmen und zum anderen parallel dazu auch die Fähigkeit, mit ihm umzugehen. Dieser zweite Aspekt erklärt, warum das Leben trotzdem nicht zu einer immer schlimmeren Hölle wird. Er verhindert jedoch nicht, dass das Ärgerpotenzial kontinuierlich ansteigt.

Dazu tragen mehrere Faktoren bei. Der wichtigste ist die tief greifende Veränderung im Verhältnis des Menschen zu seiner sozialen Umwelt. In der traditionellen Gesellschaft stützten und rahmten das Individuum Strukturen, die die Rollen, die es spielen musste, und den Sinn seines Lebens festlegten. Der Lebensweg war vorgezeichnet, und die unterschiedlichen Stufen des Sozialen fügten sich ineinander und sandten eine einzige Botschaft aus, die eine umfassende Integration erzeugte. Oft selbst bezüglich der kleinsten Details des Lebens. So weist Kate Gavron (1996) darauf hin, wie stark das Kochen bei den Bengalen in London noch immer kodifiziert ist und wie respektvoll dieser Kode weitergegeben wird: Fisch wird nicht beliebig zubereitet. Gavron zitiert eine junge Frau, die gern neue kulinarische Praktiken einführen würde, sich aber vor der Kritik ihrer Schwiegermutter fürchtet: »Hat deine Kaste denn niemals Mahlzeiten zubereitet? Kannst du nicht kochen?« Der Ärger fand keinen Raum, weil das Leben kollektiv geregelt war. Sicher, es fehlte nicht an Sandkörnern im Getriebe; Funktionsstörungen und Unstimmigkeiten jeglicher Art weichten die Regeln Tag für Tag auf. Aber sie führten zu Anpassungen an die Referenzrahmen, die nicht infrage gestellt wurden. Ärger entsteht, wenn sich Möglichkeiten eröffnen, die alle Bezugspunkte verschwimmen lassen. Zusammen mit der mentalen Erschöpfung ist er ein Preis, der für die individuelle Freiheit bezahlt werden muss. Wie hoch dieser Preis ist, entdecken wir gerade.

Dass heute eine so massive Ungewissheit herrscht, ist ein Produkt der jüngsten Geschichte. Denn die erste Moderne hatte den Modus des sozialen Eingebundenseins der Individuen in ihrem täglichen Leben nicht fundamental verändert. Die Tradition wurde nämlich durch große republikanische Programme (nach dem Bild der Schule) ersetzt, die die Individuen weiter in vorgeschriebenen Rollen und kollektiven Wahrheiten festhielten (Dubet 2002). Es dauerte bis zum Bruch der zweiten Moderne vor nicht allzu langer Zeit, in den 1960er-Jahren, bis dieses schöne ganzheitliche Gebäude überall Risse bekam. Unter den heftigen Angriffen des Individuums, das seine neue Autonomie und die berauschende Wahlfreiheit auf allen Gebieten entdeckte.

Angefangen mit dem, was das Paar betrifft. Es war Schluss mit den Beziehungen von der Stange, in die man nur hineinschlüpfen musste und bei denen die komplementären Rollen von Mann und Frau klar voneinander abgegrenzt waren. Die neue Herrschaft des Maßgeschneiderten ermöglicht es nun zu

Schluss

improvisieren und zu experimentieren, sich seine eigene Wahrheit auszudenken. Kein Bereich des Privatlebens entgeht diesem Streben nach Autonomie und Freiheit. Erziehung, Ferien, Ernährung, Gesundheit: Alles wird hinterfragt, und jeder feilt an seinen Antworten; der partnerschaftliche Kompromiss, eine neue Schwerstarbeit, erweist sich als komplex und nicht leicht zu finden. Abgesehen davon, dass die Konflikte über das, was als wahr oder richtig für das Paar zu betrachten ist, nicht der einzige Riss sind, der sich durch das Ablegen der vorgeschriebenen Rollen auftat. Wir haben uns in diesem Buch mehrere dieser Bruchlinien angesehen, insbesondere die Arbeitsteilung und die Übereinkunft über Autonomiesphären. Zahlreiche andere vielfältige Möglichkeiten wären hinzuzufügen, die zum Beispiel die verschiedenen Handlungsordnungen betreffen. So habe ich in meiner letzten Forschungsarbeit über die Zubereitung der Mahlzeiten (Kaufmann 2006) gezeigt, dass die Köchin früher in einen Zeitrahmen und ein System von Handgriffen eingebunden war, für die Regelmäßigkeit kennzeichnend war. Die Frau von heute (oder auch der Mann, der sich regelmäßig an den Herd stellt, eine andere Ursache für Ungewissheit) schwankt dagegen ständig zwischen schneller Küche und Kochen mit Leidenschaft. Ein Schwanken, das Quelle latenten Ärgers ist, der gegebenenfalls noch von der Reaktion des Partners verstärkt wird, der sich zum Beispiel beschwert, weil es so oft Pizza gibt oder, schlimmer noch, weil das leckere Gericht (das man doch lange und liebevoll hat köcheln lassen) nicht nach seinem Geschmack ist.

Das Wesentliche kann folgendermaßen zusammengefasst werden: Die fortschreitende individuelle Autonomisierung eröffnet immer mehr Raum für Improvisation und freie Interpretation, was im Gegenzug bedeutet, dass die Paare enorm an der Harmonisierung und der Einigung arbeiten müssen. Es handelt sich dabei keineswegs um eine abstrakte Arbeit, die einzig auf dem guten Willen der Partner beruht. Sondern im Gegenteil um eine Präzisionsarbeit, die Kompetenz erfordert und in jedem Augenblick Punkt für Punkt durchgeführt wird. Nehmen wir das einfache Beispiel der Produkte des täglichen Konsums. Die Familien sind eifrig darum bemüht, bei ihren Entscheidungen Routine zu gewinnen, um der Gefahr der mentalen Erschöpfung oder der Destabilisierung zu entgehen. Sie bleiben jedoch nicht unempfänglich für den Charme der Werbung und anderer diverser Anreize. Die Industrie erfindet im Übrigen immer neue Produkte, eine kleine Packung Zellstofftücher kann sich plötzlich in eine Quelle von persönlichem Ärger und Ärger mit dem Partner verwandeln. Hören wir uns Isabelle an: »Damit, dass sie haufenweise Neuheiten einführt, unnützen Schnickschnack, unablässig die Verpackungen ändert, 123 Kaffeemarken erfindet, sorgt die Industrie nicht gerade für Frieden bei den Paaren. Ich erinnere mich an eine Schlacht wegen Tüchern für Holzmöbel, die nichts wert waren, sprach mein Göttergatte. Schon dass ich aus irgendeinem obskuren Grund, den ich nicht mehr weiß, ganz allein einkaufen gegangen war, dass ich ihm diese Scheißtücher gekauft hatte, die nicht so gut waren wie das gute alte Staubtuch und von Zeit zu Zeit die gute alte Möbelpolitur nach Familienrezept, die außerdem noch gut riecht, während die Zellstofftücher Streifen und Schlieren hinterlassen, aber gut, das ist die Bedingung dafür, dass er Staub wischt ... Kurz, ich war davon überzeugt, die guten Zellstofftücher gekauft zu haben. Wir beugten uns über die Packung, die tatsächlich ein bisschen anders aussah, dunkelbraun statt hellbraun, und die Zellstofftücher waren weiß statt orange. Aber in der Ecke stand kleingedruckt ›neue Formel mit ich weiß nicht was‹, und plötzlich waren die Möbel total voller Fusseln, daher die Stinklaune meines Herzallerliebsten, der schon die ganze Last mit dem Staub auf dem Buckel hat, dann muss man ihm beim Zeus doch das richtige Putzzeug mitbringen, denn er hat schließlich noch mehr zu tun! Er wird doch nicht den ganzen Tag damit zubringen!«

Der Ärger nimmt hier noch um eine Stufe zu, weil die Enttäuschung über den Kauf einhergeht mit zwei verschiedenen Ansichten darüber, wer was wie machen soll. Damit berühren wir ein Paradox und sicher ein kleines Drama unserer heutigen Gesellschaft. Das wunderbare Projekt war das der individuellen Emanzipation, in Aufmerksamkeit und Offenheit dem anderen gegenüber. »Zusammen frei sein« (Singly 2000). Aus diesem Grund schien nichts verwerflicher als vorgeschriebene Verhaltensweisen, vor allem wenn sie Männer und Frauen jeweils auf ihren eigenen Planeten zurückverwiesen. Die modernen Paare geben sich daher alle Mühe, bestimmte Praktiken nicht zu sehr zu formalisieren und das Experiment der Arbeitsteilung zu versuchen. Nichts aber ist schlimmer im Hinblick auf den Ärger, der hier tausend Gelegenheiten findet, sich hinterrücks einzuschleichen. Die Paare verfügen nur über zwei Methoden, um zu verhindern, dass die gemeinsamen Tätigkeiten in scheußlichen Ärger ausarten. Die erhabenste ist das Engagement aus Liebe, der kollektive Schwung, der mit dem Alltag bricht und die individuellen Grenzen beseitigt. Leider lässt es sich nicht herbeibefehlen. Und die neue Welt, in der das Individuum herrscht, behindert manchmal sein Entstehen. Nehmen Sie als Beispiel das Symbol der partnerschaftlichen Verschmelzung schlechthin: die Sexualität. Die zunehmenden Erwartungen verursachen Diskrepanzen zwischen Referenzmodellen und Realität, eine Quelle von Missverständnissen und Konflikten (Bozon 2004). Etwas zu gut machen zu wollen bahnt dem Ärger den Weg, selbst da, wo man ihn am wenigsten erwartet hätte. Bei den Tätigkeiten, die weniger den Hang zum emotionalen Einssein haben, besonders der Hausarbeit, ist jedoch eine andere, auf eine gewisse Weise gegensätzliche Methode möglich: Man kann Reibungen und Unklarheit vermeiden und die Stellung und Funktionen eines jeden klar definieren. Beim Kochen zum Beispiel gibt es in der Regel entweder einen Küchenchef, der allein das Kommando hat, oder einen Küchenchef und einen Handlanger, der zu einem Rollentausch bei einem anderen Rezept bereit ist.

Die Rollen, das genau ist der Punkt. Wir glauben, dass wir sie abgeschafft haben oder fast, vor allem die Rollen, die seit ewigen Zeiten Mann und Frau gegenüberstellen. Nichts schien verabscheuungswürdiger und überholter. Es ist davon nur ein Relikt übriggeblieben, dachten wir, eine tiefes historisches Gedächtnis, das den neuen Ideen gegenüber resistent ist. Unsere Befragung über den Ärger entkräftet jedoch leider diese optimistische Sichtweise. Was sagt dieses Buch? Erstens, dass die von der Moderne verursachten Dissonanzen immer massiveren Ärger erzeugen. Zweitens, dass die Individuen nach und nach die Fähigkeit entwickeln, damit umzugehen. Die Geschichte wäre schön, wenn sie so endete. Unglücklicherweise gibt es ein Drittens: Eine der Haupttechniken zur Vermeidung von Ärger besteht darin, dass die Spezialisierung eines jeden Einzelnen vertieft wird und komplementäre Rollen geschaffen werden. Wir haben sogar gesehen, dass es sich dabei um eine zentrale Gegebenheit in der Strukturierung heutiger Paarbeziehungen handelt. Es ist dieser kraftvolle Mechanismus, der das nach Geschlecht differenzierte historische Gedächtnis reaktiviert und ihm seine ganze Widerstandskraft verleiht. Es reicht daher nicht mehr aus, den Gegensatz zwischen Männern und Frauen in der Paarbeziehung bloß als ein Erbe der Vergangenheit zu analysieren (und noch weniger natürlich als eine rein biologische Tatsache): Der Mechanismus der Paarbeziehung an sich muss in seinen jüngsten Entwicklungen betrachtet werden.

Ich sprach von einem »kleinen Drama«, denn zwar tendiert der Ärger (vor allem der der anderen) oft dazu, uns zum Lachen zu bringen, er gibt vielleicht aber auch Anlass zum Heulen. Wir stecken in der Falle zweier widersprüchlicher Ansprüche: dem Bedürfnis nach Ruhe einerseits und dem modernen Freiheitsstreben andererseits. Der erste dieser Ansprüche treibt uns dazu, in der Beziehung persönliches Wohlbehagen und Frieden zu suchen. Wer könnte, wer wollte darauf verzichten? In unserer ohnehin so aggressiven und strapaziösen Gesellschaft sicher niemand. Daher besteht insgeheim die Gefahr, dass dies auf Kosten des zweiten, gegensätzlichen Anspruchs geht, der gleichwohl im Zentrum des zweifachen Emanzipationsprogramms der letzten fünfzig Jahre stand: der vollkommenen Gleichberechtigung von Mann und Frau und der individuellen Selbstverwirklichung, fern der inakzeptablen vorgeschriebenen Rollen.

Wetten, dass die Reibungen zwischen Traum und Realität dieses schönen Programms noch für einigen Ärger sorgen werden, und dies, so fürchte ich, noch lange.

Anhang zur Methode

Eine neue Befragungstechnik

Zum ersten Mal habe ich eine Befragung ohne die Hilfe meines kleinen Tonbandgeräts durchgeführt, indem ich meine Informanten per E-Mail interviewt habe. Zunächst wurden Aufrufe mit der Bitte um Aussagen verbreitet: Auf meinen Veranstaltungen mit verschiedenstem Publikum wurden Flyer verteilt, und die Aufrufe erschienen in der französischen, belgischen und Schweizer Presse (in Tageszeitungen und Illustrierten). Ich danke den Journalisten herzlich, die es mir so ermöglichten, in Kontakt zu meinen Gesprächspartnern zu kommen, besonders Ariane Bois, Danièle Laufer, Natalie Levisalles, Isabelle Maury, Sylviane Pittet und Elisabeth Weissman.

Ich hätte mir eine andere elektronische Plattform vorstellen können, die offener und interaktiver gewesen wäre (einen Blog oder ein Diskussionsforum). Aber ich hatte Angst, überschwemmt zu werden, und es war mir wichtig, die Prozedur unter Kontrolle zu haben; das Austauschen von E-Mails erschien mir sicherer. Auch wenn es bestimmt noch andere spannende Technologiepfade zu entdecken gibt, bereue ich meine Entscheidung nicht: Die Befragung per E-Mail hat sich als höchst effizient, flexibel und der Arbeit am Material förderlich erwiesen. Nachdem mich die Interessenten kontaktiert hatten, schlug ich ihnen vor, völlig frei zu berichten. Der je nachdem mehr oder weniger veränderte Standardtext meiner Antwort lautete folgendermaßen:

»Vielen Dank für Ihre Antwort und dafür, dass Sie sich freiwillig zur Verfügung stellen. Das Prinzip ist einfach: Wir tauschen uns per E-Mail aus, jeder antwortet dem anderen, wenn es ihm passt, und es steht Ihnen selbstverständlich frei aufzuhören, wenn Sie möchten, oder zu schwierige oder eindringliche Fragen meinerseits nicht zu beantworten.

Es gibt vielerlei Ärger, der jedoch oft winzig ist, schnell in Vergessenheit gerät und oft nicht einmal richtig bewusst wird.

Es ist daher nicht immer einfach, sich daran zu erinnern und darüber zu sprechen. Deshalb habe ich diese ziemlich ›intime‹ Form der E-Mail gewählt, um diese Befragung durchzuführen, bei der man sich so viel Zeit nehmen kann, wie erforderlich ist. Nach einem ersten Bericht Ihrerseits antworte ich Ihnen, und wir versuchen, einen Austausch in Gang zu setzen, um tiefer einzudringen. Dieser Bericht kann sehr kurz sein und kleine Ärgernisse betreffen. Er ist ein Ausgangspunkt. Sie können ein oder zwei Beispiele für Ärger auswählen und zu beschreiben versuchen, was Sie in einer solchen Situation empfinden, was Sie tun, um Ihr seelisches Gleichgewicht wiederherzustellen usw. Aber die Entscheidung darüber, was Sie mir als Erstes erzählen möchten, liegt wirklich bei Ihnen.

Unser Austausch kann auch so funktionieren, dass Sie Ihrem Ärger, wenn er einmal größer sein sollte, bei mir Luft machen. Das hängt von Ihnen ab und davon, wie es Ihnen lieber ist. Wir werden es zusammen versuchen und sehen, was sich daraus ergibt.

Es gibt alle möglichen Ursachen für Ärger. Bestimmte Gesten zum Beispiel, unterschiedliche Arten aufzuräumen oder nicht aufzuräumen, zu essen, fernzusehen, allein etwas zu unternehmen, unterschiedliche Lebensrhythmen usw. Oder kleine Unzufriedenheiten, die man sich kaum einzugestehen wagt. Davon gibt es Tausende bei allen Paaren, das ist ganz normal. Eine Beziehung, die gut funktioniert, ist keine Beziehung, in der es keinen Ärger gibt, sondern eine Beziehung, in der die Partner gut damit umgehen können.«

Jeder Bericht rief bei mir Fragen hervor, bezüglich der Fakten und zugleich konzeptueller Art. Ich stellte also meine Fragen (oder teilte manche meiner Interpretationen mit und bat um eine Einschätzung), und der Dialog begann. Er war so ergiebig, dass es mir nicht möglich war, mit dem Tempo aller meiner Informanten Schritt zu halten. Ich war gezwungen, einige von ihnen zu bevorzugen, und muss mich bei anderen entschuldigen, die sich sicher mehr gewünscht hätten. Aber die Dichte der Aussagen, verbunden mit der Notwendigkeit, sie kontinuierlich auszuwerten (und sie nicht zunächst nur zu sammeln), verlangte eine gewisse Auswahl. Zum Ausgleich dafür ist der wissenschaftliche Nutzen einer solchen Befragungstechnik beträchtlich. Der Hauptnutzen ist gerade die permanente, akute Konzeptualisierung. Während bei der klassischen Befragung das Materialsammeln und die Auswertung in zwei getrennten Phasen ablaufen, findet hier beides gleichzeitig statt und befruchtet sich gegenseitig. Ich habe selten eine so große Befriedigung empfunden wie darüber, dass ich die Hypothesen unmittelbar am Gegenstand überprüfen konnte, indem ich meine Fragen so formulierte, dass ich sie meinen Gesprächspartnern unterbreiten konnte. Der zweite Nutzen der Befragung per E-Mail ist die erstaunliche Dichte der Aussagen. Natürlich gehen das suggestive Stammeln und die impulsive Spontaneität des Gesprächs unter vier Augen verloren, auch die Poesie der mündlichen Formulierungen. Aber man gewinnt dabei an Informationsgehalt, der so konzentriert ist, dass es oft schwer ist, etwas aus den Aussagen herauszutrennen.

Es stellt sich die Frage, wie groß die Aufrichtigkeit bei dieser Art von Aussagen ist im Vergleich zum Gespräch unter vier Augen. Meiner Ansicht nach ist es unmöglich, diese Frage allgemein zu entscheiden. Schon im Gespräch unter vier Augen ist die Aufrichtigkeit an sich sehr unterschiedlich; sie hängt davon ab, wie weit sich der Befragte einlässt und wie sich der Interviewer verhält (Kaufmann 1999a). Das Gleiche gilt für die Befragung per E-Mail. Ich habe bemerkt, dass diese Methode es manchen Menschen ermöglicht, sich mithilfe des Interviewers sehr stark auf etwas einzulassen, das einer Selbstanalyse nahekommt. Sie versuchen, sich selbst ebenso wie ihren Partner und ihre Beziehung besser zu verstehen. Und bei einer solchen Vorgehensweise ist auch kein Raum mehr für Lügen (nicht einmal für Auslassungen). Wenn auch schwer zu sagen ist, ob der Wahrheitseffekt insgesamt wichtiger ist als in einem Gespräch unter vier Augen, so sind doch die Bemühungen um Analyse und Argumentation, um zu dieser Wahrheit zu gelangen, offensichtlich größer.

Die Form der Aussagen kann über das hohe Maß an Aufrichtigkeit hinwegtäuschen: Das geschriebene Wort wirkt weniger authentisch als das gesprochene. Denn die Menschen unterscheiden sich sehr in ihrer Art zu schreiben. Manche haben einen flüssigen, direkten Stil, der der gesprochenen Sprache ähnelt und zum Internet passt, andere pflegen einen sehr klassischen Schreibstil; manche sind emotional, andere analysieren kühl; manche sind humorvoll, andere ernsthaft usw. Der Stil an sich sagt in der Regel nichts darüber aus, wie sehr man sich einlässt oder wie aufrichtig man ist. Mit einer Ausnahme vielleicht: der köstlichen Isabelle, der die Feder so leicht und bunt über das Papier gleitet und die in ihrem Überschwang manchmal zwischen Sprachspiel und authentischer Selbstanalyse schwankt (ich war daher gezwungen, eine Auswahl zu treffen und – leider – auf den größten Teil ihrer Aussagen zu verzichten). Ein schwerfälliger Stil (der also weit vom »spontaneren« gesprochenen Wort entfernt ist) bedeutet meist nicht, dass die Aussage weniger aufrichtig ist. Vielmehr kann er sogar ein Zeichen für die Bemühung um Selbstanalyse sein. Eine per E-Mail geführte Befragung sagt nicht genau dasselbe aus wie eine Befragung durch Gespräche. Der Interviewer ist weiter weg, die befragte Person spricht in erster Linie mit sich selbst.

Meine direkten E-Mail-Kontakte

Die meisten meiner Informanten stellten sich zunächst vor, skizzierten sehr detailliert ihren privaten und beruflichen Lebenslauf. Ich habe trotzdem beschlossen, nicht alle diese Informationen zu veröffentlichen. Denn das Thema ist so intim, dass es schwer zu kontrollierende Folgen für das Leben der Paare haben könnte, wenn die Anonymität nicht gewährleistet wäre. Ich habe mich daher bei allen auf ein paar Punkte beschränkt, meistens in Form eines Zitats aus ihrer Erzählung.

Als der Zeitpunkt der Manuskriptabgabe näher rückte, sagte ich mir, dass es interessant wäre, etwas darüber hinzuzufügen, wie die Geschichten der Befragten in der letzten Zeit weitergegangen sind. Drei bis sechs Monate waren seit unserem Austausch vergangen, in denen ich keine Neuigkeiten erfahren hatte. Ich war, das muss ich sagen, ziemlich neugierig darauf, obwohl ich mir darüber im Klaren war, dass ich dieses Material nicht mehr verarbeiten konnte (man muss eine Forschungsarbeit zu beenden wissen). Die Flexibilität der Befragung per E-Mail ermöglichte mir dieses Sahnehäubchen. Ein Teil der Antworten wurde ausgewählt und im Folgenden im Rohzustand wiedergegeben. Etwas mehr als zwei Drittel haben geantwortet. Dass nicht alle geantwortet haben, hatte zum einen technische Gründe: Mehrere E-Mail-Adressen waren nicht mehr gültig (das Leben ändert sich schnell im Internet). Zum anderen haben es manche Teilnehmer gewiss aus anderen Gründen vorgezogen, das Experiment zu beenden.

Diese »neuesten Nachrichten« sind spannend zu lesen (wie schwer fällt es mir, sie lediglich wiederzugeben und mir eine Analyse zu versagen!). Ein Beweis dafür, dass einige Zeit vergangen ist, sind die zahlreichen Veränderungen in den Haushaltsstrukturen (Schwangerschaften, Geburten, Hauskäufe ebenso wie leider auch Trennungen bei Maya und Igor, Zoé und Charles-Henri, bald vielleicht auch bei Jade), die sehr unterschiedliche Auswirkungen hatten: Manchmal hat sich die Krise verschlimmert, oft haben sich die Dinge dagegen glücklicherweise verbessert. Es kann sein, dass die Befragung dabei eine leicht therapeutische Rolle gespielt hat. Melody unterstreicht dies: »Wenn man den Ärger unter die Lupe nimmt, führt dies zu einem Kategorienwechsel. Wenn ich zur Entomologin werde, mildert dies meine Gereiztheit als Ehefrau. Im Übrigen liest ER diese Mails zwar nicht, ist aber über ihren Inhalt, das gewählte Beispiel, auf dem Laufenden, und die Anwesenheit eines Dritten macht ihn aufmerksam auf das, was mich verstimmen kann!« In anderen Fällen scheint sich nichts geändert zu haben, und es ist frappierend, dass dieselben winzigen, nervtötenden Kleinigkeiten noch immer im Zentrum des Ärgers und der Paarbeziehung stehen. Die winzigen Kristallisationen haben sich kaum verändert und füllen das Leben aus: Allein in dieser einzigen Tatsache steckt ein Schatz an Informationen.

Der letzte Aufruf an meine Informanten lautete wie folgt:

»Nach mehreren Monaten des Schweigens nun ein paar Neuigkeiten. Meine Befragung über den Ärger ist gut vorangekommen, sie ist spannend und wird im nächsten Februar als Buch erscheinen. Ich arbeite momentan an der letzten Fassung des Manuskripts, das im September abgeschlossen sein soll. Und ich sagte mir, dass es ganz amüsant wäre, einen kleinen Absatz mit ›neuesten Nachrichten‹ eines jeden hinzuzufügen. Könnten Sie mir in ein paar Zeilen (das können zwei Zeilen sein, wenn es nichts zu sagen gibt, oder fünf bis zehn, oder, wenn Sie Lust haben, auch mehr, aber nicht mehr als dreißig oder vierzig) erzählen, was es seit unseren letzten Mails an der Front des kleinen Beziehungsärgers Neues gegeben hat? Schreiben Sie ganz frei, was Ihnen in den Sinn kommt, wie sich die Atmosphäre im Allgemeinen entwickelt hat oder was für eine Besonderheit die letzten Monate prägte.«

Die im Text und im Folgenden wiedergegebenen Vornamen sind selbstverständlich erfunden. Normalerweise wähle ich die Pseudonyme aus. In diesem Fall haben die Informanten selbst darüber entschieden. Auch dabei habe ich sie darum gebeten, sich ganz frei zu fühlen. Hier nun also die Liste der Personen, denen ich unendlich dankbar bin für ihr großes Vertrauen (die Distanz, die das Internet bietet, begünstigt bekanntlich Nähe).

Alice und Aziz
Alice: »Ich bin ein sehr umgänglicher Mensch, aber es gibt Prinzipien und Werte, die mir sehr wichtig sind, wie Offenheit, Treue, Respekt, Vertrauen und Aufrichtigkeit, mit denen man nicht spaßen darf und die respektiert werden müssen, sonst rege ich mich furchtbar auf. Denn ich ›opfere‹ mich bereitwillig und bin mir dessen bewusst.« Sie opfert sich Aziz, dem es viel Spaß macht, dafür zu sorgen, dass sie sich furchtbar aufregt.

Aphrodite und Francis
Aphrodite: »Als wir uns (vor zehn Jahren) kennen lernten, gab es gewisse Schamgrenzen bei uns beiden, und keiner ließ sich vor dem anderen gehen. Ich habe darüber nachgedacht und glaube, dass es ungefähr fünf Jahre gedauert hat, bis sich diese Gewohnheiten gleichzeitig mit der Routine eingeschlichen haben.«

Neueste Nachrichten:
»Nun ist Sommer, aber bezüglich des Ärgers hat sich nichts geändert, ich glaube, es wird sich nie etwas ändern. Der Herr hat

die Angewohnheit, in der Nase zu bohren und an seinen Nägeln zu kauen, und das gefällt ihm!!!! Warum soll er damit aufhören, wenn ich dabei bin? Nein, das stört ihn nicht im Geringsten. Mir geht es immer noch genauso auf die Nerven, ich versuche, es nicht zu beachten, aber irgendwann platze ich und schreie ihn an oder gebe ihm einen Klaps (auf die Finger!!). Ich habe mir fest vorgenommen, ihn einmal zu fotografieren, wenn er seinen Finger tief in seine Nase hineingebohrt hat, um ihm zu zeigen, wie er dabei aussieht!«

Carla und »J.-P.«
Carla: »Glücklicherweise neigt er mit der Zeit immer weniger dazu, gewisse Dinge zu seiner Mutter zu bringen oder seine Eltern nach ihrer Meinung zu fragen. Man muss dazu sagen, dass wir erst ein halbes Jahr zusammenleben und dass er zuvor noch nie mit jemandem zusammengelebt hat. Deshalb hat er, glaube ich, manchmal das Bedürfnis, sich von derjenigen beruhigen zu lassen, die ihm sein ganzes Leben lang zur Seite stand: seiner Mama.«

Caroline und Marc
Caroline: »Männer sind sogar mit 36 Jahren wirklich wie Teenies. Dagegen wenn ich müde bin, nach einem unangenehmen Arbeitstag nach Hause komme, unsere Tochter anstrengend ist (wie Kinder mit zweieinhalb eben sein können) oder wenn meine Hormone verrückt spielen, dann gehe ich in die Luft, und das ist ein Drama. Denn dann suche ich Streit, um mich abzureagieren. Aber ich habe ein wahnsinniges Glück, ich habe einen Mann, dessen Blick mehr als tausend Worte sagt und der sich zu entschuldigen versteht, wenn er ein bisschen zu weit gegangen ist. Wenn er dann sagt: ›Du hast ja Recht, ich werde mich bemühen‹, dann schmelze ich dahin.«

Neueste Nachrichten:
»Was es beim Ärger Neues gibt? Nicht viel, denn unser Leben wurde durch die Geburt unseres zweiten Kindes, das jetzt zweieinhalb Monate alt ist, ziemlich durcheinandergewirbelt, und

wir sind sehr glücklich über unsere süße Familie ... Aber das erinnert mich an den höchsten ÄRGER, der bei der Geburt aufkommt, wenn wir Frauen uns unter den Wehen krümmen (ich hatte eine ziemlich ›intensive‹ und sehr, sehr schnelle Niederkunft mit einer Rückenmarksanästhesie, die erst zu wirken begann, als alles vorbei war!) und von unseren Männern zu hören bekommen: ›Aber nein, das tut doch nicht weh, das bildest du dir nur ein!‹ Ich glaube, dass ich Marcs Hand zerquetscht habe, und ich habe ihn sogar in den Finger gebissen ... Seine Entspanntheit ging mir gewaltig auf die Nerven!! Dieser ›Geburtsärger‹ löst sich jedoch schnell in Luft auf, wenn man dem künftigen Vater in die Augen schaut, die so viel Liebe und anderes ausdrücken. Was für ein Abenteuer ist eine Geburt! Für alle! Und seitdem keinerlei Ärger. Vielleicht auch, weil ich wegen der durchwachten Nächte zu müde bin ..., nicht einmal zum Streiten die Kraft habe.«

Cassiopée
»Ich arbeite sehr viel und habe abends berufliche Verpflichtungen. Mein Mann versteht das nicht, und wenn ich mehr als eineinhalb Stunden zu spät nach Hause komme, packt ihn die Eifersucht, als wäre ich 14 – dabei bin ich 44.« Ihr Mann ist 63.

Neueste Nachrichten:
»Seit meinem Bericht mache ich Fortschritte und er auch, finde ich:
- Ich lerne, Dinge nicht so wichtig zu nehmen, bei denen es nicht nötig ist (kleine Eigenheiten). Und meine Kinder (elf und vier Jahre) machen auch spitze Bemerkungen, was manchmal förderlich ist: Sie haben mehr Einfluss als ich.
- Ich traue mich öfter, ihn die Küche aufräumen und etwas mit den Kindern zusammen machen zu lassen, anstatt alles selbst zu machen, wenn ich da bin.
- Ich denke mehr daran, ihn danach zu beurteilen, was er macht: Er repariert alles Mögliche im Haus oder meinen Modeschmuck.
- Ich versuche, nicht allen anderen mein Hochgeschwindigkeitstempo aufzuerlegen – was mir sehr schwerfällt.

– Wenn ich in dieser Stimmung bin, erscheinen mir die alltäglichen kleinen Nörgeleien lächerlich, und ich versuche, mich nicht darauf zu konzentrieren.
– Ich bin mir vollkommen bewusst, dass er sich nicht ändern wird, aber sein Hauptfehler ist, dass das Glas für ihn immer halb leer ist – während es für mich halb voll ist. Ich möchte, dass er erkennen lernt, was für ein großes Glück er hat, und dass er es genießt und aufhört, sich bei so vielen Kleinigkeiten aufzuhalten, die einem das Leben vergällen.«

Clémentine und Félix
Clémentine: »Mein Mann ist lieb, charmant ... Er hat einen Fehler: Er hört nie auf das, was man ihm sagt!! Dabei ist er nicht taub, sein Gehör funktioniert ausgezeichnet, er hört, was man ihm sagt, aber er nimmt es nicht wahr!! Das ist ärgerlich!!! Manchmal gefällt es ihm, mich zu ärgern, aber weil er ein ziemlich schlechter Schauspieler ist, merke ich sofort, wenn er übertreibt!!«

Neueste Nachrichten:
»Seit wir zuletzt voneinander gehört haben, hat es etwas Neues gegeben: Wir haben ein Baby bekommen!! Nun habe ich also zwei Kinder, äh nein, drei Kinder: zwei Monate, drei Jahre und 33 Jahre!!! Mein Mann ärgert mich, weil er sich wie ein Kind benimmt, und das ärgert mich zutiefst!! Neulich hat er sich ein neues Telefon gekauft, Hightech mit Superklingeltönen, einem großen Display ... Seitdem existiert für ihn nur noch sein Handy!! Die wenigen Momente der Entspannung in der Familie verbringt er mit seinem Handy oder mit dessen Gebrauchsanweisung!! Bevor er es gekauft hat, hat er ganze Abende im Internet verbracht, um Handys zu vergleichen!! Er benimmt sich wie ein Kind mit seinen Weihnachtsgeschenken, nur dass er 33 Jahre alt ist!!! Das war genauso mit dem Traktor, den er für die Feldarbeit gekauft hat, und dem neuen Lastwagen ... Wenn wir übers Wochenende verreisen, verhält er sich nicht anders, ich muss für alle die Koffer packen, es wäre schön, wenn er sich zusammenreißen würde, wie ein großer Junge von 33 Jahren!!«

Eline und Jack

Eline: »Ich arbeite jetzt in der Telekommunikationsbranche, und mein Lebensgefährte und künftiger Ehemann (wir heiraten im Mai) ist Ingenieur. Wir kennen uns seit zwei Jahren und leben auch so lange zusammen. Wir sind 32 bzw. 35 Jahre alt. Bevor wir uns begegneten, hatten wir beide andere Beziehungen, haben mit anderen zusammengelebt, mit denen wir anders lebten, dann haben wir beide allein gelebt, waren längere Zeit Singles ... Als wir uns trafen, hatte also jeder von uns seine eigene eingeschliffene Lebensweise mit besonderen Ansprüchen und ›Desideraten‹. Vom Charakter her ergänzen wir uns eher. Jack ist eher ruhig, zurückhaltend, umgänglich, introvertiert, auf Sicherheit bedacht, materialistisch, anpassungsfähig und zielstrebig. Ich bin eher dynamisch, extravertiert, spontan, hektisch, ängstlich und umgänglich, organisiere und stoße unterschiedliche Projekte an, neige zum Träumen und Verkennen der materiellen Realität.«

Eliza und Robert

Eliza: »Ich habe meinen Freund vor nun zehn Jahren kennen gelernt (wir sind 26 Jahre alt). Das war auf dem Gymnasium, wir waren in derselben Klasse. Wir sind zusammen ›erwachsen geworden‹: nach der Schule die Universität, dann die ersten Praktika, danach die erste Stelle, die erste Wohnung, der erste Urlaub ..., einfach alles. Wir haben unser Studium vor drei Jahren beendet, und zu diesem Zeitpunkt haben wir uns zusammen richtig häuslich niedergelassen. Es wurde also richtig ernst, und wir haben uns zu diesem Entschluss durchgerungen. Ich denke, dass man, wenn man eine Arbeit hat, also ein eigenes Einkommen (und daher von den Eltern unabhängig ist), merkt, dass sich das Leben wirklich ändert. Übrigens merkt man das vor allem im Alltag: beim Verwalten der Finanzen, beim Einkaufen, bei der Hausarbeit, beim Bügeln: Dabei wird die Sache kompliziert!!!«

Neueste Nachrichten:
»Bei mir hat sich viel getan, da ich nach ziemlich langer Krankheit wieder angefangen habe zu arbeiten und umgezogen bin.

Sie werden sagen, dass dies nichts zu bedeuten hat. Aber ja doch. Denn der Umzug, das Ende meiner gesundheitlichen Probleme ... haben neuen Schwung und neue Gewohnheiten mit sich gebracht (und daher eine Neuorganisation der Beziehung). Dabei hat, glaube ich, geholfen, dass wir keinen Internetanschluss hatten und einen neuen Anfang machen wollten (vor allem aber der fehlende Internetanschluss). Der Neuanfang kommt darin zum Ausdruck, dass die Hausarbeit gerechter verteilt wird, besonders darin, dass mein Freund das Bügeln übernommen hat. Wir machen mehr zusammen und sehen unsere Zukunft anders. Im Übrigen versuchen wir, unsere gemeinsame Zeit zu genießen, machen zusammen Urlaub oder fahren übers Wochenende weg. Er ist also kein so schlimmer Stubenhocker mehr. Und schließlich beginnen wir, Pläne zu schmieden, besonders Umzugspläne, ein Haus zu bauen ... Ich fürchte mich davor, dass der Internetanschluss wieder funktioniert, was alle diese Veränderungen zunichte machen könnte, aber ich werde mich bemühen, diesen neuen Schwung in unserer Beziehung zu bewahren.«

Fidelia und Pedro
Fidelia: »Mein zweiter Sohn hatte ein Problem mit seiner Freundin, was ihm sehr zu schaffen machen schien; das bereitet mir große Sorgen, denn dieser Sohn ist trotz seiner 24 Jahre sehr zart. Später habe ich Pedro kennen gelernt, der mir geholfen hat, ihn ebenso wie seinen älteren Bruder großzuziehen. Dann hatten Pedro und ich noch einen weiteren Sohn (18 Jahre). Wir haben uns immer für die Kinder krummgelegt, und für mich kam das immer an erster Stelle. Nun sind wir seit einem Jahr ›allein zu zweit‹, da die Kinder nur noch zeitweise da sind. Das ist ungewohnt und nicht so schlimm, wie ich dachte.«

Neueste Nachrichten:
»Wie es an der Front des kleinen Beziehungsärgers ist? ... Ein bisschen wie beim Wetter, unbeständig, da relativ unvorhersehbar. Ich glaube, dass der ›kleine‹ Ärger letztlich nur den ›großen‹ ans Licht bringt, den des Unausgesprochenen und der Erwartungen, die einen krank machen, unserer unterschiedli-

chen Erziehung und Kultur, der Alltagsroutine. In der Art: ›Er hätte wissen müssen, wie sehr ich mir wünsche, dass er mir zum Namenstag gratuliert, ich hatte ihn daran erinnert, aber er ist mit seiner Arbeit beschäftigt und ich zähle nicht‹ – der bis dato letzte Ärger!«

Francky
»Wir sind seit 21 Jahren verheiratet, ich bin 45 Jahre alt, meine Frau ist zwei Jahre jünger. Wir haben zwei Jungen von 18 und 15 Jahren. Bis dahin nichts Außergewöhnliches. Das Besondere bei uns geschah vor vier Jahren, als ich mein Unternehmen verkaufte. Eines Tages bot sich eine Gelegenheit zum Verkauf; sie war so gut, dass ich sie mir nicht entgehen lassen konnte. Die finanziellen Bedingungen waren wirklich außergewöhnlich und erlaubten mir, ›Rentier‹ zu werden. Das große Problem an der Geschichte rührt daher, dass ich sehr viel mehr zu Hause bin.«

Neueste Nachrichten:
»Es gibt immer noch Ärger, aber er hat nicht zugenommen, ich würde sogar sagen, dass er tendenziell möglicherweise abnimmt. Denn meine Frau und ich haben zwei Wochen ohne die Kinder zusammen verbracht. Deshalb, so scheint mir, gab es weniger Themen, die Ärger verursachen konnten. In der Konfiguration ›das Haus als Unternehmen‹ führt ›Personalabbau‹ dazu, dass es zu weniger Konflikten mit meinem stellvertretenden Direktor (meiner Frau) kommt und sich daher der Alltag leichter managen lässt. Zusammengefasst: Entfernen Sie zwei quengelnde pubertierende Jungen aus dem Haus, und Sie werden sehen, dass eine gewisse Ruhe einkehrt, die die Reduktion von Ärger begünstigt.«

Gally und Akira
Gally: »Wir sind beide dreißig Jahre alt, wir sind seit sechs Jahren verheiratet und kennen uns seit neun Jahren. Mein Mann ist höchst zerstreut, und das geht mir furchtbar auf die Nerven. Unser größtes Problem ist, dass wir kein Kind haben: Lange

Zeit hatten wir es nicht eilig damit (Studium, erste Stelle usw.). Jetzt macht sich (vor allem bei mir) der Kinderwunsch bemerkbar, und ich weiß, dass ich meinen Mann ziemlich leicht überzeugen könnte (er ist nicht dagegen). Nur befürchte ich, dass ich mehr oder weniger allein die Verantwortung für dieses Kind übernehmen müsste. Nicht weil Akira unsere Beziehung dann beenden würde, vielmehr fürchte ich, dass er sich weiter so benehmen würde wie jetzt. Ich male mir das Schlimmste aus! Und auf einmal bin ich weniger versucht, noch für ein weiteres Kind als das, mit dem ich mein Leben schon jetzt teile, die Verantwortung zu übernehmen.«

Neueste Nachrichten:
»Als neueste Nachricht kann ich Ihnen immerhin die letzte ›Zerstreutheit‹ meines Mannes (der sich wirklich nicht ändert) zum Besten geben. Letzte Woche sind wir mit Freunden in eine Bar gegangen, um zusammen etwas zu trinken. Eine junge Frau, die wir nicht kannten, hatte sich der üblichen Gruppe angeschlossen. Sie saß auf einem hohen Hocker und trug ein ziemlich eng anliegendes Kleid. Kurz, es war nicht zu übersehen, dass sie mindestens im sechsten Monat schwanger war. Schon bald wendet sie sich an meinen Mann, weil man ihr gesagt hat, dass er Schuldirektor sei, und fragt ihn, ob er weiß, wie man an einen Krippenplatz kommt. Es ist eilig, gibt sie ihm zu verstehen. Mein Mann klärt ihren Irrtum auf und erläutert ihr, dass Krippen und Grundschulen nichts miteinander zu tun haben und er nichts für sie tun kann. Später beim Abschied steht die junge Frau mühsam auf und hält ihren Bauch ostentativ mit beiden Händen fest. Einer unsrer Freunde bemerkt, es müsse mühsam sein, bei dieser Hitze ein Kind zu erwarten. Und plötzlich ruft mein Mann aus: ›Warum? Ist sie schwanger?‹ Natürlich sind alle in schallendes Gelächter ausgebrochen. Er aber war ganz ernst, er hatte überhaupt nichts bemerkt (man fragt sich, warum sie mit ihm über Krippen gesprochen hat, auch das hat ihn nicht stutzig gemacht). Unsere Freunde fanden ihn (wie immer) außergewöhnlich und letztlich sehr amüsant in seiner Zerstreutheit. Ich nicht. Es hat mich geärgert, dass er mir aufs Neue den Beweis dafür geliefert hat, dass er auf nichts achtet. Gewiss (darauf hat mich eine Freundin gebracht), er schaut

sich keine anderen Frauen an, das ist eher beruhigend für mich. Nur sieht er auch seine eigene Frau nicht an. Wie lange würde er wohl brauchen, um zu bemerken – wenn ich denn irgendwann einen solchen Entschluss fasste –, dass ich schwanger wäre?«

Gautier
»Ich bin eher ordentlich, aber kein Ordnungsfanatiker, und sie ist auch nicht völlig unordentlich. Ich denke, dass das, was mir auf die Nerven geht, Kleinigkeiten sind, die leicht behoben werden könnten: Er erforderte keine übermenschliche Anstrengung, die Zeitungen immer an ihren Platz zu räumen oder einen Zettel, den man nicht mehr benötigt, gleich wegzuwerfen. Warum also tut man das nicht? Ansonsten möchte ich betonen, dass diese kleinen Ärgernisse nicht schlimm sind. Unsere Beziehung ist sehr gut, und falls sie einmal in Gefahr geriete, dann nicht deswegen, denke ich.«

Isabelle
»Wenn mein Herzallerliebster die Zahnpastatube in der Mitte zerknautscht, wenn er sein Handy auf meinem hübschen, empfindlichen Lackmöbel, auf dem jeder Kratzer zu sehen ist, ablegt (mein Gott, wie oft muss ich dir noch sagen, dass du es nicht darauf fallen lassen sollst), verzeihe ich ihm dies an manchen Tagen gern, weil er immer den Weg zum Korb mit der schmutzigen Wäsche zu finden weiß und die leere Toilettenpapierrolle gegen eine neue austauscht, dafür bin ich ihm ewig dankbar. An anderen nicht, da habe ich es ihm gegeben, und offen gesagt war es tausendmal schlimmer, die Zigarettenstummel im Kaffeerest nicht mitgerechnet – versuchen Sie es einmal, das ist super, um den Deppen zu nerven, der die Tasse spülen muss.«

Neueste Nachrichten:
Seit ein paar Monaten besichtigen Isabelle und ihr Freund Häuser, um (zum ersten Mal) eines zu kaufen. Neue, bis dahin unbekannte Differenzen kommen dabei ans Licht. »Wenn sie

altes Gemäuer liebt und bei allem, was staubig und wackelig ist und ein ›enormes Potenzial‹ hat, in Entzücken gerät und er ein Pedant ist, der weder Staub noch Schrott oder Einbauschränke, die nicht richtig schließen, ertragen kann, dann verspricht das sportliche Stunden. So war es denn auch. Das abendliche ›Debriefing‹ (das ist doch ein schöner Ausdruck!) ist der Zeitpunkt, an dem man sich gegenseitig alles Mögliche an den Kopf wirft. Sie hasst offene Küchen, er sagt: ›Aber, mein Schatz, wenn man Gäste hat, dann ist es doch schöner, wenn man dabei ist‹, ›Ah ja, und du machst das Essen, das ist ja mal ganz etwas Neues, und dann habe ich sofort den Abwasch am Hals‹. Genauso ist es beim WC: im Bad oder separat, das ist ein ganz neuralgischer Punkt. Der eine klopft aus unerfindlichen Gründen auf allen Rohren herum, der andere überprüft peinlich genau alle Kacheln auf der Arbeitsfläche in der Küche, wenn einmal eine nicht genau rechtwinklig sitzt. Man rümpft die Nase über Tapeten, nur nicht über dieselben. Er macht sich lustig über raschelnde Seidenvorhänge, aber das ist doch schnuppe, man lässt sie ja nicht hängen! Ja, aber es ist trotzdem blöd und verleidet einem ein Wohnzimmer, das auf einen Schlag ganz kitschig wirkt. Und man geht kein zweites Mal mehr hin. Sie sieht die super Bar, die dort einmal stehen wird, er sieht, dass dort Putz abgeschlagen und erneuert werden muss und neue Fliesen verlegt werden müssen, und fängt schon an zu schwitzen, während seine bessere Hälfte von einem Zimmer ins nächste schwebt und sie traumhaft findet. Er hat schon Kreuzschmerzen, wenn er nur daran denkt.«

Jade
»Ich befinde mich immer im Kriegszustand, kämpfe auf zahlreichen Schlachtfeldern. Meine Erfahrungen in Gefühlsangelegenheiten sind immer dieselben. Je älter ich werde, desto wählerischer werde ich. Ich werde bald 47, bin geschieden, habe eine elfjährige Tochter und bin sehr unabhängig. Wenn ich versuche, über den Ärger hinwegzusehen, dann zwinge ich mich, weniger streng zu sein, und versuche jedes Mal oder so oft wie möglich (das hängt von meiner Laune ab), mich selbst infrage zu stellen. Perfektion gibt es nicht, damit tröste ich mich.«

Neueste Nachrichten:
»Das Verhältnis zu meinem Freund, wenn ich ihn denn meinen Freund nennen kann, ist von Tag zu Tag schlechter geworden, denn niemand kann aus seiner Haut heraus. Was er sagt und wie er sich benimmt, grenzt an Unhöflichkeit. Ich habe alles versucht, Freundlichkeit, Diplomatie, er hat sich bemüht, einiges zu ändern, aber ich merke, dass es ihn viel Überwindung kostet. Ich habe mich in den letzten Monaten so sehr über sein Benehmen geärgert, dass ich ihm unverblümt sage, dass er irgendwie respektlos ist. Er scheint keinerlei Selbstachtung, keinerlei Stolz zu haben. Deshalb werde ich ganz hart zu ihm und nehme kein Blatt vor den Mund. Trotzdem bleibt er hartnäckig und klammert sich an mich, wird argwöhnisch und eifersüchtig, ein bisschen besitzergreifend, neugierig und sehr indiskret. Ein Beispiel unter vielen sind die Chrysanthemen, die er mir geschenkt hat. Ich sagte ihm, dass ich diese Blumen scheußlich finde, und neulich hat er mir wieder gleich zwei Sträuße davon gekauft (der zweite Strauß war gratis, und er hatte noch die Dreistigkeit, es mir zu sagen!). Ich fragte: ›Wer wird denn hier begraben?‹ (Bei mir dachte ich, dass unsere Beziehung zu Grabe getragen wird ...) Ich bin sicher, dass er es nicht absichtlich macht, aber ich entschuldige ihn nach drei Jahren mit ihm nicht mehr. Ich habe seit acht Monaten nicht mehr mit ihm geschlafen, ich bin blockiert, er hat mich enttäuscht, er bringt mich nicht mehr zum Träumen, ich schäme mich für ihn, wenn ich mich mit ihm in der Öffentlichkeit zeige, er ist ›plump‹. Ich mache keine Pläne mehr, ich lasse zu, dass die Situation immer schlimmer wird.«

Kasiu
Nach einer langen Liste von Beschwerden schließt Kasiu folgendermaßen: »Uff!!!! Abgesehen davon ist alles in Ordnung, er hat viele gute Seiten, und ich liebe ihn. Wir sind uns mit 19 Jahren begegnet, mittlerweile sind wir 33. Ich habe auch meine Fehler, und man muss beim Aufbau einer Beziehung auch mal zurückstecken.«

Neueste Nachrichten:
»Die große Sorge ist nicht mehr nur ein Ärger, sondern ein PROBLEM: meine Mutter. Das ist nicht neu, aber ich denke jetzt daran, weil ich sie gestern am liebsten umgebracht hätte. Sie möchte ihre Kinder gern für sich allein haben und kann deren Partner nicht ertragen. Das ist das Allerschlimmste, um Spannungen bei einem Paar auszulösen!!!
Und dann habe ich noch einen Ehemann, der verrückt nach Kindern ist und ein zweites mit mir haben möchte, was mich wahnsinnig ärgert, weil ich große und zugleich überhaupt keine Lust darauf habe wegen des bescheuerten Lebens, das wir Tag für Tag führen zwischen Bus oder Metro, Stress bei der Arbeit und den Problemen am Monatsende wegen der wahnsinnigen Wohnungspreise und der Steuern, die uns zugrunde richten.
Bei den kleinen Dingen gibt es keine Veränderungen: Er legt weiterhin beim Essen den Ellbogen auf den Tisch, und ich stecke weiter im ewigen Dilemma, ob ich meine Haare abschneiden oder wachsen lassen soll, und die Diätgeschichten machen mir so sehr zu schaffen, dass die Waage 20 Kilo mehr anzeigt.«

Lamia
»Was ich empfinde, wenn meinem Mann die Sachen aus der Hemdtasche fallen: Ich muss darüber lächeln, weil ich den Eindruck habe, dass ein kleiner Junge vor mir steht, der immer wieder dieselbe Dummheit macht, und das ist wie das zärtliche Gefühl, das ich bei den Dummheiten empfinde, die meine beiden Söhne ständig machen.«

Neueste Nachrichten:
»Von Ärger kann ich Ihnen momentan zuhauf berichten, Sie kommen genau zur richtigen Zeit, denn er erreicht gerade seinen Höhepunkt … Der Ärger kommt daher, dass die Kinder schon Ferien haben (und wir Erwachsenen noch nicht) und dass wir beruflich sehr eingespannt sind. Der Herr Gemahl kommt abends müde und entnervt nach Hause, sieht nicht weiter als bis zu seiner Nasenspitze und weiß nicht, dass seine Gemahlin neben den drei Telefonen in ihrem Büro (plus Handy), den fünfzehn Mitarbeitern ihres Teams, die ständig in ihrem

Büro ein und aus gehen, und den Aktenordnern, die auf ihrem Schreibtisch auf sie warten, auch noch Folgendes organisieren muss:
- das Abendessen,
- den Haushalt und die Arbeiten, die im Sommer erledigt werden müssen (Teppichreinigung u. a.),
- die Planung für die Kinder (wer zum Spielen zu ihnen kommt, was sie essen, dass das Micky-Maus-Heft gekauft werden muss),
- regelmäßige Telefonate mit den Kindern, um sicherzustellen, dass sie ihre Mützen aufsetzen und sich mit Sonnencreme eincremen,
- die Bestellung der Schulbücher (ja, hier in Marokko muss man sich frühzeitig darum kümmern, denn die Bücher werden importiert, und manchmal sind nicht genügend vorrätig),
- die Liste, was mit in die Ferien genommen werden soll, immer zu viel nach Ansicht des Herrn Gemahls, der ziemlich froh ist, wenn er eine Salbe gegen Sonnenbrand findet (weil er das T-Shirt, das ich ihm eingepackt habe, nicht angezogen hat) oder das Antiseptikum (weil er die Strandschuhe nicht angezogen hat, die ich ihm gekauft habe, und auf einen Seeigel getreten ist).

Was macht also der Herr Gemahl? Er kommt angezogen und glatt rasiert an den Frühstückstisch, und dort sagt er Ihnen (jeden Morgen): ›Ach, ich habe Schuldgefühle, wenn die Kinder alle Tage vor dem Fernseher hocken und verblöden, schick sie zu meiner Schwester.‹ Obwohl er doch *weiß*, dass seine Frau Gemahlin seine Schwester nicht leiden kann, und er *nicht weiß*, dass seine liebe Schwester *ihn* anruft, um ihm zu sagen, dass er seine Kinder zu ihr schicken soll, und dass sie *seine Frau Gemahlin* anruft, um ihr zu sagen, dass sie auch das Essen mitschicken soll. Und wenn ich so ungeschickt bin, ihm zu sagen: ›Sie waren die letzten Tage bei deiner Schwester genug in der Sonne, sie können zu Hause bleiben und sich ein bisschen ausruhen‹, dann bekomme ich einen Riesenkrach. Genau das ist es, was mich ÄRGERT!!«

Lorenzo
»Wenn sie fährt, ärgere ich mich über sie. Sie fährt zu langsam, ist zu vorsichtig, lässt sich die Vorfahrt nehmen usw. Bei den Kindern macht sie sich (meiner Ansicht nach) bei jeder Lappalie Sorgen. Findet, dass ich sie nicht richtig anziehe, wenn ich sie anziehe.«

Neueste Nachrichten:
»Nein, nichts wirklich Neues, abgesehen von ... ja, zwei kleine Anekdoten. 1. Unsere beiden Töchter (fünfjährige Zwillinge) fahren für zwei Wochen mit ihren Großeltern in die Ferien, und meine Frau sagt: ›Ach, ich muss ihre Koffer packen. Dabei kann man auf dich ja nicht zählen, immer bin ich diejenige, die packen muss!‹ Darauf antworte ich: ›Wenn du willst, kann ich packen.‹ ›Nein, nein, bestimmt nicht, du vergisst die Hälfte.‹ Typisch, nicht wahr? Will sich bedauern lassen und unersetzlich sein. 2. Neulich habe ich sie darauf aufmerksam gemacht, dass sie selbst die Ordnung und Disziplin, die sie von allen anderen im Haus verlangt, überhaupt nicht befolgt, wenn es um ihre Papiere geht. Sie hat vor sich hingebrummelt, aber nichts geantwortet.«

Malvina und Richard
»Ich war Single, bis ich dreißig war. In diesem Jahr bin ich nach Indien gefahren, mit *Singlefrau und Märchenprinz* unter dem Arm ... Dadurch ist mir vieles klar geworden. Lange Zeit, als ich mich allein durchs Leben schlug, gab es Dinge, die ich bei den Paaren um mich herum unerträglich fand, angefangen bei meinen Eltern. Zum Beispiel die Rollenverteilung der Geschlechter (in der Art: Der Mann geht auf die Jagd und die Frau macht den Rest), anders gesagt, die Nichtauftteilung der Hausarbeit. Kurz, ich war eine richtige Feministin, dann mit dreißig gewannen die Hormone die Oberhand, und ich wollte unter die Haube kommen. Er auch, das traf sich gut. Homogamie verpflichtet, wir begegneten uns bei einer seiner Arbeitskolleginnen. Wir hatten den gleichen Universitätsabschluss, seine Eltern waren Handwerker bäuerlicher Herkunft, meine Eltern Arbeiter bäuerlicher Herkunft. In seinen Augen war ich die ideale Frau,

um Kinder aufzuziehen. Er gefiel mir, weil er nicht die Flucht ergriff, als ich von Bindung sprach – ich wollte schnell ein Kind –, und seine Reden stimmten mit meinen Prinzipien überein, in der Art: ›Ich will nicht, dass du meine Hemden bügelst, du bist nicht mein Hausmädchen.‹ Viereinhalb Jahre später ist unsere Tochter dreieinhalb Jahre alt, und ich ÄRGERE mich über ihn!«

Neueste Nachrichten:
»Als ich Ihre Mail erhielt, war ich erst einmal überrascht: ›Schau an, er ist dir wirklich eine ganze Zeit lang nicht auf die Nerven gegangen!!‹ Aber wenn man darüber nachdenkt, dann gibt es nicht wenig Grund zum Ärgern. Ich denke, dass es wie eine Desensibilisierung ist, man gewöhnt sich allmählich daran. Seit meiner letzten Nachricht haben wir einen Bauplatz gekauft und mit dem Bau eines Holzhauses begonnen. Da war dann der Architekt, der seine Ansichten mir gegenüber durchgesetzt hat, und mein Schatz, der mir (vor dem Architekten) gesagt hat, dass ich, wenn ich nicht zufrieden sei, mir mein Haus allein bauen sollte! Dann waren da die Gänge zur Bank: Nachdem wir Stunden mit Terminen bei verschiedenen Banken verschwendet hatten, hat er sich, ohne mich zu fragen, für seine eigene Bank entschieden!! Was mir allgemein auf die Nerven geht, ist, dass er mir systematisch zuvorkommt oder hinter mir herkorrigiert. Beispiel: Morgens um 8 Uhr vereinbaren wir, dass ich einen Lieferanten anrufe, und um 9 Uhr ruft er mich an, um mir zu sagen, dass er es schon gemacht hat ..., und beim erstbesten Streit wird er mir an den Kopf werfen, dass ich nichts für dieses Haus getan habe. Schließlich sind da die Geldsorgen: Wir verdienen gut, aber er will immer alles sofort, daher geben wir viel aus. Da ich keine Ersparnisse habe, streckt er mir gewisse Summen vor und sagt mir, dass wir das später regeln werden; wenn ich mir dann eine Kleinigkeit kaufe, sagt er zu mir, dass ich ihm das Geld sofort zurückgeben soll. Sie sehen, die Quellen für Ärger sind nicht versiegt, aber es stimmt, dass es mich nur noch im ersten Moment trifft, denn ich weiß, dass er sehr impulsiv ist und dass er sich immer gleich wieder entschuldigen wird. Schließlich ist heute einer der schönsten Tage in meinem Leben, denn wir haben erfahren, dass wir ein Baby bekommen,

und seine Freude darüber löscht jeden Ärger aus!! Ich weiß jedoch, dass es wieder welchen geben wird, denn er hofft auf einen Jungen (er wäre ›verflucht‹, wenn wir noch ein Mädchen bekämen), denn er ›will nicht, dass irgendein Gesindel sein Erbe bekommt‹ (als wären alle Männer Lumpen und Mädchen zu dumm, um sich selbst um ihren Besitz zu kümmern!!). So geht das ohne Ende!!«

Markus
»An meiner ersten Frau ärgerte mich, dass sie in allem so träge war. Die zweite ist das genaue Gegenteil, sie macht mich fertig, sie ist wie ein ständiger Wirbelsturm. Vielleicht deshalb und aus Angst, den Wirbelsturm noch weiter anzufachen, sage ich nichts, wenn ich mich über sie ärgere, zum Beispiel wenn sie mit sündhaft teurem unnützem Kram vom Einkaufen zurückkommt.«

Neueste Nachrichten:
»Ihre Befragung hatte eine lustige Wirkung. Beim Schreiben brach eine Wunde auf, aus der der Ärger mehr als gewöhnlich hervorbrach. Es gab zwei oder drei kleine Zusammenstöße, während ich für gewöhnlich den Ball flach halte. Und dann hat das das Gegenteil bewirkt. Ich habe mir gesagt, dass es lächerlich ist und zu nichts führt. Diesen Sommer herrschte eine große Ruhe im Haus. Uff! Ich den Ball noch flacher. Ich bin darin ein großer Spezialist geworden.«

Max
»Andere kleine Ärgernisse: Das Schlafzimmerfenster steht nachts offen: Da kommt Lärm herein, manchmal Regen mitten in der Nacht, aber vor allem ist es kalt …, besonders wenn man sich hin und her wälzt und sich ständig umdreht. Im Eifer des ›Gefechts‹ reißt man sich die Bettdecke weg. Tiere kommen herein …, Spinnen, Mücken. Das ist sicher das Schlimmste. Das Bett wird morgens nicht gemacht …, die Laken sind in Unordnung, das Federbett liegt zusammengeknäult quer über dem Bett, während der andere es gern ordentlich hat und abends gern in ein exakt gemachtes Bett schlüpft!«

Maya und Igor
Maya: »Am Anfang schenkte ich der Tatsache, dass er nie wusste, wo etwas ist, keine besondere Aufmerksamkeit, und als wir noch nicht zusammenlebten, sondern nur zusammenwohnten, sagte ich mir, dass er sich vielleicht nicht traut, in den Schränken herumzukramen, und dass er sich noch nicht richtig zurechtfindet. Aber nach und nach ärgerte mich diese Gewohnheit immer mehr, so sehr, dass ich ihm jetzt keine Antwort mehr gebe.«

Neueste Nachrichten:
»Es tut mir sehr leid, dass ich nichts zu einem intensiven Austausch mit Ihnen beitragen konnte, denn da ich mich gerade von meinem Freund trenne, mangelt es mir offenkundig an Objektivität dem gegenüber, was mich an ihm geärgert hat.«

Melody und »ER«
Melody: »Ich liebe Anmut und Eleganz. Mein Mann sieht gut aus, er kann gewandt auftreten, macht sich aber selbst darüber lustig. Mit dieser einfachen Geste wird ER mir innerhalb von 30 Sekunden zum Proleten, der sein Äußeres vernachlässigt (in der Art: Bier, Wurst, Wampe und ein Rülpser nach dem Bier). Verführungsreiz –40! Die Tatsache, dass ich mich über meine eigenen Kinder in solchen Fällen nicht ärgere, scheint es mir zu bestätigen. Sie sind noch nicht autonom, ›fertig‹; ich kann, ich muss sie noch lenken; und sie müssen nicht sexuell verführerisch auf mich wirken. Dagegen will ich vor allem nicht die Mutter meines Mannes sein.«

Neueste Nachrichten:
»Soeben aus den Ferien zurückgekommen, etwas, das meine Eindrücke bestätigt: ›Alles ist eine Frage des Sexappeals!‹ Mein Mann, schön wie ein Gott in seinem Festtagsanzug (bei einer Hochzeit), kann unter den spöttischen Blicken der Touristen auf der Bank in DIE Höhle von La Croisette marschieren, und ich lächle herausfordernd: ›Das ist mein Mann, und ich liebe ihn seit 25 Jahren.‹ Dagegen als er sich gehen lassen konnte, in den Ferien, und nur schwer dem Liegestuhl zu entreißen war, ärgerte er mich mehr als genug, war offen gestanden nervtö-

tend. Und dies umso mehr, als wir an einem Ort waren, der mit Omas und Opas bevölkert war, und mir das Bild, das die Strände boten, an denen es von rundlichen alten Frauen und ihren schlaffen und trägen, aber so braven und lieben Ehemännern wimmelte, eine nicht sehr erfreuliche Zukunft für meine alten Tage zeigte! Meine Reaktion immer dieselbe: Abwenden des Blicks, dann Irritation, bissige Bemerkungen, wenn es mir ›zu viel‹ ist. Oder eher nicht genug. Natürlich ein schlechtes Gewissen beim Helden, der versichert: ›Wenn du nicht wärst und die Kinder nicht wären, dann würde ich eine Geländewagentour machen.‹ Achselzucken angesichts dieses Sonntagsabenteurers, ich erkläre immer wieder von neuem, dass alles eine Frage der Verführung ist, wieder schlechtes Gewissen: ›Verführen, das kann ich nicht!‹, wieder Achselzucken. Was hat er getan, damit ich so lange an seiner Seite ausharre? Ich bin auf Distanz gegangen, habe nur das Nötigste mit ihm gesprochen, manchmal habe ich mich auf dem Absatz umgedreht und mir vorgestellt, wie es wäre, allein zu leben, ohne diesen Hemmschuh an meiner Seite, der mir meine ganze Lebensfreude nimmt.
Er hat (man fragt sich wie) seinen Sexappeal wieder in Fahrt gebracht, so leicht, wie er beim Autofahren in einen höheren Gang schaltet; sogleich habe ich mich aus einer Megäre wieder in eine zärtliche, verspielte Frau, die erobert worden ist, verwandelt, und es ging wieder von vorne los …«

Mimie und Mickaël
Mimie: »Ich bin Mimie, 22 Jahre, Studentin. Ich lebe seit zehn Monaten mit meinem Lebensgefährten Mickaël zusammen, den ich seit mehr als drei Jahren kenne. Ich erzähle Ihnen schnell die Vorgeschichte: Wir haben uns in der Schule kennen gelernt, in der zwölften Klasse. Das war eine sehr spezielle Begegnung, denn Mickaël, der fünf Jahre älter ist als ich, fiel es infolge einer schmerzhaften Vergangenheit schwer, eine Verbindung mit mir einzugehen. Das größte Problem ist, dass es uns immer schwerer fällt, miteinander zu reden. Es artet schnell in Übertreibung aus, die ich von meiner Mutter habe, oder in Aggression seinerseits, weil für ihn Kindereien und Launen, wie er es nennt, unerträglich sind … Das bringt ihn auf die Palme.«

Anhang

Neueste Nachrichten:
»Momentan befinden wir uns in einer ruhigeren Phase, da wir nach all den Exzessen versucht haben, so klug wie möglich zu reagieren, das heißt, jeder entwickelt sich und wir ›lassen uns gegenseitig in Ruhe‹, was es uns angesichts der Angst eines jeden ermöglicht hat, wieder ruhiger miteinander zu reden und sich die Situation entwickeln zu lassen. Seltsamerweise habe ich den Eindruck, dass die Schwierigkeiten des Zusammenlebens in unserem Fall daher kommen, dass es uns schwerfällt, uns aus unserem familiären Umfeld zu lösen, das sehr viel prägender ist, als ich mir vorstellen konnte. Mir ist klar geworden, dass ich unbewusst das Verhalten meiner Mutter imitierte, als wäre es selbstverständlich, als wäre es das einzig mögliche. Und die ›brutalen Szenen‹, die wir hatten (ich spreche von ihnen in der Vergangenheit, als gäbe es nie wieder welche …), waren nötig, um zu verstehen, dass wir beide etwas anderes ins Auge fassen müssen. Mickaël stellte sich seine Lebensgefährtin eher wie seine Mutter vor und, o Graus, sie war wie seine Schwiegermutter! Während ich das Wunschbild eines idealen Vaters auf ihn projizierte und er sich unablässig wie sein eigener Vater verhielt.«

Mireille
»Ich habe mich so sehr über ihn geärgert, dass ich ihn vor die Tür gesetzt habe, nach sechs Jahren gemeinsamen Lebens … Er war, er ist und er wird immer ein GEIZHALS sein!!! Das ist hart, ganz hart, wenn es sich um den Mann handelt, den man liebt, in diesem Fall um meinen zweiten Ehemann.«

Nicole
»Es gibt Dinge, über die man sich ärgert, und Dinge, die unerträglich sind und mit denen man schwerer klarkommt. Es gibt so viele davon, dass man manchmal sagen muss, dass man nicht zueinander passt. Zum Warmlaufen werde ich Ihnen von einer winzigen Kleinigkeit erzählen. Er macht zu laute Geräusche beim Essen. […] Man bezeichnet mich als Hektikerin und meinen Mann als lahm, sogar faul. Dass mein Mann mehr Schlaf beansprucht, ist für mich nahezu unerträglich, vor allem wenn er spät aufsteht, nachdem er zu sehr später Stunde ins Bett gegangen ist.«

Rosy und Charly

Rosy: »Zehn Jahre mit einem schrulligen Deutschen verheiratet, fünfzehn Jahre allein gelebt, jetzt mit einem schlampigen italienischen Liebhaber«, in diesem Fall Charly, der Mayonnaise liebt und unter seinem eigenen Dach lebt.

Neueste Nachrichten:
»Neuigkeiten …? Es ist verrückt, wie schnell sich manche Dinge innerhalb von nur einem Jahr ändern … Meine ›Krisen‹ kommen mir ziemlich weit weg vor. Mein Italiener und ich, wir leben immer noch jeder in der eigenen Wohnung …, aber ich ärgere mich nicht mehr … Liegt das an dem Medikament gegen Bluthochdruck, das wir beide nehmen …? Oder daran, dass meine Mutter so froh darüber ist, dass ich wieder jemanden gefunden habe, und ich sie nicht bekümmern will? Vielleicht auch daran, dass ich mich im ›Energiesparmodus‹ befinde. Und dann glaube ich vor allem, dass er, weil er im Grunde seines Herzens so ein lieber Mensch ist, es nicht verdient, eine schwierige Person am Hals zu haben …, daher gebe ich mir Mühe! Und er merkt sehr genau, wann ein Sturm im Anmarsch ist, und bringt die Dinge wieder in Ordnung mit einem ›Dir geht es im Moment nicht gut‹, was meinen Ärger vergehen lässt. In diesem Monat feiern wir unser Dreijähriges: Ist der Ärger eine Begleiterscheinung der Anfänge einer Beziehung? Ich glaube schon, denn entweder wird er zum Hindernis oder verschwindet.«

Sarah und Peter

Sarah: »Ich werde 51 und lebe seit drei Jahren mit einem Mann zusammen, den ich vor dreieinhalb Jahren kennen gelernt habe. Er ist unglaublich lieb zu mir, ist immer aufmerksam und liest mir ständig jeden Wunsch von den Augen ab … ZU SEHR! Ich war 23 Jahre lang mit einem sehr kalten, lieblosen und am Ende unserer Ehe sogar bösartigen Mann verheiratet. Und jetzt habe ich das Gegenteil.«

Neueste Nachrichten:
»Seit unseren letzten Mails hat sich die Situation nicht verändert, ich habe mich noch nicht an das Lachen meines Lebens-

gefährten gewöhnt, aber ich versuche, nichts mehr dazu zu sagen, ich sehe darüber hinweg, aber wenn andere dabei sind, Verwandte oder Freunde, ist es mir immer noch peinlich. Ich habe ihn wieder und wieder umsonst gefragt, warum er am Ende jedes Satzes lacht. Ich spüre, dass ich nichts daran ändern kann. ›Ich bin eben so, nimm mich, wie ich bin.‹ Was soll man da noch machen? Auch ich habe vermutlich meine kleinen Fehler ...«

Viràg
»Am meisten ärgert mich seine Unreife, und ich glaube, dass dies wirklich die Ursache des Problems ist [...]. Wir haben zusammen drei Kinder, und ich habe wirklich den Eindruck, dass ich zusätzlich noch ein viertes für mich ganz allein habe. Wenn ich mit meinen Freundinnen darüber spreche, bekomme ich Schuldgefühle, weil es viel Schlimmeres als das gibt, aber gleichzeitig kann ich im Alltag nicht verhindern, dass ich mich ärgere.«

Neueste Nachrichten:
»In Bezug auf den Ärger ist meinem Mann bewusst geworden, dass das, was ihm wie ein ›cooler‹ Charakterzug erschien, im Alltag ziemlich reizen kann. Ich denke, er hat es schon immer gewusst, aber gedacht, dass das nichts macht. Es stimmt, dass man leichter damit fertig werden kann, wenn jemand einen großen, klar zu identifizierenden Fehler hat, als wenn es sich um kleine Ärgernisse handelt, die sich einschleichen. Ich werfe ihm nicht seine Fehler vor, sondern, dass es ihm an Pflichtgefühl und Willen mangelt, sie an das Familienleben anzupassen. Wie dem auch sei, wir sind vor einigen Monaten an einen Punkt gekommen, wo ich ihm klar und deutlich gesagt habe, dass ich ihn nicht so sehr liebe, dass ich ihn so ertragen kann. Das hat ihn aufgerüttelt. Er hat sich bemüht, und ich bin glücklich, sagen zu können, dass es nun viel besser geht, aber ich weiß auch, dass es nötig ist, ihn regelmäßig zu ermahnen, ihn gewissermaßen immer wieder auf den neuesten Stand zu bringen. Ich versuche auch, geduldiger zu sein, ich relativiere vieles, aber manchmal ist es sehr schwer, vernünftig zu sein, statt meinen Gefühlen freien Lauf zu lassen.«

Yannis

»Meine Lebensgefährtin ist 31, ich selbst bin 34. Wir sind seit sieben Jahren ein Paar und haben eine dreieinhalbjährige Tochter. Wir haben nur selten sehr lauten (und bösen) Streit. Besonders aus zwei wesentlichen Gründen: Wir reden viel miteinander, wir verstehen uns ganz gut, und wir geben uns – im Rahmen des Möglichen – einen gewissen Freiraum. Der andere Grund ist, dass wir festgestellt haben, dass die Ursachen für Streitereien oft außerhalb unserer kleinen Familie liegen: Stresssituationen, die von ihrer oder meiner Arbeit herrühren, von jemandem aus ihrer oder meiner Familie, einem Freund/ einer Freundin, einem Kollegen usw., über den oder die einer von uns sich ärgert.«

Neueste Nachrichten:
»Nun, in den paar Monaten sind ein paar ›Kleinigkeiten‹ passiert. Im Oktober steht die Geburt unserer zweiten Tochter an, was eine Umgestaltung der Räume zur Folge hat und eine Neuorganisation dessen, was deshalb nun möglich ist (oder nicht): tapezieren (oder nicht), neue Vorhänge aufhängen (oder nicht) usw. Nicht zu vergessen das für eine schwangere Frau typische Verhalten: ›Ich bin dick, oder nicht? Glaubst du, dass mir diese Kleider noch stehen? Glaubst du, dass ich eine genauso gute Mutter wie bei der Ersten sein werde?‹ usw. usw. Plus Nervenkrisen, Weinkrämpfe, Erschöpfung (›ich bin fix und fertig und gereizt‹). Lösung? Es gibt keine. In meinem Fall: relativieren (vor allem niemals eine eindeutige Ansicht haben oder einen radikalen oder definitiven Standpunkt vertreten, sei es ›schwarz‹ oder ›weiß‹, Sie haben Unrecht und sie wird es Ihnen vorwerfen!). Also gebrauche ich Ausflüchte, pflichte ihr bei und sage mir, dass dieser Zustand nur vorübergehend ist.«

Zoé und Charles-Henri

Zoé: »Ich bin 39 und habe zwei Kinder im Alter von neun und sieben Jahren. Der Vater meiner Kinder ist verstorben. Mein Lebensgefährte lebt seit vier Jahren mit uns zusammen. [...] Die Spannungen zwischen uns kommen hauptsächlich daher, dass sein Benehmen dem widerspricht, was ich meinen Kindern einschärfe (gute Tischmanieren, Aufräumen, Wortwahl).«

Neueste Nachrichten:
»Es ist Zeit für einen Kurswechsel: Wir haben beschlossen, uns zu trennen. Er wird ausziehen, damit ich Luft zum Atmen habe und voll und ganz für meine Kinder da sein kann. Denn die kleinen Ärgernisse haben bisweilen immense Ausmaße angenommen. Ich sehe nur noch, was nicht klappt. Ich habe es nicht verstanden, unsere Beziehung rechtzeitig in Ordnung zu bringen. Wir kennen die Gründe für unser Scheitern, aber wir können nun nicht mehr zurück. Er würde gern, aber ich kann nicht mehr. Ich habe weder die Kraft noch die Energie dazu. Ich habe das Bedürfnis, allein zu sein, beim Frühstück, auf meinem Sofa, in meinem Bett, in meinem Badezimmer, in meinem Kopf, mit meinen Kindern. Es ist mir klar geworden, dass die leidenschaftliche Liebe, die uns zu Beginn unserer Beziehung verband, viele Kleinigkeiten verdeckte, die ich für unbedeutend hielt und die aber trotzdem in unserem Zusammenleben ›tonangebend‹ waren. Ich habe mich von der Lässigkeit und Unbekümmertheit mitreißen lassen, die ich brauchte, um weiterleben zu können.
Manche alltäglichen Kleinigkeiten sind mir unerträglich geworden. In den groben Umrisslinien hat sich zwischen uns ein Graben aufgetan, weil wir in unserer Art und in unseren Lebensweisen viel zu unterschiedlich sind. Ich bin gewissermaßen abgehoben, nun bin ich wieder auf der Erde gelandet. Ich bin mir bewusst, dass ich mein emotionales Gleichgewicht noch nicht wiedergefunden habe und dass diese Phase meines Lebens meiner physischen und psychischen Gesundheit geschadet hat. Dies ist für mich der Zeitpunkt, um mir ein neues Fundament zu schaffen, nachdem das alte erschüttert wurde, um meinen Kindern die Kraft geben zu können, deren sie bedürfen. Ich kann diesen Wiederaufbau mit niemandem teilen.«

Eine Befragung lässt sich nicht wie ein Beutel leeren

Ein falsches Bild beherrscht die Methoden der Inhaltsanalyse: das des Beutels, den man nur auszuleeren braucht, um das Ergebnis einer Befragung zu erfahren. Nichts läuft richtigem wissenschaftlichem Vorgehen mehr zuwider als dies, denn die Arbeit am Material, und nur sie allein, bringt neue Erkenntnisse hervor (Kaufmann 1999a). Diese Arbeit könnte endlos verlaufen, an einer einzigen Untersuchung. Kein Beutel wird jemals ganz leer sein.

Ohne in das andere Extrem zu verfallen, das heißt, ständig auf ein und dieselbe Befragung zurückzugreifen, versuche ich von nun an, vermehrt schon vorhandenes Material (meine Tonbänder werden so sicher aufbewahrt wie ein kostbarer Schatz) aus einem neuen Blickwinkel zu betrachten, einen längeren und, so hoffe ich, fruchtbaren Dialog mit ihm einzugehen. Ich glaube aufrichtig, dass man niemals mit jemandem fertig ist, den man einmal interviewt hat. Die Leser meiner vorangegangenen Bücher, *Schmutzige Wäsche, Mit Leib und Seele, Der Morgen danach* und *Kochende Leidenschaft*, werden vielleicht überrascht und hoffentlich froh sein, Agnès, Léon, Colombine oder Ninette hier in neuen Abenteuern wieder zu begegnen. Wer mehr über ihre Biografien erfahren möchte, muss nur im Anhang des zitierten Werkes, auf das jeweils verwiesen wird, nachschauen.

Ich versuche auch, vermehrt Befragungen anderer Forscher zu benachbarten Themen hinzuzuziehen und deren Informanten zu zitieren. Das gibt dem Ganzen, wie mir scheint, ein kleines, aber sympathisches Augenzwinkern aus einem Kollektivgeist heraus. Einige Informationen über die Personen sowie Verweise auf die Arbeiten sind in der folgenden Liste enthalten. Dort findet sich auch die dritte Gruppe der Informanten, deren Aussagen ich zufällig beim Surfen im Internet, dem unerschöpflichen Meer von Selbstbeobachtungen und Bekenntnissen jeder Art, in Diskussionsforen entdeckt habe.

Anhang

Meine anderen Informanten

Agnès und **Jean**, *Schmutzige Wäsche*
Alex, in einem Diskussionsforum im Internet entdeckte Aussage
Alphonsine, briefliche Mitteilung
Anita und **Luc**, Bäckerin und Bäcker, beide 38 Jahre, seit 15 Jahren verheiratet (Bartiaux 2002)
Anne und **Louis**, Journalistin und Dekorateur, leben seit einem halben Jahr zusammen (Alhinc-Lorenzi 1997)
Annette und **Alex** (Maschino 1995)
Anaïs und **Pat**, *Schmutzige Wäsche* (wo Anaïs Anne hieß; ihr Vorname wurde geändert, um eine Dopplung zu vermeiden)
Artemiss, 17 Jahre, in einem Diskussionsforum im Internet entdeckte Aussage
Aurélie, 24 Jahre, Zeitarbeitskraft (Garabuau-Moussaoui 2002)
Beátrice, 28 Jahre, Abteilungsleiterin in Teilzeit, verheiratet mit **Alain**, 32 Jahre, Techniker (Eleb 2002)
Cali, 20 Jahre, seit zwei Jahren in einer Beziehung, in einem Diskussionsforum im Internet entdeckte Aussage
Candy, *Kochende Leidenschaft*
Christine, 53 Jahre, Krankenschwester, verheiratet mit **Daniel**, 56 Jahre, Arbeiter (Mons 1998)
Cindy, seit 30 Jahren verheiratet, briefliche Mitteilung
Claudie, 37 Jahre, Lehrerin, und **Pierre**, 36 Jahre, Journalist, seit elf Jahren verheiratet, drei Kinder (Gacem 1996)
Colombine und **Franck**, *Der Morgen danach*
Dorothée, 41 Jahre, Hausfrau, verheiratet mit **Roberto**, 39 Jahre, ein Kind (Kaufmann 1988)
Estelle, 29 Jahre, Ingenieurin, verheiratet mit **Julien**, 31 Jahre, Apotheker (Kaufmann 1988)
Eve, 54 Jahre, Schwesternhelferin, Patchwork-Familie (Martuccelli 2006)
Frau Blanc, 56 Jahre, Hausfrau, Ehemann 60 Jahre, leitender Angestellter im Ruhestand (Caradec 1996)
Frau Louis, 53 Jahre, Hausfrau, Ehemann 65 Jahre, leitender Angestellter im Ruhestand (Caradec 1996)
Frau Tinsart, 51 Jahre, seit 21 Jahren verheiratet (Lemarchant 1999)

Frau Vannier, 50 Jahre, Hausfrau, Mann Lehrer (Caradec 1996)
Géraldine und **Bernard,** *Schmutzige Wäsche*
Herr Berg, 59 Jahre, mittlere Führungskraft, lebt in Scheidung nach 37 Jahren Ehe (Caradec 1996)
Jennifer, in einem Diskussionsforum im Internet entdeckte Aussage
Juliette, *Der Morgen danach*
Léon, *Mit Leib und Seele*
Lola, *Mit Leib und Seele*
Madeleine, *Kochende Leidenschaft*
Marie-Agnès, 36 Jahre, Angestellte, verheiratet mit **Marc,** 39 Jahre, Lehrer (Mons 1998)
Marie-Anne, 55 Jahre, Hausfrau, Ehemann Handelsvertreter, seit 30 Jahren verheiratet (noch nicht abgeschlossene Dissertation von Sofian Beldjerd)
Marie-Lyse (Duret 2007)
Martine (Flahault 1987)
Nathalie (Duret 2007)
Olivia, in einem Diskussionsforum im Internet entdeckte Aussage
Pascal und **Ninette,** *Schmutzige Wäsche*
Pénélope, 34 Jahre, Freund 31 Jahre, in einem Diskussionsforum im Internet entdeckte Aussage
Raf und **Dolorès,** in einem Diskussionsforum im Internet entdeckte Aussage
Sabine und **Romain,** *Schmutzige Wäsche*
Suzette, *Kochende Leidenschaft*
Thomas, Student (Bouchat 2005)
Tony, *Kochende Leidenschaft*
Vincent, *Der Morgen danach*

Bibliografie

Alberoni, F., 1983 (ital. Orig. 1979): *Verliebt sein und lieben. Revolution zu zweit*, Stuttgart.
Alhinc-Lorenzi, M.-P., 1997: *Etude de cas d'une cohabitation juvénile. Le rôle des objets comme marqueurs de l'intégration conjugale*, DEA de sciences sociales, sous la direction de P. Gaboriau, Université René Descartes.
André, C., 2006: *Imparfaits, libres et heureux. Pratiques de l'estime de soi*, Paris.
Bachelard, G., 1948: *La terre et les rêveries du repos. Essai sur les images de l'intimité*, Paris.
Bartiaux, F., 2002: *Relégation et identité. Les déchets domestiques et la sphère privée*, in: M. Pierre (Hg.): *Les déchets ménagers, entre privé et public. Approches sociologiques*, Paris.
Beck, U., Beck-Gernsheim, E., 1990: *Das ganz normale Chaos der Liebe*, Frankfurt am Main.
Berger, P., Kellner, H., 1965: *Die Ehe und die Konstruktion der Wirklichkeit. Eine Abhandlung zur Mikrosoziologie des Wissens*, in: *Soziale Welt* 3.
Bouchat, C., 2005: *»Ici c'est chez moi, chez eux, chez nous ... et chez personne à la fois«. Une approche ethnologique du cohabiter en »kot«*, Mémoire de licence de sociologie et anthropologie, sous la direction d'O. Gosselain, Université Libre de Bruxelles.
Bozon, M., 2002 (2. Aufl. 2005): *Sociologie de la sexualité*, Paris.
Bozon, M., 2004: *La nouvelle normativité des conduites sexuelles, ou la difficulté de mettre en cohérence les expériences intimes*, in: J. Marquet (Hg.): *Normes et conduites sexuelles. Approches sociologiques et ouvertures pluridisciplinaires*, Löwen.
Brenot, P., 2001: *Inventer le couple*, Paris.
Bromberger, C. (Hg.), 1998: *Passions ordinaires: du match de football au concours de dictée*, Paris.
Brown, E., Jaspard, M., 2004: *La place de l'enfant dans les conflits et les violences conjugales*, in: *Recherches et Prévisions* 78.
Buser, P., 2005: *L'inconscient aux mille visages*, Paris.
Caradec, V., 1996: *Le couple à l'heure de la retraite*, Rennes.
Castelain-Meunier, C., 2005: *Les métamorphoses du masculin*, Paris.
Cosson, M.-E., 1990: *Représentation et évaluation du mariage des enfants par les mères*, Mémoire de maîtrise de sociologie, sous la direction de F. de Singly, Université Rennes 2.

Damasio, A., 1995 (engl. Orig. 1994): *Descartes' Irrtum. Fühlen, Denken und das menschliche Gehirn,* München/Leipzig.
Desjeux, D., Monjaret, A., Taponier, S., 1998: *Quand les Français déménagent. Circulation des objets domestiques et rituels de mobilité dans la vie quotidienne en France,* Paris.
Douglas, M., 1985 (engl. Orig. 1966): *Reinheit und Gefährdung. Eine Studie zu Vorstellungen von Verunreinigung und Tabu,* Berlin.
Dubet, F., 1994: *Sociologie de l'expérience,* Paris.
Dubet, F., 2002: *Le déclin de l'institution,* Paris.
Duret, P., 2007: *Le couple face au temps,* Paris.
Eleb, M., 2002: *A deux chez soi. Des couples s'installent et racontent leur maison,* Paris.
Festinger, L., 1978 (engl. Orig. 1957): *Theorie der kognitiven Dissonanz,* Bern/Stuttgart/Wien 1978.
Flahault, F., 1987: *La scène de ménage,* Paris.
Francescato, D., 1992: *Quando l'amore finisce,* Bologna.
Gacem, K., 1996: *Les propriétés individuelles dans la chambre conjugale,* Mémoire de maîtrise de sociologie, sous la direction de F. de Singly, Université Paris 5.
Garabuau-Moussaoui, I., 2002: *Cuisine et indépendances. Jeunesse et alimentation,* Paris.
Gavron, K., 1996: *Du mariage arrangé au mariage d'amour,* in: *Terrain* 27.
Geberowicz, B., Barroux, C., 2005: *Le Baby-Clash. Le couple à l'épreuve de l'enfant,* Paris.
Giddens, A., 1991: *Modernity and Self-Identity. Self and Society in the Late Modern Age,* Cambridge.
Glaude, M., Singly, F. de, 1986: *L'organisation domestique. Pouvoir et négociation,* in: *Economie et statistique* 187.
Goffman, E., 1975: *Stigma. Über Techniken der Bewältigung beschädigter Identität,* Frankfurt am Main.
Goffman, E., 1977 (engl. Orig. 1975): *Rahmen-Analyse. Ein Versuch über die Organisation von Alltagserfahrungen,* Frankfurt am Main.
Hardy, F., 2005: *Portes qui claquent, mots qui blessent. Analyse compréhensive des habitudes liées à la territorialité familiale,* Mémoire de licence en sociologie, sous la direction de J.-P. Pourtois, Université de Mons-Hainaut.
Hefez, S., Laufer, D., 2006 (frz. Orig. 2002): *Paartanz,* München.
Hirschman, A. O., 1974 (engl. Orig. 1970): *Abwanderung und Widerspruch. Reaktionen auf Leistungsabfall bei Unternehmungen, Organisationen und Staaten,* Tübingen.

Hoyau, P.-A., Le Pape, M.-C., 2006: *Femmes au volant. Une analyse sexuée de la conduite automobile*, 2ᵉ Congrés de l'Association française de Sociologie, Bordeaux, 5.–8. September.
Jonas, N., 2006: *Beaux-frères, belles-sœurs. Les relations entre germains affins*, in: *Terrains et travaux* 10: *Dynamiques du genre*, hg. von A. Revillard und L. de Verdalle.
Kaplan, H. S., 2006 (engl. Orig. 1995): *Sexualtherapie bei Störungen des sexuellen Verlangens*, Stuttgart / New York.
Kaufmann, J.-C., 1988: *La peur et la porte*, Rapport de recherche pour le Plan-Construction, ministère de l'Equipement et du Logement.
Kaufmann, J.-C., 1994 (frz. Orig. 1992): *Schmutzige Wäsche. Zur ehelichen Konstruktion von Alltag*, Konstanz.
Kaufmann, J.-C., 1999a (frz. Orig. 1996): *Das verstehende Interview*, Konstanz.
Kaufmann, J.-C., 1999b (frz. Orig. 1997): *Mit Leib und Seele. Theorie der Haushaltstätigkeit*, Konstanz.
Kaufmann, J.-C., 2001: *Ego. Pour une sociologie de l'individu*, Paris.
Kaufmann, J.-C., 2002 (frz. Orig. 1999): *Singlefrau und Märchenprinz. Über die Einsamkeit moderner Frauen*, Konstanz.
Kaufmann, J.-C., 2004 (frz. Orig. 2002): *Der Morgen danach. Wie eine Liebesgeschichte beginnt*, Konstanz.
Kaufmann, J.-C., 2005 (frz. Orig. 2004): *Die Erfindung des Ich. Eine Theorie der Identität*, Konstanz.
Kaufmann, J.-C., 2006 (frz. Orig. 2005): *Kochende Leidenschaft. Soziologie vom Kochen und Essen*, Konstanz.
Kiley, D., 1983 (engl. Orig. 1983): *Das Peter-Pan-Syndrom. Männer, die nie erwachsen werden wollen*, München.
Knibiehler, Y., Fouquet, C., 1982: *Histoire des mères. Du Moyen Age à nos jours*, Paris.
Laplantine, F., 2005: *Le social et le sensible. Introduction à une anthropologie modale*, Paris.
Le Bart, C., unter Mitarb. von J.-C. Ambroise, 2000: *Les fans des Beatles. Sociologie d'une passion*,Rennes.
Le Breton, D., 2002: *Conduites à risque. Des jeux de mort au jeu de vivre*, Paris.
Le Douarin, L., 2005: *L'ordinateur et les relations père-fils*, in: D. Le Gall (Hg.): *Genres de vie et intimités. Chroniques d'une autre France*, Paris.
Lemarchant, C., 1999: *Belles-filles. Avec les beaux-parents, trouver la bonne distance*, Rennes.

Markus, H., 1977: *Self-Schemata and Processing Information about Self*, in: *Journal of Personality and Social Psychology* 35, 2.
Martuccelli, D., 2006: *Forgé par l'épreuve. L'individu dans la France contemporaine*, Paris.
Maschino, M., 1995: *Mensonges à deux*, Paris.
Mons, J., 1998: *Séparer les poubelles. Une scène de ménage? Analyse du couple par sa gestion des déchets*, Mémoire de licence en sciences de la famille, sous la direction de F. Bartiaux, Université Catholique de Louvain.
Perrot, M., 2000: *Présenter son conjoint. L'épreuve du repas de famille*, DEA de sociologie, sous la direction de J.-H. Déchaux, IEP, Paris.
Picard, D., Marc, E., 2006: *Petit traité des conflits ordinaires*, Paris.
Poitou, J.-P., 1974: *La dissonance cognitive*, Paris.
Ricœur, P., 1996 (frz. Orig. 1990): *Das Selbst als ein Anderer*, München.
Sauvageot, A., 2003: *L'épreuve des sens. De l'action sociale à la réalité virtuelle*, Paris.
Schwartz, O., 1990: *Le monde privé des ouvriers. Hommes et femmes du Nord*, Paris.
Séverac, N., 2005: *La violence conjugale, une relation qui ne peut se comprendre que de l'intérieur*, in: D. Le Gall (Hg.): *Genres de vie et intimités. Chroniques d'une autre France*, Paris.
Singly, F. de, 1987: *Fortune et infortune de la femme mariée*, Paris.
Singly, F. de, 2000: *Libres ensemble. L'individualisme dans la vie commune*, Paris.
Singly, F. de, 2005: *L'individualisme est un humanisme*, La Tour d'Aigues.
Stevens, H., 1996: *Les couples et la politique. Double je ou double jeu?*, Mémoire de licence de sociologie, sous la direction d'A. Quémin, Université de Versailles-Saint-Quentin-en-Yvelines.
Thévenot, L., 1994: *Le régime de familiarité. Des choses en personne*, in: *Genèses* 17.
Thévenot, L., 2006: *L'action au pluriel. Sociologie des régimes d'engagement*, Paris.
Welzer-Lang, D., 2004: *Les hommes aussi changent*, Paris.

Weiterlesen

Mehr von Jean-Claude Kaufmann

Kaufmann ist Experte des Alltäglichen, dem er sich in anspruchsvollen Betrachtungen und mit Liebe zum Detail widmet.

Kochende Leidenschaft
Soziologie vom Kochen und Essen
2006, 372 Seiten, broschiert
ISBN 978-3-89669-558-1

Frauenkörper – Männerblicke
Soziologie des Oben-ohne
2006, 333 Seiten, broschiert
ISBN 3-89669-556-8

Die Erfindung des Ich
Eine Theorie der Identität
2005, 334 Seiten, broschiert
ISBN 3-89669-533-9

Schmutzige Wäsche
Ein ungewöhnlicher Blick auf gewöhnliche Paarbeziehungen
2005, 326 Seiten, broschiert
ISBN 3-89669-523-1

Mit Leib und Seele
Theorie der Haushaltstätigkeit
1999, 315 Seiten, broschiert
ISBN 3-89669-886-9

Das verstehende Interview
Theorie und Praxis
1999, 150 Seiten, broschiert
ISBN 3-89669-885-0

Klicken + Blättern

Leseprobe und Inhaltsverzeichnis unter

www.uvk.de

Erhältlich auch in Ihrer Buchhandlung.

UVK Verlagsgesellschaft mbH